本书系国家社会科学基金教育学青年课题"国家认同教育融入中小学课程的现状及优化策略研究"（课题批准号：CHA180267）成果。

国家认同教育融入中小学课程研究

高维 等 著

中国社会科学出版社

图书在版编目（CIP）数据

国家认同教育融入中小学课程研究／高维等著 .—北京：中国社会科学出版社，2021.12
ISBN 978-7-5203-8658-6

Ⅰ.①国⋯ Ⅱ.①高⋯ Ⅲ.①爱国主义教育—教学研究—中小学 Ⅳ.①G631.4

中国版本图书馆 CIP 数据核字（2021）第 117750 号

出 版 人	赵剑英
责任编辑	张 潜 刘 洋
责任校对	闫 萃
责任印制	王 超

出　　版	中国社会科学出版社
社　　址	北京鼓楼西大街甲 158 号
邮　　编	100720
网　　址	http://www.csspw.cn
发 行 部	010-84083685
门 市 部	010-84029450
经　　销	新华书店及其他书店

印　　刷	北京君升印刷有限公司
装　　订	廊坊市广阳区广增装订厂
版　　次	2021 年 12 月第 1 版
印　　次	2021 年 12 月第 1 次印刷

开　　本	710×1000　1/16
印　　张	17
字　　数	270 千字
定　　价	89.00 元

凡购买中国社会科学出版社图书，如有质量问题请与本社营销中心联系调换
电话：010-84083683
版权所有　侵权必究

目 录

绪 论 ……………………………………………………………… (1)
  第一节　问题的提出 ……………………………………………… (1)
    一　国家认同对国家发展和个体建构具有重要意义 ………… (1)
    二　中小学生的国家认同面临现实挑战 ………………………… (2)
    三　我国教育政策高度重视国家认同教育 ……………………… (3)
    四　中小学课程是落实国家认同教育的关键 …………………… (4)
  第二节　文献综述 ………………………………………………… (5)
    一　国内研究现状及反思 ………………………………………… (5)
    二　国外研究现状及启示 ……………………………………… (20)
  第三节　研究目的和意义 ………………………………………… (53)
    一　研究目的 …………………………………………………… (53)
    二　研究意义 …………………………………………………… (54)
  第四节　研究内容、思路与方法 ………………………………… (54)
    一　研究内容与框架 …………………………………………… (54)
    二　研究思路 …………………………………………………… (55)
    三　研究方法 …………………………………………………… (55)

第一章　国家认同教育融入中小学课程的概念与理论 ………… (58)
  第一节　国家认同教育融入中小学课程的概念解析 …………… (58)
    一　国家认同教育 ……………………………………………… (58)
    二　融入 ………………………………………………………… (60)
    三　中小学课程 ………………………………………………… (60)
  第二节　国家认同教育融入中小学课程的理论探讨 …………… (61)

一　国家认同教育融入中小学课程的目标 …………………（61）
　　二　国家认同教育融入中小学课程的内容 …………………（63）
　　三　国家认同教育融入中小学课程的实施 …………………（68）
　　四　国家认同教育融入中小学课程的评价 …………………（73）

第二章　国家认同教育融入中小学课标和教材的内容分析 ………（78）
第一节　中小学课程标准中的国家认同教育内容 …………（78）
　　一　中小学语文课程标准中的国家认同教育内容 …………（78）
　　二　中小学道德与法治课程标准中的国家认同教育内容 ……（79）
　　三　初中历史课程标准中的国家认同教育内容 ……………（81）
　　四　初中地理课程标准中的国家认同教育内容 ……………（81）
第二节　中小学语文教材中的国家认同教育内容分析 ……（82）
　　一　小学语文教材中的国家认同教育内容分析 ……………（83）
　　二　初中语文教材中的国家认同教育内容分析 ……………（95）
第三节　中小学道德与法治教材中的国家认同教育
　　　　　内容分析 ………………………………………（103）
　　一　小学道德与法治教材中的国家认同教育内容分析 ……（104）
　　二　初中道德与法治教材中的国家认同教育内容分析 ……（117）

第三章　国家认同教育融入中小学课程的现状调查研究 ………（129）
第一节　研究设计与实施 ……………………………………（130）
　　一　问卷的编制与信效度分析 ………………………………（130）
　　二　调查实施过程 ……………………………………………（132）
　　三　数据统计与分析方法 ……………………………………（135）
第二节　研究结果与分析 ……………………………………（136）
　　一　国家认同教育融入中小学课程的总体情况 ……………（136）
　　二　国家认同教育融入中小学课程的差异分析 ……………（138）
第三节　国家认同教育融入中小学课程的现状与
　　　　　问题分析 ………………………………………（145）
　　一　国家认同教育融入中小学课程的基本现状分析 ………（145）
　　二　国家认同教育融入中小学课程的问题分析 ……………（147）

第四节　国家认同教育融入中小学课程的优化路径 ………（153）
　　一　提升教师国家认同素养，改进教师教学方式 …………（153）
　　二　有效整合校内课程资源，积极开发校外课程资源 ……（153）
　　三　建立健全课程评价体系，进行科学有效督导 …………（154）
　　四　加强小学历史和地理认同相关内容，丰富乡镇学校的
　　　　课程类型 ……………………………………………………（155）

第四章　国家认同教育融入中小学课程的典型学校案例分析 ……………………………………………………（156）

第一节　史家小学：创设"无边界"课程体系以培育学生的
　　　　国家认同 ……………………………………………………（156）
　　一　基于优秀传统文化教育培育学生的文化认同 …………（157）
　　二　基于科技教育强化学生的民族自豪感 …………………（163）
　　三　基于国际视野促进学生对我国文化的理解与认同 ……（164）
　　四　基于公民品格教育培养学生的公民意识和社会
　　　　责任感 ………………………………………………………（167）
第二节　南开中学：发扬"允公允能"传统以培育学生的
　　　　国家认同 ……………………………………………………（168）
　　一　弘扬校史文化以激发学生的爱校爱国情怀 ……………（169）
　　二　开展楷模教育以传承公能精神 …………………………（172）
　　三　注重体验教育以提升学生的社会责任感 ………………（176）
第三节　锡山高中：基于历史、文化和实践培育学生的
　　　　国家认同 ……………………………………………………（179）
　　一　依托学校博物馆和口述史课程塑造学生的
　　　　历史认同 ……………………………………………………（180）
　　二　基于国学课程培育学生的文化认同 ……………………（182）
　　三　通过"模拟城市"促进学生的身份认同 ………………（183）
　　四　利用主题实践活动增进学生的政治认同和
　　　　家国情怀 ……………………………………………………（185）

第五章　国家认同教育融入中小学课程的国外经验借鉴 ……… (187)

第一节　国家认同教育融入中小学课程的
美国经验及启示 …………………………… (187)
一　美国中小学生国家认同教育的背景 ……………… (187)
二　美国国家认同教育融入中小学课程的主要经验 ……… (189)
三　美国中小学生国家认同教育对我国的启示 ………… (198)

第二节　国家认同教育融入中小学课程的
英国经验及启示 …………………………… (201)
一　英国中小学生国家认同教育的背景 ……………… (201)
二　英国国家认同教育融入中小学课程的主要经验 ……… (203)
三　英国中小学生国家认同教育对我国的启示 ………… (213)

第三节　国家认同教育融入中小学课程的新加坡经验及
启示 ……………………………………… (216)
一　新加坡中小学生国家认同教育的背景 ……………… (216)
二　新加坡国家认同教育融入中小学课程的主要经验 …… (218)
三　新加坡中小学生国家认同教育对我国的启示 ………… (227)

结　语 ……………………………………………………… (230)

附录一　国家认同教育融入中小学课程现状及学生国家
认同状况调查问卷 ………………………………… (233)
附录二　教师访谈提纲 ……………………………………… (239)
附录三　校领导访谈提纲 …………………………………… (241)

参考文献 …………………………………………………… (243)

后　记 ……………………………………………………… (267)

绪　　论

第一节　问题的提出

一　国家认同对国家发展和个体建构具有重要意义

国家认同主要是指一个国家的成员对所属国家的历史和文化传统、国家主权和制度、政治主张和价值观念等的认可而产生的归属感。[①] 培养国民的国家认同，无论对国家发展还是对个体建构都具有重要意义。对国家而言，国家的兴盛除了发达的经济条件、稳固的政治制度和繁荣的社会文化之外，更离不开公民对国家的认可与支持。国家认同可以通过共同的历史和文化传统、共同的利益诉求和价值观念，使不同民族、不同地区、不同阶层的社会成员消除分歧，有序参与社会生活，维护国家的统一与稳定，增强国家的凝聚力与向心力。同时，良好的国家认同状况也有利于塑造正面的国家形象，提升国家地位。

国家认同作为个体的心灵性活动，不仅是我们看待自己国家的方式，还关涉我们自身存在的方式，关涉个体的自我建构与自身规定。[②] 对个人而言，一个人只有将自己融入国家的现实工作和生活中，形成对自己国家的归属感、自豪感、忠诚感和责任感，才能够获得自己的身份认同并最终实现自己的价值。国家认同能够使公民自觉承担社会责任，将个人发展与国家命运相联系，将自我实现融入国家发展，以促进个人进步，成为更好的中国公民。

[①] 马文琴：《全球化时代加强中小学国家认同教育的思考》，《中国德育》2017年第13期。
[②] 刘铁芳：《国家认同的教育意蕴及其实现》，《探索与争鸣》2018年第2期。

二 中小学生的国家认同面临现实挑战

当前,全球化在深刻地影响着人们的生活和观念。第一,在全球化时代,人员的跨国流动日益频繁,越来越多的人到国外学习、工作、旅游,甚至长时间在国外生活。第二,资本、商品和服务的全球流通使得"地球村"成为一个大市场,人们甚至可以足不出户就能享用自己喜欢的来自国外的商品和服务。第三,信息技术和互联网的飞速发展,使人们可以非常便捷地了解世界各国的价值观念和思想文化。[①] 这些人员、商品和文化等的跨国流动都会对原来相对封闭和稳定的生活状态下的人们的国家认同产生影响。可以说,当前世界各个国家都在不同程度上面临着国家认同问题的挑战。

当前,我国社会政治、经济、文化等事业都取得了令人瞩目的成就,使国民对国家的发展充满信心,在一定程度上为增强国家认同提供了机会。但同时经济全球化、文化多元化、信息网络化也给国家认同带来了危机。当前,强势的西方文化不断涌入中国,从意识形态到物质产品,从语言文字到宗教信仰,从节日仪式到日常生活,都在猛烈地冲击着中国本土文化。当前,我国的国家认同问题也较为凸显。如一些人更喜欢阅读国外的经典著作,对中华优秀传统文化却所知甚少;一些人更青睐国外的商品和品牌,对本土的产品却少有问津;一些人对中国的评价不高,对国家的发展信心不足,但对国外一些发达国家却无限向往。

中小学生作为国家的未来,其知识、能力以及对国家的认知、情感与态度都影响着国家未来的发展。而中小学阶段正是学生人生观、世界观和价值观的形成阶段,其自制力和辨别是非的能力还不高,他们的国家认同很容易被消解。面对外来文化的不断渗透与涌入,一些中小学生崇洋媚外,热衷于吃西餐、过洋节、看美剧韩剧。一些意志薄弱的中小学生还受到拜金主义、个人主义等不良文化的负面影响,致使他们不关心国家大事,缺乏社会责任感,对中华民族的传统文化、国产商品表现出冷漠的态度等。因此,亟须加强对青少年的正确引导,促进青少年国

---

① 韩震:《论国家认同、民族认同及文化认同——一种基于历史哲学的分析与思考》,《北京师范大学学报》(社会科学版) 2010 年第 1 期。

家认同的提升。

三 我国教育政策高度重视国家认同教育

当前,国家认同已成为世界各国普遍关注的教育热点话题。我国近年来也尤为注重国家认同教育,并通过中华优秀传统文化教育、爱国主义教育、德育等相关政策进行引导。

2014年,教育部印发的《完善中华优秀传统文化教育指导纲要》指出:"要着力引导青少年学生深刻认识中国梦是每个人的梦,以祖国的繁荣为最大的光荣,以国家的衰落为最大的耻辱,增强国家认同,培养爱国情感,树立民族自信,形成为实现中华民族伟大复兴的中国梦而不懈努力的共同理想追求,培养青少年学生做有自信、懂自尊、能自强的中国人。"① 同年,教育部还出台《关于培育和践行社会主义核心价值观进一步加强中小学德育工作的意见》,明确提出:"各级教育部门和中小学校要大力开展公民意识教育,培养公民美德,发扬社会公德,增强国家认同。"②

2016年,中共教育部党组印发的《关于教育系统深入开展爱国主义教育的实施意见》中提出要"加强对青少年学生的民族团结教育。把维护祖国统一和民族团结作为重要着力点和落脚点,不断增强青少年学生对伟大祖国、中华民族、中华文化、中国共产党、中国特色社会主义的认同"③。

2017年,教育部颁布《中小学德育工作指南》,强调要"培养学生爱党爱国爱人民,增强国家意识和社会责任意识,教育学生理解、认同和拥护国家政治制度,了解中华优秀传统文化和革命文化、社会主义先

---

① 中华人民共和国教育部:《教育部关于印发〈完善中华优秀传统文化教育指导纲要〉的通知》(2014年3月28日),http://www.moe.gov.cn/srcsite/A13/s7061/201403/t20140328_166543.html,2019年3月20日。

② 中华人民共和国教育部:《教育部关于培育和践行社会主义核心价值观进一步加强中小学德育工作的意见》(2014年4月3日),http://www.moe.gov.cn/srcsite/A06/s3325/201404/t20140403_167213.html,2019年3月20日。

③ 中共教育部党组:《中共教育部党组关于教育系统深入开展爱国主义教育的实施意见》(2016年1月26日),http://www.moe.gov.cn/srcsite/A13/s7061/201601/t20160129_229131.html,2019年3月20日。

进文化,增强中国特色社会主义道路自信、理论自信、制度自信、文化自信"①。同年,在党的十九大报告中,习近平总书记强调,要弘扬民族精神和时代精神,加强爱国主义、集体主义、社会主义教育,引导人们树立正确的历史观、民族观、国家观、文化观。

2018年,习近平总书记在全国教育大会上指出:"培养什么人,是教育的首要问题。我国是中国共产党领导的社会主义国家,这就决定了我们的教育必须把培养社会主义建设者和接班人作为根本任务,培养一代又一代拥护中国共产党领导和我国社会主义制度、立志为中国特色社会主义奋斗终身的有用人才。"②

2019年,中共中央、国务院印发的《新时代爱国主义教育实施纲要》指出:"培养社会主义建设者和接班人,首先要培养学生的爱国情怀。要把青少年作为爱国主义教育的重中之重,将爱国主义精神贯穿于学校教育全过程,推动爱国主义教育进课堂、进教材、进头脑。"③

由此可见,国家认同是当前我国教育政策关注的焦点,国家尤为注重通过教育政策引导青少年国家认同的培养。

四 中小学课程是落实国家认同教育的关键

学校教育是落实国家认同教育的主渠道,而学校课程是国家认同教育的主要载体。正因为此,《新时代爱国主义教育实施纲要》提出要推动爱国主义教育进课堂、进教材。从直观经验来看,在国家课程层面,我国比较注重国家认同教育的融入,如2017年全国启用的统编义务教育教材以及最新颁布的高中各科课程标准,都注重强化社会主义核心价值观教育、中华优秀传统文化教育、革命文化和社会主义先进文化教育等内容。一些研究者也从中小学课程层面对国家认同教育进行了研究。

---

① 中华人民共和国教育部:《教育部关于印发〈中小学德育工作指南〉的通知》(2017年8月22日),http://www.moe.gov.cn/srcsite/A06/s3325/201709/t20170904_313128.html,2019年9月26日。

② 《习近平在全国教育大会上强调 坚持中国特色社会主义教育发展道路 培养德智体美劳全面发展的社会主义建设者和接班人》,《人民日报》2018年9月11日第1版。

③ 中共中央、国务院:《新时代爱国主义教育实施纲要》(2019年11月12日),http://www.moe.gov.cn/jyb_xxgk/moe_1777/moe_1778/201911/t20191113_407983.html,2019年11月25日。

但总体来看，这方面的研究还比较薄弱，实践也有待加强。因此，在国家相关政策的引领下，对于国家认同教育融入中小学课程这一主题，我们需要进行更系统和深入的研究，以促进国家认同教育的高效推进和学生国家认同素养的持续提升。

第二节　文献综述

一　国内研究现状及反思

在相关教育政策的引领和教育实践的呼唤下，我国研究者对国家认同教育进行了广泛的探讨，主要涉及基本理论研究、学科教学渗透与课程开发研究、现状调查及对策研究、国外借鉴研究四个方面。

（一）国家认同教育的基本理论研究

研究者主要对国家认同教育的内涵、特点、意义、途径进行了理论研究。

1. 国家认同教育的内涵

对国家认同教育的内涵，研究者们从不同层面和角度给出了不同的界定。在广义上，滕星认为，国家认同教育是培养个体对于自己国家的一种心理上的认同和情感上的归属。[①] 曾水兵等人认为，国家认同教育是作为民族历史文化共同体的认同教育和作为法律政治共同体的认同教育的有机整合。[②] 在狭义上，曾水兵认为，国家认同教育就是学校通过恰当的教育方法和途径，使学生具有政治、历史和文化认同感，培养学生具有国家和民族意识的实践活动。[③] 虽然不同研究者对国家认同教育的界定不尽相同，但总体来说，培养个体对国家的认同感和归属感是国家认同教育内涵的核心。

2. 国家认同教育的特点

研究者们对国家认同教育的特点进行了不同层面的分析。曾水兵等人认为，国家认同教育根植于一定的国家民族和政治语境当中，具有民

---

① 滕星：《如何理解"国家认同教育"》，《中国德育》2017年第13期。
② 曾水兵、檀传宝：《国家认同教育的若干问题反思》，《中国教育学刊》2013年第10期。
③ 曾水兵：《加强中小学生国家认同教育的理性思考》，《中国教育学刊》2012年第11期。

族性和境遇性。① 苏德等人认为，国家认同感的培养不是一蹴而就的，国家认同教育具有长期性和连续性。而受教育者年龄、生活环境和文化素养等方面的差异决定了国家认同教育的复杂性。同时，影响个人国家认同的因素非常多，这在一定程度上决定了国家认同教育的开展具有广泛性和多样性。②

3. 国家认同教育的意义

研究者们主要从三个层面对国家认同教育的意义进行了探讨。对国家来说，国家认同教育对促进国家的整合和统一具有重要作用。如史利平指出，在全球化的背景下，国家认同教育可以增强国民的国家自信，有效地抵制全球化带来的社会离心力，为维护国家统一和稳定奠定基础。③

对民族来说，民族团结与国家认同教育紧密相连，国家认同教育有助于各个民族的国家认同感的形成，有利于促进社会主义和谐社会构建过程中民族关系的和谐，有利于增强各民族对中华民族的向心力和凝聚力，进而促进社会稳定和国家统一。④

对个人来说，当代中小学生是国家的未来建设者，是祖国发展的后备力量，国家认同教育有助于培养学生的国家认同意识，有助于增强学生爱祖国、爱家乡的情感，并提高其道德素质。⑤

4. 国家认同教育的途径

研究者们主要从公民教育、爱国主义教育、文化教育和历史教育等方面阐释了国家认同教育的途径。

（1）公民教育

众多研究者认为，国民国家认同感的培植离不开公民教育。公民教育可以促进公民对国家核心价值的认同，强化公民的身份认同及国家归

---

① 曾水兵、檀传宝：《国家认同教育的若干问题反思》，《中国教育学刊》2013年第10期。
② 苏德、王渊博：《国家认同教育：云南省边境教育发展的战略选择》，《民族教育研究》2012年第5期。
③ 史利平：《互联网时代中学生国家认同教育的应对路径》，《中国德育》2017年第13期。
④ 吕后彬：《新疆维吾尔族国家认同问题研究》，硕士学位论文，新疆大学，2017年。
⑤ 李娟：《云南边境学校地理教育中渗透国家认同教育的研究》，硕士学位论文，云南师范大学，2014年。

属感,培养公民的国家责任感。① 通过公民教育培育和强化多民族国家的国家认同意识,是多民族国家维护国家统一和稳定的必然选择。② 基于此,吴英慧等人认为,在多元文化的背景下,公民教育一方面需要开放、包容的精神,一方面需要通过对话协商的方式建构理性和民主的国家认同。③ 公民教育要促进国家认同,必须既注重普遍性和共同性,也注重特殊性和差异性。④ 陈高华还指出,要通过制度化的方式让语言、文化和价值观融入公民教育,使语言、文化和价值观体现在公民的生活方式中。⑤

(2) 爱国主义教育

爱国主义教育也是国家认同教育的重要方式。从爱国主义教育内容来说,学校的爱国主义教育要从中国实际出发,引导学生关心时事,了解国情,理解中华民族艰苦奋斗的历史并珍惜今天的和平,客观地看待我国在国际上的地位,以及当前世界各国对我国的态度。⑥ 从爱国主义教育方式来说,陈志兴指出,要转变爱国主义教育的教学方式,使教学方式从单一走向多元。除了学校教育,还要依靠国家治理体系和现代化建设引导学生养成国家荣誉感和归属感。⑦ 另外,金素端指出,应促进中小学生爱国主义教育理念的发展,将爱国主义教育与民族精神相结合,使爱国主义教育与全球意识相联系,坚持爱国主义教育与责任关系相对接。⑧

(3) 文化教育

文化教育是国家认同教育的重要一环。中华文化是中华民族身份认同的基本依据。推进主流文化认同建构要以中华民族文化为核心,这是

---

① 顾成敏:《公民教育与国家认同》,《郑州大学学报》(哲学社会科学版) 2011 年第 4 期。
② 王宗礼、苏丽蓉:《多民族国家的国家认同与公民教育》,《甘肃社会科学》2013 年第 6 期。
③ 吴英慧、焦娟娟:《论多元文化背景下国家认同的公民教育基础》,《安庆师范学院学报》(社会科学版) 2015 年第 6 期。
④ 韩震:《公民教育促进国家认同》,《中国社会科学报》2010 年 6 月 1 日第 6 版。
⑤ 陈高华:《公民教育与国家认同的自觉》,《湖南师范大学教育科学学报》2017 年第 3 期。
⑥ 沈宏华:《当前国家认同教育的缺失与构建》,《继续教育研究》2015 年第 7 期。
⑦ 陈志兴:《中国梦视域下少数民族学生国家认同意识建构》,《贵州民族研究》2014 年第 8 期。
⑧ 金素端:《跨国家认同视阈下爱国主义教育的理念发展》,《求实》2013 年第 3 期。

增强当代中小学生国家认同的重要途径。① 学校应利用文化载体进行国家认同教育,还应让不同民族的学生对彼此的文化有一定的了解和包容。要充分利用学校资源对学生进行民族文化教育,并重视大众文化和以网络为中心的新媒体的传播作用。② 针对少数民族学生的国家认同教育,孙杰远指出,可以在构建多元互动文化场域以及凝练中华民族共同文化符号等方面加强少数民族学生国家认同教育。③ 在民族班教育工作中,用共同的文化纽带夯实民族学生国家认同,其中语言和文字是重中之重;同时使各民族文化实现相互欣赏、相互促进,从而促进民族学生的国家认同。④

(4) 历史教育

国家认同教育离不开历史教育。吴玉军指出,历史教育对于民族精神的弘扬和培育,对于传承历史记忆发挥着不可替代的功能。这对于增强民族自尊心、自信心、自豪感,焕发学生的责任感和使命感具有十分重要的价值。⑤ 祁进玉认为,国家认同教育要密切联系少数民族的历史教育和中华民族悠久的历史知识教育,学习我国悠久、辉煌的历史,将学生对本民族的认同意识与国家认同相协调,增强学生的国家认同感。⑥

除了公民教育、爱国主义教育、文化教育和历史教育四个方面外,国家认同教育的途径还涉及基本国情与意识形态教育、民主与法制教育等。⑦ 这些理论探讨对于国家认同教育实践的开展具有重要的指导意义。

(二) 国家认同教育的学科教学渗透与课程开发研究

总体来看,国家认同教育的学科教学渗透与课程开发方面的研究较

---

① 马文琴:《全球化时代的国家认同教育》,《教育学术月刊》2008年第10期。
② 曾水兵:《加强中小学生国家认同教育的理性思考》,《中国教育学刊》2012年第11期。
③ 孙杰远:《少数民族学生国家认同的文化基因与教育场域》,《教育研究》2013年第12期。
④ 陈杰:《用共同的文化纽带夯实民族学生国家认同的基石——对内地新疆高中班教育工作中文化认同的思考与实践》,《中国民族教育》2014年第12期。
⑤ 吴玉军:《历史教育与国家认同》,《北京教育》(高教版)2015年第3期。
⑥ 祁进玉:《公民身份与国家认同:我国少数民族地区的公民教育实践》,《黑龙江民族丛刊》2009年第1期。
⑦ 曾水兵:《加强中小学生国家认同教育的理性思考》,《中国教育学刊》2012年第11期。

少，主要包括学科教学渗透、设置相关课程及开展实践活动三个方面。

1. 学科教学渗透

学科教学是培育学生国家认同的重要途径。在国家认同教育的学科教学渗透方面，研究者主要关注的学科是语文、政治、历史、地理等。

语文教科书中的优秀文学作品蕴含着激发国家认同观念的要素，学习、接受这些文学作品的过程就是国家认同观念被塑造的过程。吕梦含指出，小学语文教科书呈现了一个多元、积极、正能量的国家形象，有利于在教学中培养学生的爱国情感。① 杨鑫分析指出，人教版教科书《品德与社会》立足于国家认同，结合学生的生活实际与我国国情，引导学生爱家乡、爱祖国。② 马文琴提出，思想政治教育课程可结合多种途径，例如组织调研活动、举办研讨会和报告会、参观博物馆和纪念馆等，或者通过各种重大的节日庆典和文艺汇演等形式渗透国家认同教育。③

苏守波等人指出，要科学设计历史课教学内容，加强中国近代史、新中国建设史的教育；要认真挖掘和处理好历史教材里蕴含的民族精神素材。④ 在教学方法方面，教师应创设开放性的问题，给学生广阔的思考空间，并引导他们进行多角度的思考，使学生真正从心理上增强对国家的归属感和历史使命感。⑤

何思源指出，地理知识能够以最直观的方式在空间上塑造国家形象，并因其贴近现实而加深学生的国家认同。⑥ 许志娴等人指出，国家认同教育通过地理教材的"全球视野下"及"地方知识间"两个维度同时进行构建；⑦ 通过地理课上讲解祖国的壮丽河山，培养民族自豪

---

① 吕梦含：《润物无声 爱国有声——我国语文教科书"国家形象"的建构与实效》，《湖南师范大学教育科学学报》2016年第5期。

② 杨鑫：《人教版〈品德与社会〉中的民族团结教育分析——基于中华民族多元一体文化的视角》，《现代中小学教育》2014年第1期。

③ 马文琴：《全球化时代的国家认同教育》，《教育学术月刊》2008年第10期。

④ 苏守波、李涛：《国家认同与当代青少年公民意识教育》，《中国青年研究》2015年第8期。

⑤ 吴玉军：《历史教育与国家认同》，《北京教育》（高教版）2015年第3期。

⑥ 何思源：《地理书写与国家认同：清末地理教科书中的民族主义话语》，《安徽史学》2016年第2期。

⑦ 许志娴、陈忠暖：《中学地理教育与构建国家认同的探讨——基于高中地理教材关键词词频的分析》，《地理教育》2013年第Z1期。

感；要在地理教育中增强边境地区学生的国家认同意识。①

2. 设置相关课程

一些学校比较重视国家认同教育相关课程建设，并设置了相关校本课程，以促进国家认同教育落到实处。如广州市华侨外国语学校在结合学校自身特点的基础上，开发了"气韵生动"的"唐诗鉴赏"校本课程，课程目标聚焦于诗歌鉴赏能力与国家认同意识，用诗歌熏陶学生的爱国主义精神和高尚的民族气节。② 江苏省南通西藏民族中学为使国家认同教育常态化和有序化，编写了《民族团结进步教育读本》和《藏汉融合简史》两本校本教材并将其与政治、历史科目相配合，还安排课时并进行考核，使学生在受教育过程中达成对社会主义祖国的认同。③ 李刚等人还以小学学段为例，进行了国家认同教育校本课程的开发与设计，并提出了课程实施和评价建议。④ 这些实践探索对于促进国家认同教育深度融入课程，提高学生的国家认同具有重要价值。

3. 开展实践活动

一些学校注重通过实践活动来促进学生的国家认同。如厦门一中注重学生国家认同素养的培养，学校定期举办"多元一体、美美精一"的民族文化艺术节。辽宁省抚顺市朝鲜族中学举办爱国主义教育活动和具有民族特色的校运会，并在学校制度中对重大节日、纪念日的相应活动和制度作了规定，如在校内组织学生进行一些书法、绘画、诗歌展以及征文活动等，以对学生进行国家认同教育。⑤ 这些实践活动不仅扩展了学生的相关知识，而且在实践中激发了学生的国家认同情感并生成了国家认同行为。

---

① 李娟：《云南边境学校地理教育中渗透国家认同教育的研究》，硕士学位论文，云南师范大学，2014年。
② 秦金华：《语文核心素养视角下的"气韵生动"——"唐诗鉴赏"校本课程开发初探》，《课程教学研究》2017年第11期。
③ 杨小凡：《内地西藏班学生国家认同意识的培养》，《中国民族教育》2012年第Z1期。
④ 李刚、吕立杰：《国家认同教育校本课程的深度开发与设计》，《基础教育》2018年第1期。
⑤ 赵北扬：《民族学校学生的国家认同与民族认同的建构》，硕士学位论文，中央民族大学，2010年。

（三）国家认同教育现状调查及对策研究

为了解我国中小学生国家认同教育的实施情况，一些研究者通过问卷调查法、访谈法、个案研究法等对各地特别是民族地区和边境地区的学生进行了调查。

1. 国家认同教育现状

总体来看，调查研究的对象主要集中在大学生、少数民族学生上。许多研究者对我国少数民族地区和边境地区如新疆、西藏、云南的青少年尤其是大学生的国家认同情况进行调查。也有少数研究者对少数民族地区中学生的国家认同情况进行了调查。[①] 多数研究结果显示，学生的国家认同程度较高。

与此同时，仅有个别研究者从普遍意义上对中学生的国家认同情况进行了调查。[②] 如陈晶对武汉八所学校的青少年进行了调查，发现青少年的国家认同程度处于"比较认同"水平。[③]

另外，涂敏霞等人对香港和澳门青少年国家认同情况进行了调查，调查显示两地青少年的国家认同程度总体上处于中等及中等偏上水平；香港青少年的国家认同程度低于澳门青少年。[④]

相关调查还表明，中小学生的居住区域、家庭环境会影响其国家认同水平，如来自城市和县城学生的国家认同水平高于来自乡镇和农村的学生。[⑤] 国家认同教育开展比较好的学校的学生的国家认同水平要高于其他学校的学生。另外，民族学生的普通话水平、汉族朋友数量、语言等因素都会影响他们的国家认同水平。[⑥]

[①] 马海莉：《西藏地区藏族高中生国家认同现状及影响因素研究》，硕士学位论文，中国青年政治学院，2013年；寇英：《甘南地区藏族青少年学生国家认同影响因素及教育对策研究》，硕士学位论文，西北师范大学，2014年。

[②] 曾水兵、班建武、张志华：《中学生国家认同现状的调查研究》，《上海教育科研》2013年第8期。

[③] 陈晶：《11至20岁青少年的国家认同及其发展》，硕士学位论文，华中师范大学，2004年。

[④] 涂敏霞、王建佶、萧婉玲、谢美玲：《港澳青少年国家认同研究》，《青年探索》2014年第2期。

[⑤] 陈胜胜：《城市散杂居少数民族高中生国家认同问题探析》，硕士学位论文，贵州师范大学，2016年。

[⑥] 常宝宁：《新疆南疆地区青少年国家认同的现状及其教育对策研究》，硕士学位论文，西北师范大学，2008年。

同时，研究者调查发现，国家认同教育开展比较好的中小学大多以课堂教学和课外活动相结合的形式开展国家认同教育，通常基于国家课程、地方课程和校本课程进行教学。一些地方课程和校本课程的内容以地方性知识和民族文化传统为主。如李智环等人调查了丽江、怒江等傈僳族聚居地区，当地小学课程中开设了民族团结和植物王国等特色课程。这些课程提高了当地学生的国家认同。[1] 冯静调查了藏区藏族的中学，其国家认同教育内容涉及中华民族传统文化教育、公民意识和法制教育、国情和时政教育、爱国主义教育、民族团结教育等。其教育形式以课堂教学为主体，还运用参观法（参观博物馆、纪念馆）与演示法（图片、录像、教学电影）等。这些教育内容和形式促进了藏族中学生的国家认同感和祖国自豪感。[2]

2. 国家认同教育存在的问题

虽然我国中小学生的国家认同整体情况良好，但不够均衡，国家认同教育仍存在一些问题。有些中小学生对国家认同较为模糊，在个体与国家关系上虽有较强的情感依恋，但对国家和社会的评价又表现出消极的一面。[3] 有些中小学生不太了解祖国的传统文化、历史和现实国情等，对国家的各项方针政策和重大事件漠不关心。苏德等人指出，境外渗透和诱导加剧了学生对国家认同的离心，尤其是边境地区由于地缘环境的特殊性，面对着复杂的政治因素，跨境民族的民族认同和国家认同都受到一定的挑战，国家认同教育也遭到威胁。[4] 有部分少数民族学生对于我国是统一的多民族国家、在领土主权上、在各民族与国家的统一关系上呈"不赞同"或者"不一定赞同"的态度。在对国家的情感上，还有少数学生表现出冷漠和偏差。[5] 这些都表明，当前我国国家认同教

---

[1] 李智环、陈旭：《滇西北边境地区跨境民族的国家认同历程及其建构——以傈僳族为例》，《青海民族大学学报》（社会科学版）2015年第4期。

[2] 冯静：《藏族中学生国家认同教育现状的调查研究》，硕士学位论文，西北师范大学，2015年。

[3] 曾水兵：《加强中小学生国家认同教育的理性思考》，《中国教育学刊》2012年第11期。

[4] 苏德、王渊博：《国家认同教育：云南省边境教育发展的战略选择》，《民族教育研究》2012年第5期。

[5] 陈胜胜：《城市散杂居少数民族高中生国家认同问题探析》，硕士学位论文，贵州师范大学，2016年。

育仍需进一步加强。

一些学校的领导、教师对国家认同及其教育的内涵模糊不清，对国家认同教育不够重视。有些学校虽然开设了国家认同教育相关课程，但课堂教学模式和方法比较简单，偏重于知识的灌输，情感力较弱，实践性教学活动较少。① 一些少数民族学校缺乏传承国家历史、民族文化的意识，开设的相关课程不足，许多学校没有针对性地建设校园文化、设置相关课程来开展国家认同教育。② 另外，当前中小学教育存在功利化取向，学校片面追求升学率，普遍存在重智轻德的现象，国家认同教育不乏出现"说起来重要，忙起来不要"的状况。

另外，家庭与社区中的国家认同教育也存在一定的缺失。冯静对藏族中学生的国家认同进行调查发现，有15.3%的学生认为自己掌握的关于国家认同方面的知识主要来自父母的教导，有42.2%的学生认为社会不良因素会直接影响到学校国家认同教育的效果；在问及"在你的成长过程中哪种环境对你的国家认同感影响最大"时，有15.1%的学生认为是家庭环境，48%的学生认为是学校环境，还有36.9%的学生认为是社会环境。③ 由此可见，学校、社会和家庭对学生的国家认同的培育都有非常大的影响。然而，当前家庭和社会层面的国家认同教育也存在一定的缺失。如黄健毅等人调查发现，许多家长忽视对学生的国家认同教育，在家庭中开展爱国教育以及带学生参加爱国活动的次数都很少。而在社区中几乎没有专门开展国家认同教育相关活动。④ 由于学校、家庭和社会没有形成相互沟通的国家认同教育网络，学生在日常生活中容易受到各种不良信息和价值观的影响，进而影响学生的国家认同。

3. 国家认同教育改进的策略

针对我国中小学生国家认同教育现状和存在的问题，陈胜胜指出，

---

① 欧阳常青、苏德：《学校教育视阈中的国家认同教育》，《民族教育研究》2012年第5期。
② 冯静：《藏族中学生国家认同教育现状的调查研究》，硕士学位论文，西北师范大学，2015年。
③ 冯静：《藏族中学生国家认同教育现状的调查研究》，硕士学位论文，西北师范大学，2015年。
④ 黄健毅、王枏：《边境地区国家认同教育的困境与对策——基于对中越边境学生的调查》，《广西师范大学学报》（哲学社会科学版）2014年第4期。

国家应高度重视并大力支持国家认同教育，要加强国家认同教育相关政策和法规建设，为国家认同教育提供相应的政策和经济支持。①

与此同时，我们需要认识到，国家认同教育是一项贯穿于学校、家庭和社会的系统工程。家庭是青少年学生生活和成长的港湾，是培养青少年国家情感的摇篮。学校教育因其系统性和循序渐进性，是培养青少年国家认同的重要途径。随着学生年龄的增长，社会对其国家认同的影响越来越大。因此，研究者们主要从学校、家庭、社会层面对优化国家认同教育提出了改进策略。

第一，学校要发挥国家认同教育的主体地位。学校教育是开展国家认同教育、增强学生的国家认同意识、外化学生国家认同行为的基本途径。② 学校可以通过课堂教学渗透、校本课程开发、校园文化活动来进行国家认同教育。尤其要优化校园文化环境，增强优秀文化教育，加强中华民族教育、历史教育、双语教育等。在教学方法上要坚持课堂知识学习和课外实践活动相结合、日常仪式教育和社会活动教育相结合。③ 学校应尤其重视组织学生参加社会实践活动，感受当前国家的发展与进步，激发学生的自豪感与爱国热情。

第二，家长要注重对孩子的国家认同教育。家庭教育中应合理吸收传统爱国主义家庭教育思想，使之成为家庭实施国家认同教育的重要资源。④ 家长要确立正确的国家认同观念，以身作则，通过言行举止引导青少年增强国家认同感。⑤

第三，社会要加强宣传与育化作用。要利用大众传媒宣传主流价值观，以培养学生的国家认同感；要注重节日等象征性符号在国家认同感建构中的作用，充分发挥电视广播、网络等大众传媒潜在的舆论引导作

---

① 陈胜胜：《城市散杂居少数民族高中生国家认同问题探析》，硕士学位论文，贵州师范大学，2016年。
② 欧阳常青、苏德：《学校教育视阈中的国家认同教育》，《民族教育研究》2012年第5期。
③ 曾水兵：《加强中小学生国家认同教育的理性思考》，《中国教育学刊》2012年第11期。
④ 曾水兵、陈油华：《论青少年国家认同教育的三种基本途径》，《教育科学研究》2016年第4期。
⑤ 黄健毅、王枬：《边境地区国家认同教育的困境与对策——基于对中越边境学生的调查》，《广西师范大学学报》（哲学社会科学版）2014年第4期。

用。① 对于少数民族学生，要建立和改善其汉族朋友社会网络，增加和完善少数民族学生对社会和生活的认识渠道。② 社会还可以根据中小学生的特殊性，特别是民族学生的特殊性，在当地或附近创建更多的国家认同教育基地，对学生进行国家认同教育。

总之，中小学生国家认同教育需要国家的支持以及学校、家庭和社会三位一体通力合作。只有这样，中小学生的国家认同才能迈向更高水平。

（四）国家认同教育的国外借鉴研究

我国国家认同教育研究主要借鉴美国、俄罗斯、新加坡等国，这些国家在国家认同教育方面都有较长的历史和丰富的教育经验并取得了显著成效。

1. 美国

美国的国家认同教育对我国具有重要的借鉴意义。梁聪指出，在"9·11"事件后美国国家认同高度统一，历史、公民学相关课程备受重视，国家认同教育贯穿始终，教育内容与时俱进且丰富多彩，课程安排符合学生的年龄特点。③ 赵琼等人指出，美国在国家认同教育过程中，其立场和观点是鲜明的，政府的主导作用和价值导向作用是明显的。④ 美国实施国家认同教育，尤其强调价值观方面的认同。具体措施包括通过教育法律和课程政策强化国家认同教育，通过学校的各种教育教学活动包括正式学科课程、学校仪式和活动课程传递爱国观念。这启示我国要注重国家认同教育的系统化。⑤ 在具体课程设置上，曹兰胜指出，美国在 K-12 义务教育阶段设置了社会研究（Social Studies）课程体系，将美国精神与多元文化相融合，帮助学生形成美国价值理念，认

---

① 郑慧：《初中生国家认同教育研究》，硕士学位论文，郑州大学，2012年。
② 马海莉：《西藏地区藏族高中生国家认同现状及影响因素研究》，硕士学位论文，中国青年政治学院，2013年。
③ 梁聪：《20世纪90年代以来美国中小学公民教育研究》，硕士学位论文，东北师范大学，2015年。
④ 赵琼、吴玉军：《历史记忆与国家认同——基于美国国家认同教育中历史英雄人物符号的塑造问题分析》，《思想教育研究》2017年第7期。
⑤ 王慧：《权责一致基础上的国家认同教育——来自美国公民教育的启示》，《当代教育科学》2015年第20期。

同并热爱美国。① 这尤其对我国民族地区的国家认同教育具有重要参考价值。

2. 俄罗斯

俄罗斯作为一个统一的多民族国家，其国家认同教育实践也值得我国研究和借鉴。左凤荣指出，进入21世纪以来，俄罗斯对国家认同教育更为重视，进行了一系列的价值观教育，并通过加强国语和爱国主义教育增强学生的国家认同感。语言是国家认同的基础，俄罗斯非常重视俄语教育，在全国统一高考中俄语是必考科目。同时，对外来移民也进行俄语、文学以及俄罗斯历史和法律等方面的考试。俄罗斯还注重保护多民族语言。俄罗斯在国家教育体系中使用89种语言，其中30种作为学校中教授的语言，以满足少数民族对传承和发展本民族文化的需求。② 在具体课程方面，李琳对2016年年初俄罗斯基于新历史文化标准出版发行的新版历史教科书进行了分析，指出其明确了国家意志与权威，肯定了国家历史文化成就，俄罗斯规定所有中小学使用该教材。③ 这一调整与选择对我国在学科教学中渗透国家认同教育也有所启示。

3. 新加坡

新加坡是我国国家认同教育借鉴研究的主要来源。在研究者看来，新加坡是国家认同教育比较成功的国家之一。任蕾蕾指出，新加坡的国家认同教育分为初步形成、加快发展及系统优化、持续发展三个阶段。④ 其国家认同教育在学校、家庭和社会中全面展开。苗晨阳指出，新加坡学校通过设置相关课程（如双语教育、历史和国情教育、公民道德教育等）、多样化的课外活动、社区服务行动计划、社会环境的熏陶等途径以及采取价值澄清法、文化传递法、设身处地考虑法、道德认知发展法⑤等多种方法确保中小学国家认同教育取得实效。新加坡还非

---

① 曹兰胜：《美国"社会研究"课程对我国民族地区国家认同教育的启示》，《民族教育研究》2014年第5期。
② 左凤荣：《俄罗斯增强多民族国家认同的主要举措》，《当代世界与社会主义》2015年第3期。
③ 李琳：《重塑"苏联记忆"唤醒国家认同——俄罗斯新版历史教科书带来的启示》，《中国民族教育》2016年第10期。
④ 任蕾蕾：《新加坡国家认同教育研究》，硕士学位论文，西北师范大学，2014年。
⑤ 苗晨阳：《新加坡中小学国家认同教育研究》，硕士学位论文，河南师范大学，2017年。

常重视通过家庭教育来培养孩子的国家认同观念,并且利用宗教、大众传媒以及实践活动来培育国民尤其是学生的国家认同,如通过"文化再生运动"大力推行儒家伦理教育,重构新加坡精神。① 吴玉军等人认为,我国国家认同教育应根据本国国情,借鉴新加坡国家认同教育实践经验,如政府高度重视、具有危机意识和审慎的态度、积极寻求国家利益与个人利益的结合点等,② 有针对性、具体化地开展国家认同教育。

4. 其他国家

还有研究者对澳大利亚、韩国、英国等国的国家认同教育进行了研究。赵诗等人指出,澳大利亚国家认同教育的主要形式有历史教育、公民学与公民资格教育、家庭及社会化教育等。虽然澳大利亚只有一百多年历史,但也将历史课定位为中小学教育的核心课程,以消除国民的历史自卑感,将历史作为维系民族和国家之间的精神纽带,以促进学生对澳大利亚的认同感。同时,社会上的组织或机构向学生提供学习或实习机会,让学生走出校园,参与到实践工作中,以增强学生的社会责任感和国家归属感。③

杜兰晓指出韩国在国家认同教育方面是政府主导,坚持开放性,注重实践性,强化危机性等。韩国政府一直强调,所有青少年都必须熟悉本国的历史和国情。为提高学生对国家理念的了解和认同,韩国学校向学生提供有近百种不同类型的活动,如爱国主义活动、传统艺术活动、国际交流活动、各种仪式活动等。④ 王璐等人分析了英国政府在多元文化背景下对少数民族的教育政策转向关注国家认同和共同价值观的教育,其具体措施包括提高公民教育课程的地位,提高少数族裔学生的学业成绩,满足所有个体的学校课程需要,努力为少数族裔学生营造平等

---

① 潘晖君、洪跃雄:《中新两国之国家认同教育比较及启示》,《泉州师范学院学报》2015年第4期。

② 吴玉军、吴玉玲:《新加坡青少年国家认同教育及其启示》,《外国中小学教育》2008年第7期。

③ 赵诗、黄德林:《澳大利亚国家认同教育的形式及其启示》,《学校党建与思想教育》2015年第22期。

④ 杜兰晓:《韩国、新加坡国家认同教育的特点及启示》,《学校党建与思想教育》2012年第34期。

的学习环境等。① 这些国家的国家认同教育经验对我国开展国家认同教育也有一定的借鉴价值。

（五）国家认同教育研究的反思与展望

我国国家认同教育研究取得了诸多进展，但还存在一些不足。在反思这些不足的基础上，我们对未来研究的应然方向进行了展望。

1. 深化国外国家认同教育经验借鉴研究

在对国外国家认同教育经验借鉴方面，已有研究涉及的国家较多，包括美国、俄罗斯、新加坡、英国、韩国、澳大利亚等。但总体来讲，已有研究数量较少，而且不够深入。未来的研究应聚焦国家认同教育主题，对国外最新的相关政策、课程标准以及教育实践等进行更加深入和系统的研究，并与我国的国家认同教育实践进行比较研究，进而汲取其特色经验并结合我国国情进行借鉴，从而推动我国国家认同教育的发展。

2. 扩展我国国家认同教育现状研究

在深化对国外国家认同教育经验借鉴研究的同时，我们也要加强国家认同教育的本土研究。当前，我国研究者在研究国内的国家认同教育现状时，更多的是研究新疆、西藏、云南边境等地区的少数民族的国家认同教育现状，对我国大陆普通地区及其他民族地区的国家认同教育研究较少。因此，我们亟须加强对大陆普通地区和其他少数民族地区的国家认同教育的研究，从而进一步促进我国国家认同教育研究的发展。

3. 基于相关政策和核心素养开展国家认同教育研究

无论是国外还是国内都注重发布相关政策，推动国家认同教育。国家政策为教育研究提供了重要方向。在进行国家认同教育研究时，研究者要聚焦时事热点，在教育政策的视野下进行研究。近年来，我国颁布了关于中华优秀传统文化教育、社会主义核心价值观教育等方面的政策文件。研究者应基于国家出台的这些政策文件，积极探索传统文化教育、社会主义核心价值观教育、爱国主义教育在培养学生国家认同上的价值和路径。

---

① 王璐、王向旭：《从多元文化主义到国家认同和共同价值观——英国少数民族教育政策的转向》，《比较教育研究》2014年第9期。

国家认同是《中国学生发展核心素养》中的重要内容。国家认同教育研究可以基于《中国学生发展核心素养》提出的国家认同素养框架，进一步探讨国家认同素养包括哪些具体的内容，如何将其进一步细化；如何基于国家认同素养进行相应的课程改革和课堂教学；国家认同素养在不同学段、不同学科培养的侧重点以及要达到的目标等。这些研究有利于国家认同素养从理念走向实践，促进学生国家认同素养的发展。

4. 注重国家认同教育系统融入课程的研究

在课程方面，目前我国中小学生国家认同教育研究虽然涉及国家课程、地方课程和校本课程，但在数量上都较少，尚缺乏将国家认同教育系统融入课程的研究。

为促进国家认同教育系统、全面、有序开展，研究者应加强国家认同教育融入课程体系的研究。首先要加强对我国国家认同教育融入中小学课程的现状的研究，进而在此基础上，探讨如何基于学生国家认同素养，处理好国家课程、地方课程和校本课程的关系。语文、道德与法治（思想政治）、历史、地理等国家课程中的国家认同教育虽然是渗透性的，但也要基于国家认同教育目标进行系统研究和规划。在此基础上，地方课程可以结合当地历史文化、风俗习惯，合理利用当地资源，开发以国家认同教育为主题的课程。学校应在国家和地方课程的基础上，探索更符合自身传统和特点、更具自身特色的校本课程，进而将三类课程整合，形成具有自身特色的国家认同教育课程体系。在将国家认同教育系统融入课程的过程中，要注意系统性、互补性和整合性原则。这将有助于深化国家认同教育，也需要教育专家、一线校长与教师以及教育行政人员的通力合作。

5. 加强学科教学渗透研究

教学是学校教育的基本途径，学科教学是渗透国家认同教育的重要方式。各门学科教学有目的、有计划、有组织地渗透国家认同教育，将会更好地促进学生国家认同素养的提升。从当前的研究来看，基于学科教学的国家认同教育研究依然很少，仅有少数研究者对语文、道德与法治（思想政治）、历史、地理教学中的国家认同教育渗透问题进行了探讨，而且研究不够系统和深入。

可以说，国家认同教育与学科课程教学的融合研究，尚没有引起研究者的普遍关注，在此方面还有广阔的开拓空间。目前我国一些学科如语文、道德与法治（思想政治）、历史等课程标准都明确提出了关于国家认同教育的课程目标，研究者应进一步研究各学科教材中融入的国家认同教育内容现状；如何根据不同学科的性质有效融入国家认同教育；学科教学渗透国家认同教育应遵循哪些原则；如何优化教学内容、选择教学方法、开展实践活动以实现国家认同目标等问题。对这些问题的探讨将推动基于国家认同教育的学科教学研究走向深化。

6. 推进实证研究

回顾我国国家认同教育研究的现状，关于国家认同教育的一般理论研究普遍存在，相比之下，实证性研究则较少。实证研究主要体现在一些硕士论文运用实证研究方法对部分地区和学校的国家认同教育现状进行的研究。总体而言，关于国家认同教育的实证研究还没有引起广大研究者的重视。

在未来的国家认同教育研究中，我国研究者应广泛运用调查研究法、个案研究法、内容分析法、实验研究法等实证研究方法来提高研究的科学化水平和质量。例如，可以更多地使用问卷调查法、访谈法对国家认同教育融入中小学课程的现状进行更大范围和规模的研究；运用案例研究法对国家认同教育典型学校进行深入调查和分析；通过内容分析法对各科教科书中的国家认同教育内容进行系统的梳理和分析；运用实验研究法，选择实验学校和学生，对国家认同教育及其效果进行实证研究。实证研究方法获得的研究成果不仅可以提高我国国家认同教育研究的科学化水平，而且将为我国国家认同教育实践的发展提供可靠的理论支持。

我们应当从教育全球化和本土化的角度思考国家认同教育的改革与创新，不断推动国家认同教育研究的发展。在我国深化教育改革的背景下，国家认同教育研究必将在促进国家认同教育实践方面发挥更大的作用。

二 国外研究现状及启示

随着全球化和移民趋势的发展，价值取向多样化和外来文化的冲击给世界各国的国家认同都造成了一定的威胁。因此国家认同教育越来受到各国的重视。在此背景下，各国研究者针对国家认同教育相关问题进行了大量的研究。梳理和分析国外相关研究，对我国国家认同教育研究和实践具有重要的启示意义。下面对具有代表性的美国、英国、新加坡三个国家的相关研究进行梳理和分析。

（一）美国国家认同教育相关研究

作为发达国家和移民大国，美国尤为重视国家认同教育。在此背景下，许多研究者对美国国家认同教育相关主题进行了深入研究。

1. 关于国家认同的多元文化教育研究

多元文化在促进美国社会开放的同时，也对美国公民的国家认同造成了困扰。尤其是伴随着21世纪以来移民趋势的进一步增强和移民政策改革的深化，多元文化与国家认同间的冲突与协调逐渐成为美国教育界关注的焦点。在此背景下，研究者主要从以下两方面探析了美国多元文化背景下的国家认同问题。

（1）国家认同的多元文化羁绊

移民的增加在一定程度上改变了美国种族人口的结构。这给多元文化学校通过课程与教学促进学生的美国国家认同造成了一定压力。在此背景下，有研究者探讨了美国多民族公立高中课堂忽视种族课程资源及其对学生国家认同建构造成的不利影响。奇卡图（Anita P. Chikkatur）认为，通过限制非裔美国人在历史课中关于种族的结构性讨论，未能为学生和教师提供关于如何进行种族和种族主义研究的资源和指导；相反导致了教师和学生通过课堂内外等非正式教育形式始终关注着种族问题。这不利于帮助学生理解围绕着差异和多样性的特定概念来构建群体和身份的方式，不利于正确地培养学生的统一国家观。[①] 此外，也有研究者以布迪厄的"分类斗争"为例指出了多元文化课程对学生国家认同形成的不利导向。奥尔内克（Michael R. Olneck）认为，在公立学校中设立种族化的多元文化课程可能会导致共同文化和国家认同的削弱。[②] 因

[①] Anita P. Chikkatur, Different Matters, Race, Immigration and National Identity at a Diverse, Urban Public High School, Ph. D. Dissertation, University of Pennsylvania, 2009, pp. 357 - 369.

[②] Michael R. Olneck, "Re-naming, Re-imagining America: Multicultural Curriculum as Classification Struggle", *Pedagogy, Culture and Society*, Vol. 9, No. 3, 2001, pp. 333 - 354.

此，促进美国多元文化种族间的理解，加强群体间的相互尊重和共同团结，对促进美国的国家认同具有重要意义。

（2）多元文化与国家认同的协调

多元文化与国家认同之间的矛盾不利于促进多民族共同的国家认同，因此，协调多元文化状态下的教育矛盾以发展共同的美国国家观尤为必要。

有研究者从美国联邦立法的角度审视了移民改革法律授权对促进美国国家认同的优势所在。麦钱特（Amita D. Merchant）等人认为，2008年美国对《综合移民改革法》和《不让一个孩子掉队法》的重新审视和授权能够使各种身份和地位的美国公民都加入到探讨两项法律的议程中，共同研究"作为一个多文化、多语种的国家，我们的国家认同是什么？我们在世界上扮演着什么角色？作为一个美国人意味着什么？"等问题。[①] 这有助于促进移民对美国政治文化的理解和认同。

也有研究者基于美国多种族的社会背景，从国民定义的角度对国家认同进行了探讨。琼斯（Frank L. Jones）等人通过借鉴和分析1995年国际社会科学项目的跨国调查数据，揭示了多数国家的两种核心"国民"定义模式：一是基于与出生、宗教和居住地有关的客观标准模式；二是与公民及核心机构成员的主观感受和信仰有关的主观标准模式。世界各地关于国家认同的官方模式都倾向于向公民模式转变，而美国采用主观标准的公民模式是其维护国家团结和统一的必然选择。[②] 美国多元文化背景下的公民模式界定对促进其公民统一的政治和文化认同具有重要意义。

还有研究者从教育改革的角度出发，提出了通过教育立法等促进公民国家认同的建议。麦钱特（Amita D. Merchant）等人认为，教育和教育改革在很大程度上依赖国家、文化和价值观的认同。移民及多元文化的形成已逐渐成为强有力的趋势，成功融入美国社会之中。相对如何将

[①] Amita D. Merchant and Jorge P. Osterling, "Immigration, Education, and the Search for Our National Identity", *Bilingual Research Journal*, Vol. 31, No. 1-2, 2008, pp. 7-22.

[②] Frank L. Jones and Philip Smith, "Diversity and Commonality in National Identities: An Exploratory Analysis of Cross-National Patterns", *Journal of Sociology*, Vol. 37, No. 1, 2001, pp. 45-63.

移民驱赶出境，更重要的是要清楚"我们是谁？""我们国家的孩子以及相关的教育立法"等如何更好地适应移民趋势以构建统一的国家认同，以便在全球化文化、社会以及经济领域中得到优先发展。①

综上所述，研究者们基于美国多元文化发展不可阻挡的时代背景，透析了国家认同的多元文化羁绊以及促进公民国家认同的对策两方面内容，对促进美国公民国家认同具有重要价值。

2. 关于国家认同的公民教育研究

公民教育是美国国家认同教育的主要途径，也是强化学生的公民身份认同和政治认同、培养其社会参与意识的必要路径。研究者们运用多样化的研究方法对关涉国家认同的公民教育的现实困境、影响国家认同的因素和对策进行了探析。

（1）公民教育的困境

有研究者基于政府政治意识形态的相似性对影响公民政治认同的不利因素进行了对比研究。佩珀（Kaye Pepper）等人依据美国与匈牙利政府政治意识形态的趋同性，从教育政策制定和教师教育等方面对两国公民教育进行了对比分析。研究者认为，政府机构与大企业内部的失衡使得绝大多数公民对美国民主政治和经济运作丧失了信心，进而影响了学生学习政府民主原则的态度。因此，学生很难理解这些机构的重要性以及它们在民主社会中所扮演的角色，从而导致学生对国家政治认同度的普遍降低。②

还有研究者对学校公民教育理论与实践之间的脱节问题及原因进行了探讨。德本（Jill J. Tokumoto）认为，美国中学生不仅缺乏基本的公民知识，而且学生所学知识与社会现实经验间造成的冲突也不容小觑。③

---

① Amita D. Merchant and Jorge P. Osterling, "Immigration, Education, and the Search for Our National Identity", *Bilingual Research Journal*, Vol. 31, No. 1-2, 2008, pp. 7-22.

② Kaye Pepper, Susie Burroughs and Eric Groce, "Teaching Civic Education in a Democratic Society: A Comparison of Civic Education in Hungary and the United States", *Educational Foundations*, Vol. 17, No. 2, 2003, pp. 29-51.

③ Jill J. Tokumoto, The Importance of Civics Education Programs in K-12 Schools, Ph. D. Dissertation, Capella University, 2006, pp. 3-10.

此外，还有相关报道对美国K-12学校公民教育教学中教师和教学问题进行了探析。基萨（Abby Kiesa）等人认为，许多公立K-12学校的公民学教授存在弊端，一是教师对选举和政治的教学可能被一些人视为存在党派问题，这给教师教学带来了困扰；二是公立学校的公民教育教学在通常情况下被简化为学习历史和政府运作过程相关的枯燥信息，这表明学校仍然没有帮助学生把他们的学习与实践联系起来。[①] 美国学校公民教育困境已经影响了学生的国家认同。

（2）国家认同的影响因素

除了对公民教育的实施困境进行研究之外，还有研究者对影响国家认同的诸多因素进行了探究。

有研究者探讨了微观语境要素对青少年公民身份认同的影响。贾赫鲁米（Parissa Jahromi）对美国四所学校的22名15—18岁的中学生关于"美国梦"、美国信仰等语境要素影响的深度访谈表明，青少年微观语境中获得的经验对其美国认同的形成至关重要。然而，他们在复杂社会背景中形成个体身份时面临着很多问题。例如，尽管他们注意到了美国政治选举和投票的开放性、美国社会政治实践活动的丰富性等，但是美国社会的不平等、美国理想在社会运行中的不完美等也影响着他们对美国的认同和自身身份认同。研究者认为，美国深深根植于美国文化之中，是年轻人身份认同不可或缺的部分。家庭、学校和社会可以通过向青少年传授美国赖以建立的理想，列举国家成败的例子来鼓励他们形成积极的公民观和国家观，培养他们对美国文化的认同。[②] 可见，美国内部政治与文化环境深刻地影响着学生对美国的价值判断和认可程度。

还有研究者探讨了儿童视角下的美国身份认同观和他们对移民与国家认同关系的看法。布朗（Christia Spears Brown）在借助盖特纳（Samuel L. Gaertner）等人的内部群体认同模型的基础上，对5—11岁

[①] Abby Kiesa and Peter Levine, Why America Urgently Needs to Improve K-12 Civic Education, October 30, 2016, https://theconversation.com/why-america-urgently-needs-to-improve-k-12-civic-education-66736, November 15, 2019.

[②] Parissa Jahromi, "American Identity in the USA: Youth Perspectives", *Applied Developmental Science*, Vol. 15, No. 2, 2011, pp. 79–93.

欧洲裔移民儿童的美国身份认同观等进行了研究。盖特纳（Samuel L. Gaertner）等人的内部群体认同模型理论表明，如果个人将移民视为美国内部群体的一部分，人们就会期望他们对移民持更积极的态度；反之可能会持消极态度。[1] 基于此，布朗的研究表明，大部分小学学龄儿童都拥有强烈的美国身份认同，对"美国人意味着什么"（即一个人必须热爱美国、遵守美国规则、必须是白人）具有灵活的看法。他们对移民的负面刻板印象程度取决于他们自己的国家认同，即儿童的国家认同感越高，相应地表现出对其他外部族群的排斥感和负面情绪越强烈。[2]

此外，也有研究者站在儿童认知发展角度对其国家认同变化进行了对比研究。索拉诺-坎波斯（Ana Solano-Campos）基于美国与哥斯达黎加不同的公民观，研究了四年级小学生通过对公民国籍概念的阐述形成的对国家认同的理解。通过为期12周的焦点访谈以及民族志观察发现，学生对国家认同重要性的理解随年龄增长而增长，经历了由具体到抽象的过程，在此过程中总是注入语境要素。此外，虽然两国儿童都使用了特定类型的叙事来阐述"公民国籍"概念，但美国儿童倾向于表达更多的公民身份的国家观。因此，研究者建议扩大研究范围，以研究多元文化背景下儿童的"国家认同图"[3]。

（3）公民教育的改进策略

基于公民教育实施的困境和公民国家认同的影响因素，有研究者对公民教育的优化策略进行了探讨。

有研究者探讨了公民教育改革在当前社会的意义。班克斯（James A. Banks）认为，实施变革型的公民教育可以使学生在课堂和学校中体验民主，能够促使学生更好地内化美国的民主信仰和价值观，在获得深

---

[1] Samuel L. Gaertner and John F. Dovidio, *Reducing Intergroup Bias: The Common Ingroup Identity Model*, New York: Psychology Press, 2000, pp. 2 – 7.

[2] Christia Spears Brown, "American Elementary School Children's Attitudes about Immigrants, Immigration, and Being an American", *Journal of Applied Developmental Psychology*, Vol. 32, No. 3, 2011, pp. 109 – 117.

[3] Ana Solano-Campos, "Children's National Identity in Multicultural Classrooms in Costa Rica and the United States", *Research in Comparative & International Education*, Vol. 10, No. 1, 2015, pp. 71 – 94.

刻的文化认同的同时，帮助学生更好地反思国家、地区和全球认同。①

也有研究者旨在通过公民学课程的转变来促进学生的国家认同。吉尔摩-梅森（Teresa Gilmore-Mason）对10名中学生进行深度访谈并指出，公民学课程对学生身份认同和国家认同观念的建构具有重要的意义，对更好地理解"教学场所"在学生结构化国家认同意识的影响方面尤为重要。学生公民教育应拓展到传统课堂以外的其他"教育场所"进行，使学生获得更多参与发展国家认同的机会，为其美国国民观念的形成奠定基础。同时，公民教育课程也应该充分考虑学生的兴趣与生活经验。②

此外，也有研究者从社会群体的公民教育作用角度进行了探究。德本（Jill J. Tokumoto）认为，公民教育是维持宪政民主的重要因素，是美国认同的基础。因此，学校等社会机构对发展学生公民能力，培养学生参与意识应负有历史责任。家庭、教会和同龄人等社会群体可以帮助学生发展公民知识和技能，塑造公民性格。③

3. 关于国家认同的学科课程研究

课程与教学是美国促进学生国家认同的主要渠道。通过课程内容中的美国历史、政治与文化意识形态的引导，教育者可以帮助学生形成对美国文化深入的认识和理解，从而达到塑造其美国认同的目的。研究者们主要从历史课程和社会研究课程两方面对学科课程与教学展开了探讨。

（1）历史课程

20世纪末期的历史教育在美国面临人文危机的情况下越发受到政府和教育界的重视。21世纪以来的美国联邦政府、各州以及学区注重通过强化历史教学来促进学生历史知识的学习和历史认同的培养。2006年以后的美国历史课程在历史国家进步教育项目的倡导下更是注重将对

---

① James A. Banks, "Diversity, Group Identity, and Citizenship Education in a Global Age", *Education Research*, Vol. 37, No. 3, 2008, pp. 129–139.

② Teresa Gilmore-Mason, Invoking Student Voices as a Third Space in the Examination of a National Identity, Ph. D. Dissertation, The University of Akron, 2015, pp. 43–67.

③ Jill J. Tokumoto, The Importance of Civics Education Programs in K–12 Schools, Ph. D. Dissertation, Capella University, 2006, pp. 53–58.

历史知识的评价转移到注重美国高中学生对历史变迁和对历史依据的评价。① 2010年出台的《全美社会科州共同核心标准》以及各州标准均把历史课程作为学校教学的核心课程之一，可见美国历史课程在促进美国国家认同中的价值。研究者们对美国历史课程的研究从不同的阶段和不同的层面展开。

有研究者从美国历史变革及其作用的角度探讨了历史教育对发展学生国家认同的重要性。舒尔曼（Geoffrey Scheurman）探讨了威斯康星州的教师、课程开发者、人文历史与教育领域学者于2001年开展的一场关于国家认同的谈话。研究者认为，基于高阶思维、深层知识、实质性对话及与课堂外世界相联系的方法和标准，通过美国历史的演变来探讨发展国家认同的重要性，有助于帮助教师和学生发现认同意义的方法。② 加利甘（Mark N. Galligan）运用文献分析法评价了1890—1920年美国历史课程在政治、经济和社会力量影响下的形成与发展。研究者认为，美国历史课程始终贯彻着爱国主义精神，发挥着塑造学生道德品质和陶冶性格的重要作用，有利于培养学生具有更高层次的思维能力，发展学生的爱国主义观念。③ 历史课程教学可以培养学生的历史思维能力，帮助学生从国家整体的角度出发树立统一的国家观。

还有研究者基于历史课程标准对移民内容设置的偏向化进行了探讨。乔内尔（Wayne Journell）认为，历史教育旨在通过包容、排斥和处理各种社会群体来创造和延续民族认同。对九个州的历史课程标准的分析表明，美国历史课程标准将与移民相关的内容置于边缘化的地位。历史教育的一个共同目标是让学生认同过去，以激发群体间的共同意识。因此，研究者建议，教师应在历史课程标准的基础上发挥其他不限定性优势，引导学生意识到美国的移民历史标识性特征，使他们在思想

---

① U. S. Department of Education, The Nation's Report Card U. S. History 2006, Washington D. C.: National Center for Education Statistics, 2007, pp. 6 - 32.

② Geoffrey Scheurman, "Still Searching for America: Conversations on National Identity", *Magazine of History*, Vol. 20, No. 4, 2006, pp. 4 - 6.

③ Mark N. Galligan, Debating the Study of the Past: A Historical Analysis of American History Curriculum and Instruction between 1890 - 1920, Ph. D. Dissertation, Northeastern University, 2014, pp. 23 - 54.

上认为，进入美国可以减轻移民进入新环境带来的恐惧和不确定性，从而更好地促进移民对美国的国家认同。① 可见，美国历史课程的发展和变迁与其所处时代的政治文化环境密切相关，其目的均在于培养学生的爱国主义意识和国家认同。

（2）社会研究课程

美国社会研究课程旨在促进学生知识增长的同时，培养其社会责任感、政治认同和文化认同。自1984年《全美社会科课程标准》出台以来，美国政府和各州积极顺应国际国内教育形势，不断地对课程标准进行修订和补充。研究者们也从社会研究课程对培养学生政治认同、文化认同等层面进行了探索。如有研究者就社会研究课程对培养学生政治意识的影响进行了阐述。索拉诺－坎波斯（Ana Solano-Campos）根据相关儿童和青少年的公民参与态度的研究表明，社会研究课程对学生的公民参与有显著影响。②

4. 关于国家认同的教育实践活动研究

美国注重开展培养学生爱国意识和政治认同的教育实践活动。自1892年美国举行第一次全国宣誓仪式以来，升旗和宣誓仪式一直是学校的传统，③ 也是培养学生爱国意识的主要途径。此外，旨在促进学生政治认同的社会服务学习也不断受到美国教育部门的重视。基于此，研究者对社会实践活动的探讨主要是从这两方面展开。

（1）升旗宣誓活动

有研究者探讨了国旗与中小学生爱国主义培养之间的关系。肯梅尔迈尔（Markus Kemmelmeier）等人认为，国旗作为一种民族团结的符号，通过嵌入各种文化实践的方式实现其意义。如美国的大多数小学儿童通过背诵效忠国旗的誓言，来促进小学生构建国旗和国家之间的联系，使

---

① Wayne Journell, "Setting out the (Un) Welcome Mat: A Portrayal of Immigration in State Standards for American History", *The Social Studies*, Vol. 100, No. 4, 2009, pp. 160 – 168.

② Ana Solano-Campos, "Children's National Identity in Multicultural Classrooms in Costa Rica and the United States", *Research in Comparative & International Education*, Vol. 10, No. 1, 2015, pp. 71 – 94.

③ Scot M. Guenter, "The American Flag, 1777 – 1924: Cultural Shifts from Creation to Codification", *Journal of the Early Republic*, Vol. 12, No. 1, 1992, pp. 101 – 102.

其意识到国旗作为国家的象征。① 这表明美国重视通过国旗这一符号来培养学生的爱国情感。

此外，也有研究者对学生爱国主义建构方式进行了研究。沃辛顿（Andrew Luke Worthington）基于英美两国公民教育水平相当，且具有相关的历史和哲学价值观，采用李克特量表和访谈分别对240名和36名参与社会研究课程的英美中学生爱国主义建构方式进行了对比研究。结果表明，英美两国的学生往往倾向于采取建设性的，而非盲目的爱国主义方式，然而，美国学生比英国学生在这方面更加明显。研究者通过分析认为，美国学校的爱国仪式在学生学校经历中扮演着重要角色。他们从小就被引入这些仪式，这种重复可能会导致美国学生对国家有更大的情感依恋。研究者建议，教育者在引导学生讨论爱国主义时，可以将宣誓仪式作为一个教育时刻，通过确保学生理解宣誓词的含义和宣誓的历史，使他们理解国家统一的重要性。②

除了对国旗和学生爱国意识建构研究外，还有研究者对美国学生宣誓仪式的意愿性进行了探讨。马丁（Leisa A. Martin）等通过问卷调查了美国学生背诵誓词的意愿性。结果表明，中学生不背诵誓言最普遍的理由是其体现爱国主义的方式较为刻板和传统，而高中生不背诵誓言最常见的原因是背诵誓言和参与仪式的自愿性不强以及部分少数族裔学生的美洲土著身份。③

（2）社会服务学习

美国社会服务学习是学生将所学公民知识内化为公民行为的重要方式，旨在培养学生的社会责任感和政治认同。美国大多数州已通过在课程中设置服务学习内容的标准。基于此，研究者们对社会服务学习进行了多方面研究。

---

① Markus Kemmelmeier and David G. Winter, "Sowing Patriotism, But Reaping Nationalism? Consequences of Exposure to the American Flag", *Political Psychology*, Vol. 29, No. 6, 2008, pp. 859-879.

② Andrew Luke Worthington, Student Perspective of Patriotism in England and the United States of America, Ph. D. Dissertation, Oklahoma University, 2013, pp. 70-142.

③ Leisa A. Martin, Glenn P. Lauzon, Matthew J. Benus and Pete Livas, Jr., "The United States Pledge of Allegiance Ceremony: Do Youth Recite the Pledge?", *Sage Open*, Vol. 7, No. 1, 2017, pp. 1-11.

有研究者对社会服务学习发挥的作用进行了探讨。乔内尔（Wayne Journell）认为，高中的服务学习项目，无论与公民学课程结合还是作为独立的毕业要求，都是学生成年后参与公民活动的预测因素。例如，通过对全国教育纵向研究的数据分析可以发现，学校志愿者和社区服务都与成年人投票和志愿活动密切相关。[1] 这表明学校社会服务学习在一定程度上有助于培养学生的政治参与意识，提高学生的政治参与能力。

还有研究者探讨了参与社会服务学习教师的经验感触。福尔摩斯（Ashlee E. C. Holmes）通过访谈和观察对6名6—8年级参与服务学习的教师进行了研究。研究者认为，服务学习是将有意义的社区服务与指导反思相结合的教学策略，以丰富学生学习经验，教授公民责任，加强社区团结。社会服务学习使学生承担了特定的角色和责任，将知识和实践联系起来，既增进了对他人的接纳和尊重，又发展了学生个体的道德意识。[2]

（二）英国国家认同教育相关研究

英国因其自身多民族、多移民的特征，尤为注重培养学生的国家认同。在注重国家认同教育的同时，学者们开展了大量的相关研究。

1. 关于国家认同的英国核心价值观研究

为了加强国家凝聚力，英国政府在2002年的公民教育基础上提出推行"英国核心价值观教育"。2011年内政部出台的《防范策略书》对"英国核心价值观"（FBVs）进行了具体的界定，即民主、法治、个人自由，以及与持不同信仰和信念的人们（包括无信仰人士）之间的相互尊重和宽容。[3] 英国核心价值观教育的推行对国家认同教育有促进作用。在此背景下，研究者们剖析了英国核心价值观教育实施过程中的问题，主要包含以下两方面。

---

[1] Wayne Journell, "We Still Need You! An Update on the Status of K-12 Civics Education in the United States", *Political Science & Politics*, Vol. 48, No. 4, 2015, pp. 630-634.

[2] Ashlee E. C. Holmes, An Exploration of Middle School Teachers' Essences of Participation in Service-Learning Activities, Ph. D. Dissertation, University of Central Missouri, 2013, pp. 163-184.

[3] HM Government, Prevent Strategy, London: Home Office Publications, 2011, p. 34.

（1）教师自身价值观与英国核心价值观的冲突

教师对英国核心价值观的理解直接影响学生对英国核心价值观的认知以及政治认同的建立。因此，有研究者重点关注了教师话语对学生理解英国核心价值观的影响。梅勒（Uvanney Maylor）通过对英格兰六所学校的教师和校长的深度访谈，考察了教师对"英国核心价值观"的看法，探讨了个别不接受英国核心价值观的教师如何教授学生的问题。研究者认为，教师话语对学生价值观的形成有直接的影响。因此，要让所有教师，包括不接受英国核心价值观的教师都深刻理解"英国性"，理解"民族认同"和"归属感"的概念是如何建构的。要防止不接受英国核心价值观的教师将其他种族群体的不同观点带入课堂，避免学生追随不接受英国核心价值观的教师的现象发生。①

还有研究者对实习教师关于英国核心价值观的认识和教育实践进行了探讨。桑特（Edda Sant）和汉利（Chris Hanley）通过半结构访谈和非参与式观察法，探究了2名男性和9名女性实习教师对英国人的看法以及对维护英国核心价值观这一教学要求的反应。研究结果表明，大部分实习教师承诺积极推动英国核心价值观，但有两名参与者明确拒绝在课堂上讨论英国核心价值观。因此，研究者认为，实习教师无论是什么专业，无论对英国有什么看法，都要先培养自己作为英国人的政治理解。只有这样，才能使实习教师积极引导学生思考自己作为英国人意味着什么的问题并有效地培养学生的国家认同。②

除此以外，还有研究者指出，当前教师不能很好地理解英国核心价值观内涵的原因之一在于缺乏在此方面的教师培训，并在此基础上提出了建议。埃尔顿－查尔克拉夫特（Sally Elton-Chalcraft）等人通过对四所大学的实习老师进行线上问卷调查，以及对20位中小学在职教师和领导进行访谈，指出英国核心价值观教育缺乏对职前和在职教师的培训，导致教师不能理解英国核心价值观的内涵，进而在培养学生的国家

---

① Uvanney Maylor, "I'd Worry About How to Teach It: British Values in English Classrooms", *Journal of Education for Teaching*, Vol. 42, No. 3, 2016, pp. 314–328.

② Edda Sant and Chris Hanley, "Political Assumptions Underlying Pedagogies of National Education: The Case of Student Teachers Teaching 'British Values' in England", *British Educational Research Journal*, Vol. 44, No. 2, 2018, pp. 319–337.

认同上遇到瓶颈。研究者认为，需要教育教师与所有学生一起培养其对民族和国家的自豪感，尤其是要注重职前教师的培训，告知他们"英国核心价值观"的意蕴，增强他们作为英国人的归属感。[1] 因此，加强教师培训，促进不同价值观的教师对英国核心价值观的理解，能够在一定程度上减轻教师自身价值观与英国核心价值观的冲突对实施价值观教育产生的消极作用，更好地促进教师有效培养学生的国家认同。

（2）英国核心价值观自身的悖谬

除了探究教师自身价值观对学生理解英国核心价值观产生影响之外，检视英国核心价值观的陈述与内涵的选择也同样重要。有研究者指出，英国核心价值观的内涵并非具有英国特色，在构建公民国家认同上容易产生不利影响。伊德（Tony Eaude）认为，2012—2014年英格兰教育体系中引入的英国核心价值观的陈述是有问题的，所选择的价值观也具有争议性，既不是基本的，也不是英国的，不利于培养公民的国家认同。研究者具体论述了两个问题。一是虽然价值观的陈述可能有助于作为共同信念的简单提醒，但所使用的术语可能被不同的团体和个人理解为不同含义。而且任何价值陈述的背景，以及提炼陈述这些价值的人的观念都会对文本的内涵与价值产生影响，因此价值观的陈述存在争议。二是政府引入的英国核心价值观念也是有问题的。英国核心价值观所选择的内容并非具有英国特色，"民主、法治、个人自由，以及与持不同信仰和信念的人们之间的相互尊重和宽容"实际上是普遍的人类价值观，有很多人不赞同将这四种价值观作为英国人的基本要素，这会致使那些不赞同这种说法的人被贴上"不爱国"的标签，激化他们与国家的矛盾，最终导致偏离构建国家认同的初衷。[2]

还有研究者探讨了"全球公民"教育与英国核心价值观的矛盾冲突问题。斯达克（Hugh Starkey）指出英国公民教育发展与学校推动英国核心价值观的义务之间存在紧张的关系。他认为，1998年的《科瑞

---

[1] Sally Elton-Chalcraft, Vini Lander, Lynn Revell, Diane Warner and Linda Whitworth, "To Promote, or Not to Promote Fundamental British Values? Teachers' Standards, Diversity and Teacher Education", *British Educational Research Journal*, Vol. 43, No. 1, 2017, pp. 29–48.

[2] Tony Eaude, "Fundamental British Values? Possible Implications for Children's Spirituality", *International Journal of Children's Spirituality*, Vol. 23, No. 1, 2018, pp. 67–80.

克报告》强调政治素养，鼓励构建从地方到全球的公民身份。2007年正式的公民教育课程评估主张多样性公民身份的构建，提出将英国作为全球公民共同生活的场所。然而，2014年以来英国学校推广英国核心价值观的义务可以理解为试图恢复民族性的国民身份，这与公民教育所倡导的全球公民身份相悖。[1]

此外，有研究者从地理教科书中主导全球发展的话语被扰乱的角度，揭示了学校引入的英国核心价值观政策不能满足全球公民身份构建的需求。温特（Christine Winter）通过文本分析法对地理教科书中的内容进行了剖析，发现地理教科书中的欧洲中心主义和种族主义明显，这导致在全球经济紧缩时期，移民、宗教极端主义和贫困造成的政治紧张局势加剧的情况下，教师难以通过倡导英国核心价值观教导学生正确处理与全球其他人的关系。[2] 英国核心价值观自身的悖谬容易使学生对核心价值观的内涵产生怀疑，并对自己的公民身份定位产生混淆，不利于学生国家认同的建构。

通过梳理关于国家认同的英国核心价值观研究，可以发现，英国研究者紧密联系实践问题，从教师自身价值观与英国核心价值观的冲突以及英国核心价值观内涵这两方面剖析了英国核心价值观教育实施过程的问题，并深入探讨了这些问题对培养学生国家认同的影响。

2. 关于国家认同的学校课程研究

除了英语课程之外，英国国家认同教育在其他学校课程中也有所渗透，英国关于国家认同的学校课程研究主要体现在以下两个方面。

（1）公民教育课程

英国的公民教育致力于构建学生的公民身份，培养学生的公民身份认同，使学生能够积极参与政治生活与社会事务。在政府对公民教育高度重视的背景下，研究者围绕公民教育课程如何培养学生公民身份认同

---

[1] Hugh Starkey, "Fundamental British Values and Citizenship Education: Tensions between National and Global Perspectives", *Geografiska Annaler: Series B, Human Geography*, Vol. 100, No. 2, 2018, pp. 149–162.

[2] Christine Winter, "Disrupting Colonial Discourses in the Geography Curriculum during the Introduction of British Values Policy in Schools", *Journal of Curriculum Studies*, Vol. 50, No. 4, 2018, pp. 456–475.

的主题展开了研究。

有研究者从公民教育政策出发,指出公民教育课程有利于构建学生的公民身份。基斯比(Ben Kisby)认为近代英国的公民教育专注于民族认同和"英国性"的问题,强调公民教育课程要注重培养学生政治参与的积极性与主动性,从而构建学生的公民身份,让学生充分理解"英国性"的内涵。[1]

还有研究者对公民教育的内容如何更有针对性地培养学生成为积极的公民,使学生树立公民身份认同的问题展开了讨论。科尔(David Kerr)等人在对各国公民教育进行的比较研究中指出,英国公民教育课程有三条主线,即社会与道德责任、社区参与和政治素养,以此来培养中小学生的公民身份认同以及对英国各民族、各宗教群体和国家的认同。[2] 此外,志愿服务作为学生参与社会事务最直接的一种方式,受到很多研究者的关注。杰罗姆(Lee Jerome)对美国的服务教育和英国的公民教育进行了对比研究,认为志愿服务应作为英国公民教育课程的重要内容,以促进学生公民身份的构建。[3] 戴维斯(Ian Davies)等人对2002年、2008年和2014年三个版本的国家公民教育课程进行了对比研究,发现志愿服务已成为2014年公民教育课程的重要内容。[4] 学生通过志愿服务以及社会参与等实践活动,潜移默化地构建了积极的公民身份,用行动表现出自身对公民身份的认同。

(2)历史和地理课程

历史与地理课程作为国家认同教育渗透的重要方式,对确立学生身份与归属,培养学生的国家认同有积极作用。

英国的国家历史课程标准尤为注重让学生知晓英国的过去和英国在世界中的地位,使学生拥有对国家历史的认同感。基于历史学科的重要

---

[1] Ben Kisby, "Social Capital and Citizenship Lessons in England", *Education, Citizenship and Social Justice*, Vol. 4, No. 1, 2009, pp. 41 – 62.

[2] David Kerr, Stephen McCarthy and Alan Smith, "Citizenship Education in England, Ireland and Northern Ireland", *European Journal of Education*, Vol. 37, No. 2, 2002, pp. 179 – 191.

[3] Lee Jerome, "Service Learning and Active Citizenship Education in England", *Education, Citizenship and Social Justice*, Vol. 7, No. 1, 2012, pp. 59 – 70.

[4] Ian Davies and Eric K. M. Chong, "Current Challenges for Citizenship Education in England", *Asian Education and Development Studies*, Vol. 5, No. 1, 2016, pp. 20 – 36.

性，有研究者通过对历史课程标准的分析，论述了历史课程在国家认同教育中的作用。法斯（Daniel Faas）指出英国历史课程要求学生通过了解个人、地方、国家和全球层面的历史，尤其是英国特定的移民历史，来让学生建立自己的身份观，培养自身对英国历史的认同。[①]

还有研究者通过实证研究探讨了地理课程在确立学生身份与归属上的作用。派克特（Jessica Pykett）运用个案研究法，对英格兰西南部布里斯托尔及其周边地区的两所学校进行了实证研究，探讨了如何通过地理课堂中的话语实践来构建学生的公民身份。研究发现在两所学校的地理课堂上，教师和学生通过谈论构成理想公民的因素，积极、有意识地制定基于地方的主观性方式，从而更有效地建立了学生的归属感。[②] 地理课程能够引导学生了解"我们生活在什么样的地理空间""我们如何对培养我们的国家有情感"等问题，进而培养学生对国家领土的认同与归属感。

综上所述，英国关于国家认同的学校课程研究主要集中在公民教育课程、历史与地理课程。研究者注重通过内容分析法、个案研究法、比较研究法，探析各学科课程与培养学生国家认同的关系，以及学校各科课程在培养学生国家认同方面的具体措施。

3. 关于民族认同与国家认同冲突的教育研究

近年来，民族认同与国家认同的协调常常面临着困境，即如何实现既不通过民族的同质化来强化国家认同，又不因保持各民族文化的多样性而削弱国家认同。英国作为一个多民族的国家，也陷入了民族认同与国家认同冲突的旋涡。基于此，英国学者密切关注实践问题，开展了民族认同与国家认同冲突的教育研究，其研究内容主要涉及冲突的现状、原因以及解决措施等方面。

（1）民族认同与国家认同冲突的现状

有研究者从英国的国情与历史角度对民族认同与国家认同冲突的现

[①] Daniel Faas, "A Civic Rebalancing of British Multiculturalism? An Analysis of Geography, History and Citizenship Education Curricula", *Educational Review*, Vol. 63, No. 2, 2011, pp. 143 – 158.

[②] Jessica Pykett, "Making Citizens in the Classroom: An Urban Geography of Citizenship Education?", *Urban Studies*, Vol. 46, No. 4, 2009, pp. 803 – 823.

状进行了研究。乔治亚迪斯（Andreas Georgiadis）和曼宁（Alan Manning）认为各国在公民中建立共同认同感是一种普遍的信念，英国作为一个多民族和多文化的国家，民族、宗教等因素都会影响公民对国家的共同认同感。① 还有研究者从各地区的历史课程内容分析了民族认同与国家认同的冲突问题。菲利普斯（Robert Phillips）等人对英格兰、威尔士、北爱尔兰和苏格兰历史课程的重要发展进行了比较分析。研究发现，英格兰历史课程关注公民身份构建问题，以及传统霸权英格兰与英国其他地区的关系；威尔士课程更关注关于威尔士与英国文化认同的问题；北爱尔兰课程关注在分裂社会中选择历史内容的问题；苏格兰课程则关注苏格兰社会过去的政治、经济以及文化。不同的历史课程内容更注重培养学生对所在地区的民族认同，而缺少对学生国家认同的关注。②

（2）民族认同与国家认同冲突的原因及解决措施

基于民族认同与国家认同冲突的现状，很多研究者开始剖析产生这种冲突的原因。有研究者从宏观的角度，论述了民族认同与国家认同冲突的历史原因。曼恩（Robin Mann）和芬顿（Steve Fenton）认为，英国民族认同与国家认同冲突的原因很大程度归结于英国的历史环境。近几十年来，欧洲民粹主义的民族主义政党崛起，英国工人阶级和中产阶级对社会和经济的不满加剧，英国人民对欧盟的不信任以及对国家移民状况的反对，都使英国的国家认同陷入危机。加之英国权力下放与欧洲怀疑主义的蔓延，国民认为民族认同和民族政治地位越来越重要。③

除了根深蒂固的历史因素，有研究者还从微观角度，以威尔士地区的儿童为例，探析了他们民族认同与国家认同的冲突主要是受其亲密的家庭成员身份、儿童自身的出生地与居住地的影响。墨菲（Alison Mur-

---

① Andreas Georgiadis and Alan Manning, "One Nation under a Groove? Understanding National Identity", *Journal of Economic Behavior & Organization*, Vol. 93, No. 2, 2013, pp. 166 – 185.

② Robert Phillips, Paul Goalen, Alan McCully and Sydney Wood, "Four Histories, One Nation? History Teaching, Nationhood and a British Identity", *Compare: A Journal of Comparative and International Education*, Vol. 29, No. 2, 1999, pp. 153 – 169.

③ Robin Mann and Steve Fenton, *Nation, Class and Resentment*, London: Palgrave Macmillan, 2017, p. 99.

phy）运用抽样调查法对威尔士地区的 79 名 9—10 岁的儿童进行访谈，调查他们能否清晰地定义和理顺他们自己的身份，以及是否对本民族有认同感与归属感，结果表明参与调查的 9—10 岁的孩子能够阐述和证明他们对民族认同的看法，而支撑他们民族认同主要包含其家庭、居住地和出生地这三个因素。[1] 这就表明威尔士地区 9—10 岁的儿童更倾向于对威尔士地区的民族认同，缺乏统一的国家认同。

在解决民族认同与国家认同冲突的策略研究方面，有研究者分析了公民教育在缓解民族认同与国家认同冲突中的作用。安德鲁斯（Rhys Andrews）和麦考克（Andrew Mycock）认为在权力下放的背景下，英国公民教育课程尤为注重对"身份和文化多样性"的引导与"英国性"观念的传播，使学生意识到更具包容性的公民和国家身份概念，促进了英国各地区学生公民价值观和统一的国家认同的构建。[2] 还有研究者以爱尔兰民族教育为例，通过爱尔兰教科书内容引导爱尔兰地区的儿童增强国家认同。拉菲德（Kevin Lougheed）认为英国教育的性质和结构正在转变为旨在减少课堂以外宗教紧张局势的体系，而爱尔兰的民族教育就是这种转变的试验场。他探究了爱尔兰教科书是如何与爱尔兰体系内不断变化的关系和身份联系起来，以让爱尔兰儿童认为英国是一个具有优越经济、文化体系的社会，从而突破民族认同的局限，树立统一的国家认同。[3]

民族认同更强调血缘和文化传统的重要性，而国家认同则建立在公民身份的基础上，更强调对国家的归属感。在地缘政治形势与人文背景复杂的现实情况下，多民族国家的民族认同与国家认同之间的关系成为热点问题。英国研究者关于民族认同与国家认同冲突的教育研究关注实践问题，并积极探索解决民族认同与国家认同冲突的策略，值得我们反思与借鉴。

---

[1] Alison Murphy, "Charting the Emergence of National Identity in Children in Wales", *Children & Society*, Vol. 32, No. 4, 2018, pp. 301-313.

[2] Rhys Andrews and Andrew Mycock, "Dilemmas of Devolution: The 'Politics of Britishness' and Citizenship Education", *British Politics*, Vol. 3, No. 2, 2008, pp. 139-155.

[3] Kevin Lougheed, "After the Manner of the Irish Schools: The Influence of Irish National Education in the British Empire", *Journal of Historical Geography*, Vol. 60, No. 4, 2018, pp. 1-10.

(三) 新加坡国家认同教育相关研究

新加坡由于地理环境因素和政治文化因素格外重视公民国家意识的培养,研究者围绕国家认同教育相关主题进行了诸多研究。

1. 关于国家认同的价值观教育研究

新加坡价值观大致经历引进和自我发展两个阶段:20 世纪 80 年代由于政治需要引进并修改"亚洲价值观";20 世纪 90 年代颁布本国《共同价值观》白皮书,并在进入 21 世纪前后逐渐衍生出新加坡家庭价值观、21 世纪框架中的核心价值观等内容。[1]

(1) 亚洲价值观教育

20 世纪 80 年代,为了塑造新加坡人身份,新加坡政治界引进并修改亚洲价值观。在西方现代化冲击国内政治和文化背景下,新加坡倡导的亚洲价值观是李光耀对儒家思想中国家、家庭、君子等善治思想的再思考,集中体现为八德,即忠、孝、仁、爱、礼、义、廉、耻。[2] 研究者对亚洲价值观的引进和修改持两种不同态度。

有研究者认为亚洲价值观引入并融入课堂有利于向学生传递共同的国家意识,保持民族文化的延续,抵御外来文化的侵蚀。谢耀东(Yeow Tong Chia)通过对亚洲价值观的起源、哲学基础及其与新加坡公民教育的关系进行分析,认为亚洲价值观的引入促成了新加坡教育部对公民、道德和历史教育的变革,并强调教育变革后的公民、道德和历史教育渗透含有家庭、国家等内容的亚洲价值观,旨在增强学生公民身份认同感。[3] 此外,魏坦泰(Tan Tai Wei)通过梳理新加坡 20 世纪 90 年代前的国家政策及道德课程发现,新加坡利用母语进行宗教道德和世俗道德教育,能够保障各民族学生对其中亚洲价值观内容的理解。通过亚洲价值观的学习,青少年能够树立国家意识,进而有效抵御西方个人主义

---

[1] Charlene Tan, "For group, (f) or Self: Communitarianism, Confucianism and Values Education in Singapore", *The Curriculum Journal*, Vol. 24, No. 4, 2013, pp. 478-493.

[2] Yeow Tong Chia, "The Elusive Goal of Nation Building: Asian/Confucian Values and Citizenship Education in Singapore during the 1980s", *British Journal of Educational Studies*, Vol. 59, No. 4, 2011, pp. 383-402.

[3] Yeow Tong Chia, "The Elusive Goal of Nation Building: Asian/Confucian Values and Citizenship Education in Singapore during the 1980s", *British Journal of Educational Studies*, Vol. 59, No. 4, 2011, pp. 383-402.

等腐朽价值观的渗透。①

还有研究者认为修改后的亚洲价值观是一种狭隘的价值观,与新加坡公民已有的价值观发生冲突,它渗透到课程中也不利于正在社会化的儿童构建民主思想。如奥特曼(Stephan Ortmann)通过对新加坡构建国家认同的历程进行分析,发现新加坡道德教育委员会于1979年推荐的道德教育计划强调向中小学生教授东方特质的亚洲价值观,目的在于构建统一的国家认同。但其选取"家长式政府"倡导的善治和顺从部分与公民已有民主参与部分相矛盾,公民要求的政治发言权远比国家倡导的亚洲价值观中的民主更丰富。这种差异极有可能导致人们对政治的变革,不利于国家的稳定。同时,对于政府想要构建一种权威的国家认同也是一种挑战。② 此外,韩(Christine Han)运用内容分析法对新加坡历史教科书中亚洲价值观的民主性质进行分析,并将其与欧洲价值观中的民主进行对比。与欧洲价值观中自由民主的政治形式不同,新加坡在教科书中教授的政治参与是一种不容置疑的规范,候选人不对选民负责,而是将选民置于请愿人的位置。这种教授于学生的特有选举形式以及被动的公民身份是一种狭隘的民主形式。虽然二者都存在于多元文化的背景中,但亚洲价值观被塑造成符合本国政治需要的特定形式,这不利于儿童社会化过程中自由民主思想的养成。③

研究者通过对新加坡引入的亚洲价值观的探究,表明其在保持民族特性和抵制外来文化入侵方面有积极作用,但也对正在社会化的青少年民主观念建构存在着潜在的不利影响。这也意味着新加坡的亚洲价值观有待于进一步深化和发展。

(2) 共同价值观教育

1991年颁布的《共同价值观》白皮书为新加坡构建统一价值观提

---

① Tan Tai Wei, "Moral Education in Singapore: A Critical Appraisal", *Journal of Moral Education*, Vol. 23, No. 1, 1994, pp. 61–73.

② Stephan Ortmann, "Singapore: The Politics of Inventing National Identity", *Journal of Current Southeast Asian Affairs*, Vol. 28, No. 4, 2009, pp. 23–46.

③ Christine Han, "History Education and 'Asian' Values for an 'Asian' Democracy: The Case of Singapore", *Compare: A Journal of Comparative & International Education*, Vol. 37, No. 3, 2007, pp. 383–398.

供了政策保障。共同价值观包括国家至上、社会优先,家庭为根、社会为本,关怀扶持、尊重个人,求同存异、协商共识,种族和谐、宗教宽容五个方面。不分种族、宗教和其他差异,共同价值观由所有新加坡人共享,希望通过共同意识的灌输巩固新加坡人身份,保留和继承新加坡文化遗产。[①] 作为亚洲价值观的深化,共同价值观白皮书的颁布对渗透社会和谐观念起积极作用。同时,政府强调共同价值观中国家意识与个人利益的关系,这也成为研究者们关注的焦点。

研究者认为共同价值观教育对于维护社会和学校中的宗教和谐起积极作用。2004年,社区发展反馈小组对1025名新加坡人进行调查,许多新加坡人对新加坡种族与宗教和谐感到高兴。随后,周(Phyllis Ghim-Lian Chew)对2779名12—18岁的学生进行有关宗教信仰对身份影响的调查,发现新加坡青少年通常具有高度的宗教宽容,并且对于宗教及种族敏感词语格外小心,其中76%的人表示他们不会谈论宗教,以避免可能的冲突。对此,陈夏琳(Charlene Tan)认为,社会和学校中的宗教和谐得益于政府对青少年公民国家意识培养的关注,政府期望民众成为为社会作贡献并认同国家价值观的好公民。她进一步指出,通过政策推进的形式,学校将共同价值观内容渗透于公民教育中,能有效帮助学生自觉践行维护宗教和谐及社会团结的共同价值观。[②]

还有研究者对共同价值观中的社群主义进行反思,并就学校教授共同价值观提出建议。陈夏琳对《共同价值观》白皮书的内容进行分析,验证了政府宣扬为了共同利益履行作为家庭和社区成员的职责,淡化个人权利及利益的社群主义思想。但她从儒家大同思想的角度对其中公民意识进行哲学解释,国家利益与个人利益不是对立而是共通关系。在反思的基础上,她认为学校价值观教育课程应从儒家思想角度强调个人利益与国家利益相统一,提高学生个人修养,将其培养为符合社会大众利益的道德高尚的公民,从而实现具有共同国家意识的公民身份愿景。[③]

---

① Charlene Tan, "'Our Shared Values' in Singapore: A Confucian Perspective", *Educational Theory*, Vol. 62, No. 4, 2012, pp. 449–463.

② Charlene Tan, "Creating 'Good Citizens' and Maintaining Religious Harmony in Singapore", *British Journal of Religious Education*, Vol. 30, No. 2, 2008, pp. 133–142.

③ Charlene Tan, "'Our Shared Values' in Singapore: A Confucian Perspective", *Educational Theory*, Vol. 62, No. 4, 2012, pp. 449–463.

同时，还有研究者认为，共同价值观的教授目的是向学生灌输国家定义的价值观，这种灌输方式不利于学生发展独立思考社会和政治问题的技能。在学校中，应该允许以开放的方式讨论价值观，教师应鼓励学生寻找背后的原因并能提出更多建议，使其理解并在尊重前提下批判性地评估国家价值观，为学生提供发表意见的机会。[①]

综上所述，研究者们不仅运用实证研究数据，检验了共同价值观的现实成效，还结合儒家思想、全球化背景和学生个人成长需求，对国家共同价值观的传授内容及方法进行了反思，探究了价值观教育和国家认同建构的应然路径。

2. 关于国家认同的双语教育研究

1966年新加坡双语政策规定，英语和各民族"母语"被确定为全国范围内双语教育的语言。[②] 新加坡政府官员多次表示，中小学实行双语教学，不仅有利于新兴的移民国家构建稳定的国内环境、建立统一的国家认同，对多民族国家保持其民族特性，传承特色民族文化也是必要手段。新加坡双语教育政策实施以来取得显著成效。据2010年人口普查显示，英语作为其主要语言的人数比2000年增加了20%，英语成为被广泛承认并使用的官方语言。[③] 研究者关于国家认同的语言教育研究主要包括以下两个方面。

（1）双语教育背景下的国民身份认同

在种族隔阂和外来文化冲击的背景下，研究者认为新加坡双语教育政策对构建国民身份具有不可否定的积极作用，但对逐渐出现的西化危机、教学阻碍问题表示担忧并进行反思。

有研究者从历史发展和国家立场角度对新加坡双语教育在身份构建过程中的必然性和现实诉求进行了探究。黄（Desmond Wee）运用历史

[①] Jasmine B. – Y. Sim and Li-Ching Ho, Transmitting Social and National Values through Education in Singapore: Tensions in a Globalized Era, in Terence Lovat, Ron Toomey and Neville Clement, eds., *International Research Handbook on Values Education and Student Wellbeing*, Berlin: Springer Netherlands, 2010, pp. 897 – 914.

[②] Jon S. T. Quah, *Singapore: Towards a National Identity*, in Kernial S. Sandhu, et al., eds., *Southeast Asian Affairs*, Jurong: ISEAS Publishing, 1977, pp. 207 – 219.

[③] Ying-Ying Tan, "English as a 'Mother Tongue' in Singapore", *World Englishes*, Vol. 33, No. 3, 2014, pp. 319 – 339.

分析法对新加坡四类官方语言的演进进行梳理发现,在后殖民地及种族多元化背景下,双语教育政策成为构建新加坡统一国民身份的必由之路。英语教育对国民身份构建起到了淡化差异、协同发展的作用。[①] 陈夏琳和黄博智(Pak Tee Ng)借助新加坡国家政策及领导人报告明晰国家立场,发现官方话语肯定新加坡双语教育的语言分化功能。英语作为经济往来、技术沟通的国际语言成为国家官方语言,在有效缓和各民族间族群身份矛盾的同时,搭建了各民族沟通的桥梁。母语教育的保留也成为承载和延续各民族传统文化的媒介,在传承亚洲文化抵御西方腐朽思想的同时,有利于传播国家价值观,凸显新加坡公民身份。[②]

此外,随着双语教育的不断推进,研究者发现其在身份构建过程中出现危机和偏离,并就不理想现状提出建议。魏坦泰肯定了双语教育中英语教学在国际竞争和民族和谐方面取得的成效,但随着英语教育的推进,青少年对西方文化的模仿使国民身份受到冲击。就此,他认为政府在公开场合多次表达双语教育带来了"西化危机"这一信号,能使民众在西方价值观和亚洲价值观争论中逐渐觉醒,从而使其明晰国民身份,自觉传承民族文化。[③]

不仅如此,还有研究者认为双语教育的身份构建为教师语言教学带来了一定阻碍。斯特劳德(Christopher Stroud)和黄(Lionel Wee)对英语课堂中多语言实践的互动及身份定位的研究表明,在新加坡双语教育的背景下,由于英语授课以及教师地位的权威性,英语成为权威身份的象征,学生使用非官方的母语方言时身份会被边缘化,师生间的互动也变得紧张。教师更多地强调学生英语使用的错误,忽略学生的本土身份,语言教学不能顺利开展。为此,研究者提出在多语言教育实践中应更多地关注身份认同,利用师生身份交互的方式,使学习者获得更多身

[①] Desmond Wee, "Singapore Language Enhancer: Identity Included", *Language & Intercultural Communication*, Vol. 9, No. 1, 2009, pp. 15-23.

[②] Charlene Tan and Pak Tee Ng, "Functional Differentiation: A Critique of the Bilingual Policy in Singapore", *Journal of Asian Public Policy*, Vol. 4, No. 3, 2011, pp. 331-341.

[③] Tan Tai Wei, "Moral Education in Singapore: A Critical Appraisal", *Journal of Moral Education*, Vol. 23, No. 1, 1994, pp. 61-73.

份以及其他的知识资源。① 在双语教育实施过程中，研究者不仅就其中的身份认同问题进行探讨，由此衍生出的语言认同也成为其关注焦点。

（2）双语教育背景下的语言认同

新加坡双语教育政策的语言认同研究分别体现在对英语和母语的语言认同成效、语言认同问题和反思建议中。

有研究者对双语教育政策实施后的英语认同成效进行探究。谭莹莹（Ying-Ying Tan）对436个不同年龄、不同民族的人进行英语渗透程度调查。结果显示，新加坡人尤其是学校中接受双语教育的青少年不仅认同英语，而且其英语使用现状符合母语定义标准，这显然超出政府对英语语言地位的预期。而族群母语除了文化的象征，实际使用价值变小。研究者认为新加坡人应该从语言学角度出发，不受政令影响自主决定自己的母语。② 此外，在学校教育中还存在一些英语认同偏离问题。由于多民族文化背景，学生在学校中学习英语时掺杂了较多民族语言，标准英语在习得过程中逐渐转变为新加坡式英语，并得到新加坡人的认可，他们认为这种新式英语更能代表国民身份。但政府认为偏离标准英语的新式英语是未受过良好教育的体现。基于此，有研究者认为在课堂中合理地使用日常用语登记册可纠正儿童英语的使用，并能继续厚植包括自己当地语言在内的多语种资源。③

还有研究者对双语教育政策中的母语认同现状及问题进行了探究。首先，对官方母语的统一规定是否具有代表性存在争议。黄（Desmond Wee）认为新加坡双语教育中简单地将各民族母语进行唯一官方认定不能达成民族文化传承和国民身份构建的目标。如对华裔普通话的肯定和对潮汕话、客家话等方言的边缘化破坏了华裔的民族特色，也不能实现族群内部的母语认同，还可能引发各民族内部矛盾。而且，一些学生由

---

① Christopher Stroud and Lionel Wee, "A Pedagogical Application of Liminalities in Social Positioning: Identity and Literacy in Singapore", *Tesol Quarterly*, Vol. 41, No. 1, 2012, pp. 33 – 54.

② Ying-Ying Tan, "English as a 'Mother Tongue' in Singapore", *World Englishes*, Vol. 33, No. 3, 2014, pp. 319 – 339.

③ Nancy Hornberger and Viniti Vaish, "Multilingual Language Policy and School Linguistic Practice: Globalization and English-language Teaching in India, Singapore and South Africa", *Compare: A Journal of Comparative and International Education*, Vol. 39, No. 3, 2009, pp. 305 – 320.

于家庭母语与官方认定母语不统一,可能需要学习三门语言,这也加重了学生语言学习过程中的负担。① 其次,出于对语言实用主义的追求,引发了各民族对官方母语的文化标记功能的不满以及对其他民族母语的追逐,突出表现是对更具经济价值的普通话学习的追逐。这必然带来其他民族文化消解的危机。目前新加坡政府对此的回应是允许第三语言学习。但陈夏琳和黄博智认为,语言实用主义与民族文化传承的紧张关系将继续成为双语教育政策的困境。②

双语教育政策关涉新加坡人的国家认同,研究者对相关的身份认同和语言认同进行研究,一方面肯定了双语政策促进了新加坡人的统一身份构建;另一方面对其带来的西化危机、教学阻碍、身份代表性及母语实用性问题进行了深入思考。

3. 关于国家认同的公民教育研究

公民教育是新加坡构建国家认同的重要途径。新加坡建国以来的公民教育政策和课程众多,近年来研究者主要关注的是国家教育(National Education,简称"NE")计划、社会研究课程、品格与公民课程。

(1) 国家教育(NE)计划

1997年,新加坡教育部提出的国家教育(NE)计划旨在构建国家认同以解决20世纪90年代青少年的"知识鸿沟"问题。这项计划融入各门学科教学中,通过讲授新加坡故事和历史、传授国家价值观等方法,向年轻的新加坡人灌输地方意识、身份意识和历史意识,以培养民族自豪感和责任感。③ NE计划作为一项展望21世纪的国家教育计划,引起了研究者们的广泛关注,并从多个方面对其进行了探究。

NE计划背景下国家认同的构建路径成为研究者的首要关注焦点。沈(Jasmine B. - Y. Sim)认为NE计划在没有战争危机的背景下提出,

---

① Desmond Wee, "Singapore Language Enhancer: Identity Included", *Language & Intercultural Communication*, Vol. 9, No. 1, 2009, pp. 15 - 23.

② Charlene Tan and Pak Tee Ng, "Functional Differentiation: A Critique of the Bilingual Policy in Singapore", *Journal of Asian Public Policy*, Vol. 4, No. 3, 2011, pp. 331 - 341.

③ Tony Rossi and Mary Ryan, "National Education as a 'Civics' Literacy in a Globalized World: The Challenges Facing Education in Singapore", *Discourse Studies in the Cultural Politics of Education*, Vol. 27, No. 2, 2006, pp. 161 - 174.

目的是勾勒政府解决和管理危机的实干形象。政府通过解决先前在社会中形成的认同淡薄危机，实现在和平年代增强民众对国家的信任和认同的目标。而媒体正是构建这种危机的主体，定期报道有关国家认同意识淡化的内容，使得 NE 计划得以顺利推出，进而解决公民认同危机。①

随后，许亚伦（Aaron Koh）就 NE 计划的课程干预和活动开展形式作进一步探究。通过梳理 NE 计划在社会研究、道德与公民、历史、地理等课程中的融入情况，他发现国家认同的主题和教学重点在每个层次上是不同的。在小学阶段的主题是"爱新加坡"，在中学阶段的主题是"了解新加坡"，在大学阶段的主题是"引领新加坡"。同时，NE 计划中的活动多种多样，四大公民教育日活动、学习之旅和社会服务活动成为辅助正式课程促进学生自豪感、归属感和责任感的载体。②

在 NE 计划的落实过程中，研究者对国家认同构建存在的问题进行了反思。首先，韩（Christine Han）认为 NE 计划本身存在争议点。通过探究 NE 计划与积极公民之间的关系，发现 NE 计划在构建国民身份和归属感时存在分层和歧视，不同学习能力的学生被赋予不同的公民身份和价值观，只有倾向于高级学历的学生才能在社会中扮演更重要的社会和政治角色，这可能导致受教育程度低的人因缺少政治参与感从而淡化国家意识，同时也违背 NE 计划期望构建积极公民身份的意愿。③此外，许亚伦发现，在学校层面，个别学校将其视为口号式的公众运动进行推广，国家认同教育流于形式。在课程与教学层面，由于评估系统未将 NE 计划内容纳入应试科目评价，导致国家认同教育缺乏教师和学生的重视。④

教师是国家认同教育的关键人物。有研究者对 NE 计划背景下的教

---

① Jasmine B. – Y. Sim, National Education: Framing the Citizenship Curriculum for Singapore Schools, in Zongyi Deng, S. Gopinathan and Christine Kim-Eng Lee, eds., *Globalization and the Singapore Curriculum: From Policy to Classroom*, Singapore: Springer, 2013, pp. 67 – 83.

② Aaron Koh, "Imagining the Singapore 'Nation' and 'Identity': The Role of the Media and National Education", *Asia Pacific Journal of Education*, Vol. 25, No. 1, 2005, pp. 75 – 91.

③ Christine Han, "National Education and 'Active Citizenship': Implications for Citizenship and Citizenship Education in Singapore", *Asia Pacific Journal of Education*, Vol. 20, No. 1, 2000, pp. 63 – 72.

④ Aaron Koh, "Working against Globalisation: The Role of the Media and National Education in Singapore", *Globalisation, Societies and Education*, Vol. 4, No. 3, 2006, pp. 357 – 370.

师角色和观念展开了研究。王志庆（Chee K. J. Wang）等研究者运用了问卷调查法对 NE 背景下的实习教师对爱国主义的理解进行了探究。研究结果表明：实习教师的爱国主义分为盲目性、建设性和象征性三类，这会影响他们对 NE 计划和公民身份的认识。那些具有高度爱国主义精神的参与者倾向于有较高的公民意识，高度重视 NE 计划，并且不太可能将其视为政府宣传，而那些爱国主义程度较低的人具有相反看法。这表明，为了提升爱国主义意识，必须考虑到这三种爱国主义类型。[①]

可见，NE 计划以解决危机的方式优化政府形象。在计划设计中，借助正式课程与非正式课程相结合的方式帮助学生内化国家意识和公民身份。但在计划实施阶段，还存在目标分层、教育形式化、缺乏重视等问题。同时，教师作为 NE 计划实施的关键人物，关注其对政策的理解有利于改善国家认同教育的教学实践及成效。就 NE 计划中存在的问题，还值得研究者对 NE 计划内容的主要呈现载体——社会研究课程和品格与公民课程作进一步研究。

（2）社会研究课程

社会研究课程是 2001 年在国家教育（NE）计划背景下引入的公民教育必修课程，它的核心理念是"扎根"（Being rooted）和"全球生活"（Living global），通过传授新加坡的地缘政治知识和他国经验，使学生掌握国家发展的突破点和应对全球性变化的技能，以达到构建共同国家身份、种族和宗教和谐以及全球视野的目的。研究者围绕社会研究课程主要开展了以下三个方面的研究。

其一，关于社会研究课程本质的研究。沈等人认为社会研究课程是国家公民教育的载体，与过去新加坡的公民教育相比更强调学生的思维，以期让学生在认知和情感层面上，以国家、共同文化和共同价值观为中心，接触到一套特定的价值观和知识。[②] 随后，还有研究者对中学

[①] Chee K. J. Wang, Angeline Khoo, Chor B. Goh, Steven Tan and S. Gopinathan, "Patriotism and National Education: Perceptions of Trainee Teachers in Singapore", *Asia Pacific Journal of Education*, Vol. 26, No. 1, 2006, pp. 51 – 64.

[②] Jasmine Boon-Yee Sim and Murray Print, "Citizenship Education and Social Studies in Singapore: A National Agenda", *International Journal of Citizenship and Teacher Education*, Vol. 1, No. 1, 2005, pp. 58 – 73.

社会研究课程标准、教科书和教师指南进行审查，发现这一课程通过设置大量国际案例与公民情感相联结的方式，促进学生的本土化特性和全球化视野。①

其二，关于社会研究课程中教师对公民教育的理解及实践的研究。沈通过对教师进行半结构化访谈及观察等，发现教师对公民教育的理解处于民族主义、社会关注和人格导向的三种立场中。② 这反映了新加坡公民教育的现状：尽管受到严格控制，但新加坡的公民教育并不像一些文献中显示的那样僵化或同质。教师立足国家意识，教育学生成为既具有爱国主义情怀，又投身社会建设的民主公民。③

其三，关于社会研究课程教学效果及问题的研究。何立清（Li-Ching Ho）认为社会研究课程使得学生对国家历史和公民身份认识趋于统一。他通过半结构化访谈、课堂观察等方法，对社会研究课程中133名学生进行公民身份概念及国家历史叙事看法调查。结果显示，来自不同背景的三所学校的参与者对公民身份和新加坡历史上的重大事件的描述都非常相似。此外，参与者有意识地避免讨论有争议的问题，也没有人质疑种族和谐、精英统治等核心叙事。研究者认为这是政府对国家意识的高度控制和国家认同的统一构建导致的。④ 他还发现社会研究课程的国家意识和公民身份教育在内容设置、教材编纂和评价方式上存在问题。通过对来自三所中学的24名学生的个人访谈以及对官方课程材料的审查发现，在内容设置上，简单的国家案例堆砌不能使学生将他国经验迁移至新加坡实际问题的解决过程中。而且，在教科书编纂方面存在着过于学术、缺乏爱国情感沟通的弊端。此外，书面考试的评价方式导

---

① Li-Ching Ho, "Global Multicultural Citizenship Education: A Singapore Experience", *Social Studies*, Vol. 100, No. 6, 2009, pp. 285 – 293.

② Jasmine Boon-Yee Sim, "What Does Citizenship Mean? Social Studies Teachers' Understandings of Citizenship in Singapore Schools", *Educational Review*, Vol. 60, No. 3, 2008, pp. 253 – 266.

③ Jasmine Boon-Yee Sim and Murray Print, "Citizenship Education and Social Studies in Singapore: A National Agenda", *International Journal of Citizenship and Teacher Education*, Vol. 1, No. 1, 2005, pp. 58 – 73.

④ Li-Ching Ho, "'Don't Worry, I'm Not Going to Report You': Education for Citizenship in Singapore", *Theory & Research in Social Education*, Vol. 38, No. 2, 2010, pp. 217 – 247.

致教师采用测试教学开展公民教育，进而使得学生缺少对有争议问题的深入思考。[1]

以上研究厘清了社会研究课程的价值和特色、教师公民教育的多样化立场对实践的影响以及学生国家认同教育的效果和问题。这些研究对改进社会研究课程、发展学生国家认同具有重要意义。

（3）品格与公民课程

2011年，新加坡所有学校开始实施的品格与公民课程强调公民身份与21世纪能力的综合。品格与公民课程不仅要建立统一国家身份，还着眼于21世纪公民素养，比过去的公民教育类课程更关注学生的个性成长及世界公民所应具备的能力。在研究者进行的国家认同教育研究中，对品格与公民课程的研究主要关注以下三点。

作为新加坡最新的公民教育类课程，有研究者关注品格与公民课程的理论基础及理念。陈夏琳和陈志顺（Chee Soon Tan）通过对品格与公民课程标准的梳理发现，其中核心价值观、社交和情感能力以及公民素养、全球意识与跨文化技能三项内容以社群主义和多种族主义的意识形态为基础，并以此促进民族团结和文化多样性。他们还发现平衡社会凝聚力与文化多样性的关键挑战是对三大民族内多群体的同质化定型。研究者认为，这需要学校开展有关多种文化群体的深层文化教育，不仅需要对教师的意识、情感和技能进行专门培训，还需要学校具备管理种族和宗教争议问题的能力。[2] 何立清认为和谐是品格与公民课程的课程理念。他通过对品格与公民课程标准进行分析，发现其中关于民族意识的故事涉及社会关系、社会凝聚力以及共同利益三大主题，这三大主题旨在构建新加坡的社会和谐。由此，他认为新加坡的公民教育较美国及其他关注自由民主价值观的国家，更关注社会和谐理念的构建。[3]

---

[1] Li-Ching Ho, "Global Multicultural Citizenship Education: A Singapore Experience", *Social Studies*, Vol. 100, No. 6, 2009, pp. 285–293.

[2] Charlene Tan and Chee Soon Tan, "Fostering Social Cohesion and Cultural Sustainability: Character and Citizenship Education in Singapore", *Diaspora, Indigenous, and Minority Education*, Vol. 8, No. 4, 2014, pp. 191–206.

[3] Li-Ching Ho, "'Freedom Can Only Exist in an Ordered State': Harmony and Civic Education in Singapore", *Journal of Curriculum Studies*, Vol. 49, No. 4, 2016, pp. 476–496.

在此基础上，有研究者还就品格与公民课程开展的有效途径进行了探讨。有研究者认为，学生通过参与社会服务活动能实现个人品格发展和公民身份目标。他们认为服务学习是个人品格与公民教育的载体，个人通过社区服务将课堂内习得的价值观内容应用到现实情境中，从而获得关怀、责任、尊重等优秀品质以及公民身份感。[1]

此外，李荣安（Wing On Lee）还对新加坡品格与公民课程的未来发展方向进行了预测。通过梳理新加坡公民教育类课程的发展历程，他发现其中价值观的斗争在个人与集体需求间呈现钟摆变化，教学方法逐渐呈现个人情感与国家意识的平衡现象。他认为导致这一现象的原因是，全球化背景下对知识经济尤其是人才智力资本的高度要求及逐渐突破地缘界限的身份构建，这需要一种面向未来的公民教育，具体实现形式是将公民教育课程目标与一般课程相整合。[2]

经过对品德与公民课程的理论基础及理念、开展的有效路径以及未来发展方向的探析，可以看出新加坡公民教育以集体主义和社会和谐为主基调，关注学生的公民身份及品格的塑造。

4. 关于国家认同的历史教育研究

新加坡历史教育通过讲述国家的过去尤其是获得的经济成就塑造民族自豪感，构建历史认同和民族认同，强化新加坡人身份。李光耀在20世纪80年代重新开始强调历史教育，希望借助历史教育警示国家经济成就与社会和谐环境的来之不易。[3]

随后，有研究者对历史教育在培养政治意识中的积极作用进行了分析。戈皮纳塔（S. Gopinatha）等人指出，1997年的历史课程修订注重培养学生的国家意识和公民身份意识，并取得了明显成效。年轻一代新加坡人成为2011年大选的积极参与者，其政治意识的增强以及对国家

---

[1] Kingsley Bolton and Bee Chin Ng, "The Dynamics of Multilingualism in Contemporary Singapore", *World Englishes*, Vol. 33, No. 3, 2014, pp. 307–318.

[2] Wing On Lee, The Development of a Future-Oriented Citizenship Curriculum in Singapore: Convergence of Character and Citizenship Education and Curriculum 2015, in Zongyi Deng, S. Gopinathan and Christine Kim-Eng Lee, eds., *Globalization and the Singapore Curriculum: From Policy to Classroom*, Singapore: Springer, 2013, pp. 241–260.

[3] Yeow Tong Chia, "History Education for Nation Building and State Formation: The Case of Singapore", *Citizenship Teaching & Learning*, Vol. 7, No. 2, 2012, pp. 191–207.

建设的广泛关心也验证了历史教育对公民意识以及政治认同的作用。①

还有研究者对新加坡历史教育的发展历程进行了梳理。谢耀东通过梳理 1984—2001 年新加坡低中年级历史课程发现，新加坡低中年级历史课程标准的修改是为了使学生明晰研究历史的目的和相关性、熟知新加坡独立以前的重大历史事件和独立后的政治发展、国家发展面临的制约因素和经济挑战，同时灌输公民价值观，确保国家认同教育的开展。他还指出，新加坡的历史教育强调社会凝聚力、多元文化主义和民族认同多于民主价值观。②

历史教育是培养学生国家历史认同和归属感的重要方式。研究者通过对历史课程的发展和历史教育价值的分析，说明了历史教育在培养学生国家意识、增强社会凝聚力以及促进国家认同中的重要作用。

（四）国外国家认同教育相关研究的启示

美国、英国、新加坡关于国家认同教育的相关研究，一般都是基于国家出台的相关政策与学校开展的实践情况而开展的，并且十分注重实证研究。因此，我国在进行国家认同教育研究时，可以借鉴其经验，并结合本国的实际情况开展。

1. 聚焦国家出台的政策热点进行研究

英国学者对于国家认同教育的相关研究一般都是以国家出台的政策文件为基础开展的。2007 年英国发表了《课程检视：多样性与公民权利和义务》白皮书后，公民教育得到了学界更广泛的关注。加之英国受多元文化主义的影响，统一的价值观日益淡化，国家认同面临挑战。研究者们开始尝试探索公民教育与培养学生国家认同的关系。在关于国家认同的英国核心价值观教育研究方面，多数研究者是在 2011 年内政部出台的《防范策略书》提出了"英国核心价值观"的具体内涵之后，才开始聚焦核心价值观及其在教育中的实践进行研究。

20 世纪 90 年代，新加坡颁布了价值观、国家教育等方面的政策，

---

① S. Gopinathan, Christine Kim-Eng Lee and Zongyi Deng, Reforming Curriculum in Singapore and Hong Kong, in Zongyi Deng, S. Gopinathan and Christine Kim-Eng Lee, eds., *Globalization and the Singapore Curriculum: From Policy to Classroom*, Singapore: Springer, 2013, pp. 225 – 240.
② Yeow Tong Chia, "History Education for Nation Building and State Formation: The Case of Singapore", *Citizenship Teaching & Learning*, Vol. 7, No. 2, 2012, pp. 191 – 207.

以强化国家认同在教育领域的构建。研究者紧随政策文本、政府报告对国家认同及公民教育进行探索,为政府进一步优化国家认同教育提供建议。

国家政策为教育研究提供了重要方向,它能够帮助我们保持对新问题、新动向的敏锐性,从而使教育研究具有问题性和前瞻性。因此,在进行国家认同教育研究时,我国研究者应聚焦时事热点,尤其要在教育政策的视野下开展研究。近年来,我国已颁布了关于完善中华优秀传统文化教育、推动培育和践行社会主义核心价值观、深入开展爱国主义教育等方面的政策文件。研究者要紧密联系国家出台的这些政策文件,积极探索传统文化教育、社会主义核心价值观教育、爱国主义教育在培养学生国家认同上的价值和路径。

2. 紧密联系实践问题进行研究

美国研究者大多是以问题为导向对国家认同教育进行研究。例如,针对国家认同的主体没有边界而无法确定"谁才是美国人"的问题,有研究者提出了美国公民教育的模式;针对美国学生政治活动参与度下降以及历史知识达不到基准水平等问题,有研究者提出了相应的改进方法和策略;基于现实生活中小学生背诵誓词的盲目性,有研究者展开了对学生爱国主义建构方式的研究等。由此可见,问题意识在美国研究者关于国家认同教育的研究中得到了充分体现。

英国关于国家认同的教育研究也体现了紧密联系实践的特点。在关于英国核心价值观的国家认同教育研究方面,研究者们深刻剖析了英国核心价值观教育实施过程中存在的问题,如教师自身价值观与英国核心价值观的冲突和英国核心价值观本身存在的问题。关于民族认同与国家认同冲突的教育研究更是紧密联系实践问题,研究者都是基于英国各地区持续不衰的民族认同的冲击与国家层面的英国认同面临挑战的背景进行研究的。

现阶段我国更侧重国家认同教育理论的研究,即对国家认同教育的内涵、特点、意义和途径等进行研究,实践探索不足。因此,我国在进行国家认同教育研究时,应紧密结合我国的实际情况,树立问题意识。研究者要重点关注国家认同教育实施的现状、存在的问题,并积极探索国家认同教育的优化策略。同时,研究者在开展国家认同教育研究时要把握时代与实践的脉搏。例如，2016年，受教育部委托，《中国学生发展核心素养》总体框架在北京师范大学发布，国家认同素养是其中的重要内容。这表明，国家认同问题受到了国家和学界的普遍关注。基于此，研究者应充分把握核心素养对学生的要求，积极探索基于核心素养的国家认同教育策略。

3. 立足学校课程进行研究

课程与教学是教育的基本范畴，课程与教学实施在很大程度上决定着国家认同教育的成效。学校课程是英国开展国家认同教育的基本方式，因此许多研究者都开展了国家认同教育与学校课程的融合研究。在公民教育相关研究中，研究者从教育目标和内容挖掘培养学生国家认同的策略，如他们对公民教育课程标准进行研究，探究公民教育与国家认同教育的契合点。在其他学科课程相关研究中，研究者主要从课程标准、教科书、教学方法几个方面对地理与历史教育等如何培养学生的国家认同进行了探索。新加坡一些研究者关注国家认同教育在课程与教学中的渗透，通过对教师观念与教学方法的分析，揭示国家认同教育的状况，探究国家认同教育的优化路径。

当前我国国家认同教育研究多集中于理论探讨、现状调查和国外借鉴领域，聚焦课程、教学、教师、学生主题进行国家认同教育的研究较少。研究者应结合我国具体国情和教育现状，对道德与法治（思想政治）及语文、地理、历史等课程的课程标准、教科书中的国家认同教育内容进行梳理，探究国家认同教育内容融入课程的现状及优化路径。同时，还应关注教师的国家意识和国家认同教育实践中的教学方法，澄清国家认同教育教学中存在的问题，从而进一步优化教师素养建设、调整国家认同教育偏差。此外，还可对学生的国家认同情况进行检验，掌握国家认同教育的效果情况。

4. 注重运用多种教育实证研究方法进行研究

美国、英国和新加坡关于国家认同教育的研究十分注重实证研究，研究者主要运用问卷法、访谈法、人种学观察法、个案研究法、内容分析法、比较研究法等，对关于国家认同教育的核心价值观、学校课程以及教师和学生的认同现状等进行研究，并探究国家认同教育实施过程中的问题与解决策略。这些实证研究通过直观数据与典型案例使我们清晰地了解了国家认同教育的现实。

我国当前的国家认同教育研究对实证研究不够重视,仅有的实证研究主要体现在一些硕士论文中,且多数是对少数民族青少年以及各地大学生的问卷调查,有一定的局限性。因此,我国未来的国家认同教育研究应注重实证取向并运用多种研究方法,如运用问卷调查法和访谈法了解国家认同教育现状,运用观察法、个案研究法探析国家认同教育典型学校的具体做法,运用比较研究法对比我国不同民族以及我国与其他国家在国家认同教育上的实践。

国家认同教育必须基于本国国情、立足本国特色开展。分析和总结其他国家的国家认同教育研究经验对我国开展国家认同教育研究有一定的借鉴意义。但在具体研究时,我们要注重研究的本土化,聚焦我国的政策热点、实践问题以及学校课程,运用多种研究方法,促进我国国家认同教育研究的发展。

第三节 研究目的和意义

纵观我国关于国家认同教育的研究,对大学生和少数民族学生的研究较多,但对作为更大群体的普通中小学生的研究较少。因此,在研究对象方面,本研究聚焦更大范围的普通中小学生国家认同的培养进行研究。同时,学校教育尤其是课程与教学是开展国家认同教育的主渠道,但是当前关于此方面的研究较少。因此本研究聚焦国家认同教育的课程与教学层面,以国家认同教育融入中小学课程为主题开展研究。

一 研究目的

本研究的主要目的是揭示我国当前国家认同教育融入中小学课程的现状,进而提出优化策略,促进国家认同教育的优质发展和学生国家认同素养的进一步提升。具体目标如下。

第一,对国家认同教育融入中小学课程进行理论探讨,明晰国家认同教育、融入、中小学课程等概念以及国家认同教育融入中小学课程的目标、内容等,以为现状和策略研究奠定理论基础。

第二,了解国家认同教育在中小学各科课程标准和教材中的融入情况，明晰不同学科在国家认同教育中的侧重点和独特性。

第三，从宏观上对我国国家认同教育融入中小学课程的现状进行调查，全面了解融入现状及存在问题，并提出优化路径。

第四，对我国国家认同教育融入中小学课程的典型学校进行案例研究，梳理出这些学校的主要做法和具有推广价值的经验。

第五，对典型国家的国家认同教育融入中小学课程的相关经验进行系统梳理，从整体上了解其主要做法和典型经验，以寻求对我国国家认同教育的启示。

二　研究意义

本研究对国家认同教育融入中小学课程的现状及优化策略进行研究，具有重要的学术价值和应用价值。

第一，对国家认同教育融入中小学课程进行理论分析，阐释国家认同教育融入中小学课程的目标和内容等，将从课程层面丰富国家认同教育的理论研究，并为相关的调查研究和实践探索提供理论参考。

第二，对国家认同教育融入中小学课程的现状进行实证研究，将明晰国家认同相关课程及其运行情况，有利于进一步扩展国家认同教育研究的视域，并为课程标准和教材的修订以及学校实践的改进提供实证数据的参考。

第三，对国内外国家认同教育融入中小学课程的优秀经验和有效做法的梳理和分析，将有利于中小学校加强国家认同教育课程建设，进而提升国家认同教育成效。

第四节　研究内容、思路与方法

一　研究内容与框架

（一）国家认同教育融入中小学课程的概念与理论

当前，国际交往日益密切、经济全球化深入发展、网络信息技术日新月异、各种思想和文化的碰撞交融更加频繁，这对国家认同教育提出了新的挑战，也对中小学课程渗透国家认同教育提出了更高要求。该部分对国家认同教育、融入、中小学课程进行了概念界定,并从理论上探讨国家认同教育融入中小学课程的目标、内容、实施和评价。

(二) 国家认同教育融入中小学课程的现状

对现状的研究主要包括两个方面的内容。一是课程标准和教材中的国家认同教育内容。其主要对中小学语文和道德与法治课程标准及教材中的国家认同教育内容进行分析。二是国家认同教育融入中小学课程的总体情况,包括课程目标、课程内容、课程类型、教师教学方式、课程资源、课程评价六个方面。

(三) 国家认同教育融入中小学课程的典型学校案例分析

主要对北京史家小学、天津南开中学、江苏锡山高中三所典型学校的国家认同教育融入中小学课程的主要经验和有效做法进行梳理和总结,以寻求国家认同教育融入中小学课程的优化路径。

(四) 国家认同教育融入中小学课程的国外经验借鉴

对美国、英国、新加坡的国家认同教育融入中小学课程的主要做法和成功经验进行研究。主要包括各国推行国家认同教育的背景、主要做法以及对我国国家认同教育的启示三个层面的内容。

二 研究思路

本研究的研究思路如图绪-1所示。

三 研究方法

本研究使用的研究方法主要有:文献研究法、理论研究法、内容分析法、调查研究法、个案研究法和比较研究法。

(一) 文献研究法

通过文献研究法对国家认同教育相关研究进行分析,以进一步厘定本课题研究的突破口;尤其对国家认同和国家认同教育的相关理论进行梳理,为本研究奠定理论基础。

(二) 理论研究法

运用下定义、归纳和演绎、分析和综合等逻辑方法,形成国家认同教育融入中小学课程的相关概念与命题,进行推理和理论建构。

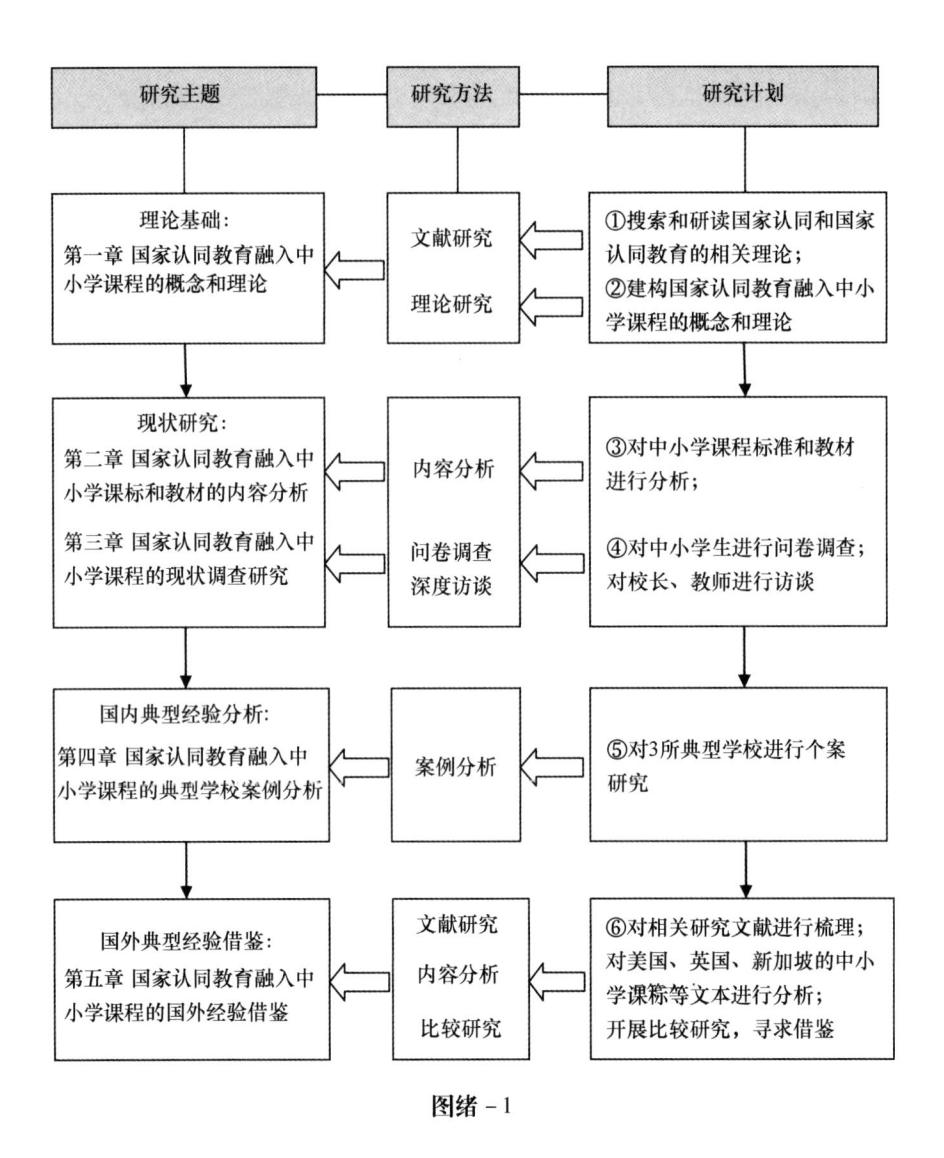

```
┌──────────┐      ┌──────────┐      ┌──────────┐
│ 研究主题 │      │ 研究方法 │      │ 研究计划 │
└────┬─────┘      └────┬─────┘      └────┬─────┘
     │                 │                 │
┌────▼─────────┐  ┌────▼─────┐  ┌────────▼─────────┐
│理论基础：    │  │文献研究  │  │①搜索和研读国家认同│
│第一章 国家认同│◄─│          │◄─│和国家认同教育的相│
│教育融入中小学 │  │理论研究  │  │关理论；           │
│课程的概念和理论│ │          │  │②建构国家认同教育 │
└──────┬───────┘  └──────────┘  │融入中小学课程的概│
       │                         │念和理论           │
       │                         └──────────────────┘
┌──────▼───────┐  ┌──────────┐  ┌──────────────────┐
│现状研究：     │  │内容分析  │  │③对中小学课程标准 │
│第二章 国家认同│◄─│          │◄─│和教材进行分析；   │
│教育融入中小学 │  │          │  │                   │
│课标和教材的内容│ │问卷调查  │  │④对中小学生进行问 │
│分析          │  │深度访谈  │  │卷调查；对校长、教 │
│第三章 国家认同│◄─│          │◄─│师进行访谈         │
│教育融入中小学 │  │          │  │                   │
│课程的现状调查 │  │          │  │                   │
│研究          │  │          │  │                   │
└──────┬───────┘  └──────────┘  └──────────────────┘
       │
┌──────▼───────┐  ┌──────────┐  ┌──────────────────┐
│国内典型经验分析│ │案例分析  │  │⑤对3所典型学校进行│
│第四章 国家认同│◄─│          │◄─│个案研究           │
│教育融入中小学 │  │          │  │                   │
│课程的典型学校 │  │          │  │                   │
│案例分析      │  │          │  │                   │
└──────┬───────┘  └──────────┘  └──────────────────┘
       │
┌──────▼───────┐  ┌──────────┐  ┌──────────────────┐
│国外典型经验借鉴│ │文献研究  │  │⑥对相关研究文献进 │
│第五章 国家认同│◄─│内容分析  │◄─│行梳理；对美国、英 │
│教育融入中小学 │  │比较研究  │  │国、新加坡的中小学 │
│课程的国外经验 │  │          │  │课程等文本进行分析；│
│借鉴          │  │          │  │开展比较研究，寻求 │
│              │  │          │  │借鉴               │
└──────────────┘  └──────────┘  └──────────────────┘
```

图绪-1

（三）内容分析法

通过内容分析法对我国中小学语文、道德与法治等科目的课程标准和教材中的国家认同教育内容进行梳理和分析，明晰我国中小学课程标准和教材中的国家认同教育内容现状。同时，通过内容分析法对美国、英国、新加坡中小学课标等进行分析，把握这些国家将国家认同教育融入中小学课程的主要做法和成功经验。

（四）调查研究法

为全面了解国家认同教育融入中小学课程现状，编制问卷和访谈提纲对3683名中小学生进行问卷调查，对14名学校领导、36名教师进行访谈，以了解中小学校长、教师以及中小学生对国家认同教育相关课程的态度和认识以及课程实施效果等。

（五）个案研究法

选取3所将国家认同教育融入中小学课程并取得突出成果的典型学校个案（北京史家小学、天津南开中学、江苏锡山高中）进行研究，进而归纳国家认同教育融入中小学课程的基本策略和有效路径。

（六）比较研究法

对美国、英国、新加坡的国家认同教育融入中小学课程的经验进行研究，发现我国和这些国家的共同点和差异，尤其要借鉴这些国家的有效经验。

第一章 国家认同教育融入中小学课程的概念与理论

第一节 国家认同教育融入中小学课程的概念解析

一 国家认同教育

"认同"最初是一个心理学概念,弗洛伊德(Sigmund Freud)将认同视为"个人与他人或群体在情感和心理上的趋同过程,即可理解为某一社会群体成员在行为与情感上的同化过程"①。同时,基于埃里克森(Erik H. Erikson)的研究,许多学者认为认同不仅是个体的,而且是群体的、社会的,认同就是在人与人、群体与群体的交往中所发现的差异、特征及其归属感。② 之后,认同概念开始广泛运用于人文社科领域,认同影响着人们的行为方式与准则。

而对"国家认同"这一概念的界定,不同研究者因其研究视角的不同所提出的解释也有所不同。贺金瑞和燕继荣基于政治学视角,将国家认同界定为个体对国民身份、国家历史文化、理想信念、疆域主权的认同,以及个体对维护国家安全、稳定和发展等方面的支持性态度与行为取向。③ 常宝宁基于心理学视角,认为国家认同是公民对自己国家的

---

① [加]查尔斯·泰勒:《自我的根源:现代认同的形成》,韩震译,译林出版社2001年版,第48页。
② 迪娜:《新疆喀什地区少数民族青少年国家认同现状研究》,硕士学位论文,华东师范大学,2014年。
③ 贺金瑞、燕继荣:《论从民族认同到国家认同》,《中央民族大学学报》(哲学社会科学版)2008年第3期。

历史文化、道德价值观念、理想信念、国家主权等的认同，以及在此过程中形成的对自己国家的态度与信念、情感与评价和社会活动中的行为卷入。① 后来，研究者们在此基础上又对国家认同的内涵进行了创新与改进，例如，季成伟将国家认同界定为公民对其所属国家的政治认同、历史认同、语言认同和文化认同四个领域的基本认知、价值认可和情感认同。②

此外，《中国学生发展核心素养》将"国家认同"的主要表现描述为"具有国家意识，了解国情历史，认同国民身份，能自觉捍卫国家主权、尊严和利益；具有文化自信，尊重中华民族的优秀文明成果，能传播弘扬中华优秀传统文化和社会主义先进文化；了解中国共产党的历史和光荣传统，具有热爱党、拥护党的意识和行动；理解、接受并自觉践行社会主义核心价值观，具有中国特色社会主义共同理想，有为实现中华民族伟大复兴中国梦而不懈奋斗的信念和行动"③。

基于上述定义，本研究将国家认同界定为公民在与社会互动过程中，对其所属国家的政治、文化、历史、地理、公民身份等形成的理性认知，并在此基础上产生的身份感与归属感等情感态度以及主动承担社会责任等行为表现。

目前学界对"国家认同教育"的定义尚未形成一致的观点。黄健毅和王枬从广义上将国家认同教育定义为增强公民的国家认同感而开展的教育活动，并依照教育活动进行的地理区位划分为学校教育、家庭教育和社区教育。④ 而从狭义角度，曾水兵指出国家认同教育就是学校使用合适的教育方法与途径，培养学生具有政治、历史和文化认同感，以及国家和民族意识的实践活动。⑤ 邵晓霞认为国家认同教育是让学生通过学习掌握有关国家认同的知识，经过理解和内化，转化为有关国家认

---

① 常宝宁：《新疆南疆地区青少年国家认同的现状及其教育对策研究》，硕士学位论文，西北师范大学，2008年。

② 季成伟：《思想政治学科核心素养的思考与践行——以"国家认同"素养为例》，《中小学德育》2017年第6期。

③ 核心素养研究课题组：《中国学生发展核心素养》，《中国教育学刊》2016年第10期。

④ 黄健毅、王枬：《边境地区国家认同教育的困境与对策——基于对中越边境学生的调查》，《广西师范大学学报》（哲学社会科学版）2014年第4期。

⑤ 曾水兵：《加强中小学生国家认同教育的理性思考》，《中国教育学刊》2012年第11期。

同的思想观念,进而提升其国家认同的情感,并逐渐延伸出国家认同的行为活动。① 基于上述定义,可以发现国家认同教育就是为了培养学生的国家认同而进行的教育活动。

本研究聚焦中小学学校教育,将国家认同教育定义为教育者根据国家的需要和受教育者的发展规律,有目的、有计划、有组织地培养受教育者对所属国家政治、文化、历史、地理、公民身份等方面认同度的实践活动,使受教育者在教育过程中形成对所属国家的理性认知,并在此基础上产生情感态度和行为表现。

二 融入

《汉语大词典》中"融"本义是指固体受热变软或化为流体,也具有"融化""融合""流通"的含义,②而"入"是指由外到内,也有"适合""恰好合适"之义。③"融入"是指有形物质的彼此融合,以及无物质形态的融合,如人精神层级的融合与接纳。具体而言,融入是指一个系统与另一个系统形成统一整体,实现各要素有机联系的过程,是客观联系与主观能动性共同作用的结果。本研究中的"融入"是指国家认同教育的课程融入,即在学校教育中,为培养学生对国家的身份感、责任感、归属感与忠诚感,将国家政治、文化、历史、地理、公民身份等方面的知识与学校课程融为一体的过程。整个过程以学生的认知特点和发展需要为基础,将培养学生形成对自己国家的理性认知、情感态度和行为表现作为目标,它不仅是学校课程结构的变化和课程内容的组织,也反映了学校在课程设计中遵循的教育理念。

三 中小学课程

"中小学"即小学和中学的合称。其中,小学是人们接受初等正规

---

① 邵晓霞:《开展民族团结教育培育中小学生的国家认同》,《新疆社科论坛》2016年第4期。
② 汉语大词典编写委员会编:《汉语大词典》,商务印书馆国际有限公司2003年版,第932页。
③ 汉语大词典编写委员会编:《汉语大词典》,商务印书馆国际有限公司2003年版,第936页。

教育的学校；中学是人们接受中等普通教育的学校，包括初级中学和高级中学。本研究的"中小学"特指义务教育阶段的小学和初中。课程一词最早出现于英国教育家斯宾塞的《什么知识最有价值》一文中，意为"跑道"。当前关于"课程"的定义繁多，主要有六种典型的定义：一是课程即教学科目；二是课程即有计划的教学活动；三是课程即预期的学习结果；四是课程即学习经验；五是课程即社会文化的再生产；六是课程即社会改造。①另外，课程因划分依据不同有不同的分类，例如：根据内容属性不同，分为学科课程和活动课程；根据设计开发主体不同，分为国家课程、地方课程和校本课程；根据课程呈现方式不同，分为显性课程和隐性课程。

本研究将中小学课程定义为在学校教育中，为实现既定的教育理念和育人目标而为学生提供的学习机会及其展开的过程，主要包括国家课程（学科课程和综合实践活动课程）、地方课程和校本课程等。

第二节　国家认同教育融入中小学课程的理论探讨

2019 年，中共中央、国务院印发的《新时代爱国主义教育实施纲要》指出，要把青少年作为爱国主义教育的重中之重，将爱国主义精神贯穿于学校教育全过程，推动爱国主义教育进课堂、进教材、进头脑。②在此背景下，探析国家认同教育融入中小学课程的目标、内容、实施和评价，对促进国家认同教育实践、提升中小学生国家认同具有重要意义。

一　国家认同教育融入中小学课程的目标

国家认同教育融入中小学课程的目标是各类课程（包括国家课程、

---

① 施良方：《课程理论——课程的基础、原理与问题》，教育科学出版社1996年版，第3—7页。
② 中共中央、国务院：《新时代爱国主义教育实施纲要》（2019年11月12日），http://www.moe.gov.cn/jyb_xxgk/moe_1777/moe_1778/201911/t20191113_407983.html，2019年11月25日。

地方课程、校本课程等）的目标，为课程内容的选择、课程实施和评价提供依据。在《中国学生发展核心素养》对国家认同素养的描述[①]和我国最新颁布的《中小学德育工作指南》总体目标的相关论述[②]的基础上，我们从理性认知、情感态度和行为表现三个维度对国家认同教育融入中小学课程的目标进行了阐述。

（一）理性认知

国家认同教育融入中小学课程的目标的理性认知维度聚焦学生在认知层面所需掌握的基本知识。主要包括学生能够了解法律规定的作为中国公民的条件以及法律赋予公民的权利及义务；了解我国的组织机构、政治和法律制度等；理解我国社会主义发展所处的阶段及社会主要矛盾的变化；了解社会主义现代化建设所取得的重大成就；理解社会主义核心价值观的具体内涵；理解习近平新时代中国特色社会主义思想的具体内涵；了解我国的优秀传统文化和社会主义先进文化，知道我国在物质文化、精神文化、制度文化和行为文化方面取得的成果和成就；了解中国古代、近代、现代的历史，尤其是党史、国史、改革开放史，知晓我国重要的历史事件和历史人物；深刻认识历史和人民选择中国共产党、选择社会主义道路、选择改革开放的历史必然性；了解我国的地理疆域、自然风光和人文景观。

（二）情感态度

国家认同教育融入中小学课程的目标的情感态度维度聚焦学生对自己的公民身份以及国家政治、文化、历史、地理等相关问题所持的情感倾向和态度立场。主要包括学生热爱自己的祖国，具有强烈的国家归属感、自豪感和使命感，具有参与公民活动的意愿；具有捍卫国家主权、尊严和利益的意识；拥护中国共产党领导和中国特色社会主义制度，不断增强道路自信、理论自信、制度自信、文化自信；珍爱中华优秀传统文化，尊重中华民族的优秀文明成果；具有传承和弘扬优秀传统文化与

[①] 核心素养研究课题组：《中国学生发展核心素养》，《中国教育学刊》2016 年第 10 期。
[②] 中华人民共和国教育部：《教育部关于印发〈中小学德育工作指南〉的通知》（2017 年 8 月 22 日），http://www.moe.gov.cn/srcsite/A06/s3325/201709/t20170904_313128.html，2019 年 9 月 26 日。

社会主义先进文化的意识;尊重祖国的悠久历史,尤其是党史、国史、改革开放史;热爱祖国的自然风光和人文景观,具有维护国家领土和国家统一的意识。

(三)行为表现

国家认同教育融入中小学课程的目标的行为表现维度聚焦学生在实际生活中体现国家认同的行为实践。主要包括学生能够主动承担社会责任,关心国家大事,积极参与国家政治生活;服从于党和政府的权威;维护中国特色社会主义各项制度,遵守法律规范;以社会主义核心价值观引领自己的思想与行为,为实现伟大复兴的中国梦而不懈奋斗;在生活中传承和弘扬中华优秀传统文化,践行传统美德和民族精神,积极参与传统节日活动,将传统艺术融入自身生活;形成历史意识,以史为鉴,能用历史的眼光看待问题,传承革命传统和革命精神;坚决捍卫国家主权和领土安全,维护祖国统一和民族团结。

总之,理性认知、情感态度与行为表现是国家认同教育融入中小学课程的目标的三个维度,三者之间相互作用、相互影响,要注意三者之间的平衡。

二 国家认同教育融入中小学课程的内容

许多学者对国家认同的构成进行了相关探讨。本研究对其中一些重要的文献进行了梳理,具体如表1-1所示。

表1-1　　　　　　　　国家认同的构成

研究者 \ 构成	身份认同	政治认同	文化认同	历史认同	地理认同	民族认同
亨廷顿(Samuel P. Huntington)[1]		√	√			√
殷冬水[2]	√	√		√	√	

---

[1] 吕芳、殷存毅:《认同政治与国家的衰落——兼评亨廷顿的新作〈我们是谁?〉》,《世界经济与政治》2005年第5期。
[2] 殷冬水:《论国家认同的四个维度》,《南京社会科学》2016年第5期。

续表

研究者 \ 构成	身份认同	政治认同	文化认同	历史认同	地理认同	民族认同
冯建军[①]		√	√			√
曾水兵[②]		√	√	√		
李刚、吕立杰[③]	√		√	√	√	√
饶舒淇[④]	√	√	√	√	√	

基于对已有重要研究成果的分析，本研究将国家认同分为 5 个类目，分别是身份认同、政治认同、文化认同、历史认同和地理认同。未将民族认同纳入国家认同类目的解释如下。关于民族认同，一般有两种理解，一种是狭义的对某个具体民族的认同，指对本民族身份、语言、风俗及共同价值的承认和接纳;[⑤] 另一种是广义的对中华民族的认同，是国家意义上的民族认同。[⑥] 我们认为狭义上的民族认同因是对特定民族的认同，不能作为国家认同的组成部分，二者之间甚至可能会存在冲突；而广义上的民族认同其内涵则接近于国家认同，如果将其纳入国家认同的构成，则会与国家认同其他类目涉及的内容有所重复。因此，本研究的分析框架不将民族认同作为一个独立的类目。国家认同教育应依托中小学课程中的相关内容，将身份认同、政治认同、文化认同、历史认同和地理认同五个方面融入其中。

---

① 冯建军：《公民身份的国家认同：时代挑战与教育应答》，《社会科学战线》2012 年第 7 期。
② 曾水兵：《加强中小学生国家认同教育的理性思考》，《中国教育学刊》2012 年第 11 期。
③ 李刚、吕立杰：《国家认同教育校本课程的深度开发与设计》，《基础教育》2018 年第 1 期。
④ 饶舒琪：《全球化背景下的国家认同教育：合法性与应有内涵》，《教育学报》2018 年第 6 期。
⑤ 李艳霞、曹娅：《国家认同的内涵、测量与来源：一个文献综述》，《教学与研究》2016 年第 12 期。
⑥ 冯建军：《公民身份的国家认同：时代挑战与教育应答》，《社会科学战线》2012 年第 7 期。

(一) 身份认同

国家认同的前提是一个人出生时被赋予的公民资格或公民身份。只有确认自己的公民身份，一个人才能真切地感受到自己与国家的联系，将自己归属于这个国家，自觉地维护、支持这个国家并为其尽责。公民身份实质上是公民对某一国家的身份感，是一种重要的国民意识。哈贝马斯（Jürgen Habermas）认为公民身份具有双重特征，即由公民权利确立的身份和对文化民族的归属感。[①] 肖滨认为公民身份涉及政治—法律层面和文化—心理层面。[②] 据此，我们将公民身份认同分为公民身份与国民意识两方面。公民身份主要涉及公民的政治、法律地位以及相应权利和义务，而国民意识则涉及公民对国家的归属感、自豪感以及责任感等。

中小学课程中公民身份的相关内容主要包括关于中国公民身份获得与证明等相关知识；法律赋予公民的权利与义务、公民在社会中所扮演的角色以及政治生活等。中小学课程中国民意识的相关内容主要包括国旗、国徽、国歌等国家象征的相关知识；我国政治、经济、科技、体育、军事等方面的成就；学生对社会的责任感以及对国家的使命感的相关内容。依托这些内容开展国家认同教育，有利于培养中小学生的公民意识、公民美德以及社会责任感，促进其身份认同，从而成为合格公民。

(二) 政治认同

政治认同主要是指公民在社会政治生活中对所属政治体系的认知和情感上的归属以及自觉参与并按照政治体系的要求规范自身的行为。依据丁志刚和董洪乐的政治认同划分理论，可将政治认同分为对政治主体、政治规范、政治过程与程序、政治意识形态四个方面的认同。[③] 政治主体认同主要是指对国家政权、行政机关、执政党、政治精英等主体的认同。政治规范认同主要是指对国家政治制度与法律规范以及党和政

---

① ［德］尤尔根·哈贝马斯：《包容他者》，曹卫东译，上海人民出版社2002年版，第133页。
② 肖滨：《两种公民身份与国家认同的双元结构》，《武汉大学学报》（哲学社会科学版）2010年第1期。
③ 丁志刚、董洪乐：《政治认同的层次分析》，《学习与探索》2010年第5期。

府的基本方针政策的认同。政治过程与程序认同主要是指对政治运行的过程、遵循的规则和具体运行方式的认同。政治意识形态认同主要是指对主流意识形态和价值观念以及理想信仰等方面的认同。

中小学课程中政治主体认同的相关内容主要包括：我国国家权力机关、国家行政机关和国家司法机关知识；关于中国共产党的基本知识，以及中国共产党领导人民取得的成就；国家领导人的政治成就及优秀品质等。中小学课程中政治规范认同的相关内容主要包含宪法、民法、刑法、婚姻法、教育法、未成年人保护法等法律规范和人民代表大会制度、多党合作制度、基本经济制度、民族区域自治制度等中国特色社会主义制度以及当前的国家重大方针政策等。中小学课程中政治活动与程序认同的相关内容包含以下两个方面：一是我国国家机关的职权范围和办事流程等，如人民代表大会制度这一基本政治制度的召开流程、工作内容、选举规则以及法院、检察院等国家机关的工作流程和运行机制；二是政治参与的正确途径以及相关政治行为等，如公民参与选举，行使民主权利的程序和规范。中小学课程中政治意识形态认同的相关内容主要包含马克思主义思想、毛泽东思想、邓小平理论、"三个代表重要思想"、科学发展观、习近平新时代中国特色社会主义思想、社会主义核心价值观等内容。依托这些内容开展国家认同教育，有利于促进中小学生对政治主体、政治规范、政治过程与程序、政治意识形态的感知和体认，增强其政治认同，使其成为社会主义合格建设者和可靠接班人。

（三）文化认同

文化认同是人们对于文化的倾向性共识与认可，[①] 人们使用相同的文化符号，秉承共同的文化观念，遵循共同的思维方式和行为规范，并追求共同的文化理想作为文化认同的基础。依据文化层次理论，文化常常被分为物质文化、精神文化、制度文化和行为文化四个方面。[②] 基于此，文化认同主要包含对上述四个方面的认同。物质文化认同指对为了满足人类自身生存和发展的需求所创造出来的物质产品及其所呈现的文化的认同。精神文化认同是对人类所特有的各种意识形态集合及精神成

---

① 郑晓云：《文化认同与文化变迁》，中国社会科学出版社1992年版，第4页。
② 邓红学、熊伟业：《中国传统文化概观》，复旦大学出版社2011年版，第3—4页。

果的认同。制度文化认同是指对维持人类社会稳定与发展的规章制度、习俗规范的认同。行为文化认同是指对人类在生活、工作中贡献的有价值的促进文明、文化以及人类社会发展的经验及创造性活动的认同。

对应文化认同的四个方面，中小学课程中文化认同的相关内容应包含四个方面：一是我国在人类生活和延续发展过程中产生的物质文化，如饮食文化、建筑文化、服饰文化等；二是以思想精华、传统美德和民族精神为主要内容的精神文化，如《论语》《礼记》《荀子》等经典著作中蕴含的读书观、学习观、诚信观、修身观和廉耻观，个人修身美德、家庭生活品德和社会公德，以及勤劳勇敢、自强不息、团结一致、舍己为公、家国情怀等民族精神；三是在当前仍具有重要价值和启示的制度文化，如我国传统的伦理道德和礼仪俗规，以及我国历史上的科举制度、拜师制度、祠堂制度等；四是我国丰富灿烂的行为文化，如春节、清明节、中秋节等传统节日，青铜铸造、丝织技术、制瓷技术、航空航天成就等古今科技行为，书法、水墨画、剪纸等艺术行为。依托这些内容开展国家认同教育，有利于促进中小学生对我国博大精深的物质文化、精神文化、制度文化和行为文化的感知和实践，促进其文化认同，使其成为中国文化的传承者、表现者和创造者。

（四）历史认同

彭斌认为，历史记忆是历史认同的前提和基础，它不仅是对国家历史的叙述，而且是对国家认同的关键性叙事。[①] 吴玉军认为，历史事件作为历史记忆，是国家保持自身统一性的精神文化基础，是国家认同教育的重要资源。[②] 基于此，我们进一步认为历史记忆的核心是历史事件和历史人物，而历史认同则主要涉及历史事件和历史人物两个方面。历史事件主要指中国历史发展过程中的重大事件，历史人物主要指中国历史发展中具有重要影响的人物及其事迹。

中小学课程中历史认同的相关内容应主要包括中华民族五千年的文明史、中华儿女一百七十多年的抗争史、中国共产党九十多年的奋斗史

[①] 彭斌：《理解国家——关于国家认同的构成要素、困境与实现机制的思考》，《社会科学战线》2018 年第 7 期。
[②] 吴玉军：《传承历史记忆：国家认同建构的重要路径》，《人民论坛》2019 年第 3 期。

等；一些对我国发展产生重大影响的历史事件，比如鸦片战争、洋务运动、辛亥革命、红军长征、抗日战争、中华人民共和国成立、改革开放等；在中国历史发展进程中涌现的各领域的重要人物，如毛泽东、周恩来、邓小平等政治家，孔子、孟子、鲁迅等思想家，蔡伦、李时珍、邓稼先等科学家，郑成功、戚继光、杨靖宇等民族英雄。依托这些内容开展国家认同教育，有利于中小学生了解中华民族的光辉成就和曾经遭受的历史磨难，以及在此过程中涌现的伟大人物，促进其历史认同，从而承担其历史使命。

（五）地理认同

地理认同是某一地理位置或空间区域的形象等方面给个体带来的综合心理感知及归属感。① 地理认同关涉人与领土之间的关系。殷冬水认为，领土是人们怀有特殊情感的土地，是一片有明确边界的土地，是公民的生存之所；领土确定了国家认同构建的边界，提供了国家认同所需要的领土意识和领土景观。② 基于此，我们认为地理认同主要涉及自然风光、人文景观和领土意识三个方面，具体指对自然地理范畴的自然风光的认同、对这一地域上社会文化地理范畴中附着某种文化向度的人文地理景观的认同，以及对某一政治主体明确而稳定的地域边界的认知与权利肯定的领土意识。

中小学课程中地理认同的相关内容应主要包含以下几个方面：我国的疆域和行政区域划分；我国丰富的自然风光和人文景观及其特征；我国领土及主权基本常识。依托这些内容开展国家认同教育，有利于促进中小学生对我国自然风光和人文景观的了解，激发其领土意识，促进其地理认同，从而成为国家领土的守护者。

三 国家认同教育融入中小学课程的实施

国家认同教育融入中小学课程的实施，关键在于将国家认同教育融入各类型课程中，有效整合和开发校内外课程资源，并采用注重启发、

---

① 王俊秀、杨宜音等编：《中国社会心态研究报告》，社会科学文献出版社2016年版，第48页。
② 殷冬水：《论国家认同的四个维度》，《南京社会科学》2016年第5期。

探究和体验的教学方式。

（一）将国家认同教育融入各类型课程中

学校教育作为国家认同教育的主阵地，主要通过国家课程、地方和校本课程、主题实践活动进行国家认同教育。

1. 将国家认同教育系统融入国家课程

在国家课程方面，国家认同教育主要在道德与法治（思想政治）、语文、历史、地理等人文学科课程中进行渗透。由于这些国家课程涉及各领域的系统知识，是学校课程的主体，其在国家认同教育融入中小学课程中处于基础性地位。也正因为此，党和国家高度重视道德与法治（思想政治）、语文、历史三科统编教材建设，确保三科教材体现国家意志。这也有利于保障国家认同教育充分融入这三科教材。虽然各学科都应全方位渗透国家认同教育，但不同的学科具有自身的学科特点和学科核心素养，因此在国家认同教育渗透方面，不同学科应各有侧重。具体来讲，语文学科侧重文化认同，道德与法治（思想政治）学科侧重政治认同和身份认同，历史学科侧重历史认同，地理学科侧重地理认同，进而在整体上将国家认同教育系统融入中小学国家课程。

2. 注重开发国家认同教育相关地方和校本课程

地方和校本课程作为我国三级课程体系的重要组成部分，有利于开发区域课程资源，形成地方与学校特色，满足学生兴趣与发展的需要。因此，各地及中小学可基于地方和学校所在地的区域特色和资源，开展国家认同教育与地方和校本课程相结合的实践探索。

可喜的是，当前我国一些学校在此方面进行了一些积极探索。如天津南开中学开设了《以周恩来为人生楷模》课程，组织撰写了《以周恩来为人生楷模教育读本》，通过校本课程使学生学习周恩来的理论思想、人格魅力、精神风范、品德作风，引导广大学生以周恩来为人生楷模，弘扬周恩来的爱国主义精神，为中华之复兴而读书。[1] 又如北京史家小学与国家博物馆联合编写了《中华传统文化——博物馆综合实践课程》校本教材，这套教材以国家博物馆馆藏精品为依托，以史家小学多年来的教学实践为基础，涵盖"说文解字""美食美器""服饰礼

---

[1] 天津南开校史研究中心编著：《天津南开中学史》，人民出版社2014年版，第356页。

仪"和"音乐辞戏"四大主题，引领学生结合博物馆资源学习中华优秀传统文化，培养其国家认同。[①] 南开中学和史家小学的课程探索充分挖掘了学校可资利用的资源，体现了学校特色，为其他学校国家认同教育相关课程的开发提供了可资借鉴的思路。

3. 深入挖掘主题实践活动的国家认同教育功能

学校开展主题实践活动，能够帮助学生形成直观体验，产生强烈的参与感，强化国家认同。学校开展国家认同教育实践活动可以关注以下几个方面。

一是注重日常活动的教育作用。如每周进行升国旗和唱国歌仪式；带领学生参观博物馆、纪念馆；与社区、实践基地、机关等单位合作，通过岗位体验、社会调查、社区服务等形式，为学生提供参加社会生活或公益活动的机会等。这些日常活动通过直观体验增进学生对国家的认知，有利于激发其爱国情感以及社会责任意识。

二是凸显节日仪式的教化功能。学校应有意识地结合春节、清明节、端午节、中秋节、国庆节等节日开展实践活动，利用这些文化资源增进学生的国家认同。例如，举办端午节的宣传周，深度宣传端午节的风俗习惯、传说典故、经典诗文、美食文化等，让学生在了解端午文化的同时，继承和弘扬屈原的爱国主义精神。

三是发挥重大社会事件的教育意义。如新冠肺炎疫情在我国暴发并很快得到有效控制，充分体现了党和国家高水平的组织和动员能力以及我们的制度优势，而众多医务工作者和社会各界人士不顾自身安危，勇敢逆行，参与病人救治及相关工作，社会大众及海外华人也积极捐款捐物，均体现出中华民族公而忘私、团结勇敢、家国情怀的民族精神。结合该重大社会事件开展国家认同教育，能够激发和培养学生的国家自豪感和社会责任感。

（二）有效整合和开发校内外课程资源

课程资源是国家认同教育课程实施质量的保障，学校应重视校内外国家认同教育课程资源的开发和利用。

[①] 国家博物馆社会教育宣传部：《博物馆与学校的深度合作：国家博物馆与史家小学共同开发〈中华传统文化——博物馆综合实践课程〉》，《中国博物馆通讯》2015年。

1. 整合学科课程资源

各学科课程是国家认同教育的基本载体，但在国家认同教育融入中小学课程过程中，常常是各学科独立进行。虽然各学科都发挥着重要的国家认同教育功能并有所侧重，但要实现国家认同教育效果的优化，需要整合各学科的国家认同教育资源，发挥各学科的协同渗透作用。因此，可以加强统一规划和组织，打破学科之间的界限，尝试以跨学科的视角开展国家认同教学活动，以实现国家认同教育的整体优化。

2. 统整各项实践活动资源

当前，学校普遍开展实践活动，这些实践活动是国家认同教育的重要资源。但需要注意的是，从国家认同教育的角度看，这些活动又往往是碎片化的，甚至学校在国家认同教育意识方面是含糊的乃至无意识的。因此，对国家认同教育相关活动需要进行有意识的统整。可以在国家认同教育的大主题下，从身份认同、政治认同、文化认同、历史认同、地理认同等方面对既有的日常和专题实践活动资源进行梳理和整合，并进一步扩展相关实践活动，从而形成国家认同教育相关实践活动资源体系，为学生国家认同的培育提供资源保障。

3. 积极开发利用校外课程资源

为拓展国家认同教育空间，学校要充分利用社会资源，与周边社区、图书馆、博物馆、爱国主义实践基地以及其他实践基地建立长期合作，协同开展教育活动；要邀请相关专家开展讲座等，以扩展学生的视野；要充分利用家长资源，积极开展家校合作，共同致力于学生国家认同的培养；要充分利用网络媒体资源与平台，发挥新媒体在国家认同教育中的优势。

（三）采用注重启发、探究和体验的教学方式

当前，在国家认同教育的教师教学方式上，知识的灌输普遍存在，若要在认知、情感和行为维度全面培养学生的国家认同，需采用注重启发、探究和体验的教学方式。

1. 启发式教学

启发式教学是指教师在教学中注重启发诱导以发挥学生的主体性，进行有意义的学习。启发思维是启发式教学的主旋律，而问题性教学是

启发式教学的重要手段。在国家认同教育融入中小学课程的过程中，教师应避免大量的知识灌输，要注重启发学生的思维，培育学生的理性精神。在教学过程中，应注重设置问题情境，激发学生的学习兴趣，同时在教学中应注意留白，给学生的思考和拓展保留空间。如教师可以用"我国有哪些优秀传统文化以及在新时期我们应如何传承和发展优秀传统文化"等问题来激发学生对相关问题的思考并促进其国家认同。需要注意的是，教学中在强调国家发展的积极成就的同时，也要正视而不回避国家发展中存在的问题。教师应启发学生的理性精神，使其能够以一种发展的眼光和建设性的立场去分析国家发展中存在的现实问题。①

2. 探究式教学

探究式教学是指在教师的引导下，学生通过观察、思考、讨论等途径进行探索，以获得新知的一种教学方式。在国家认同教育融入中小学课程的过程中，教师要以学生为主体，从学生角度出发，合理设置课堂教学环节、内容以及模式，引导学生对教学内容进行探究，激发学生的学习兴趣，培养学生的思维能力与探究能力，促进学生的国家认同。例如，在统编道德与法治五年级下册《富起来到强起来》一课中，教师可以首先引导学生探讨"富强"的内涵，然后引导学生搜集与国家富强有关的文字和图片资料，激发学生的探究意识。最后在课堂上通过多媒体分享学生们收集的展示我国综合国力、各领域的重大成就以及国际地位等方面的信息，并引导学生讨论"中国为什么能够取得这样的成就，作为青少年我们应该怎么做"等问题，以促进学生的国家认同感和社会责任感。

3. 体验式教学

体验式教学是以学生为中心，注重学生亲身体验、实地体会，以促进学生认知、情感和行为发展的一种教学方式。体验式教学的特点在于强调学生身体亲历、心灵体验，身心共同参与，在具身学习中促进学生发展。在国家认同教育融入中小学课程的过程中，应注重体验式教学方式，如组织参观博物馆、探访革命遗址、参加志愿服务等丰富多彩的体

---

① 班建武：《科学·理性·审美——新时期提升爱国主义教育实效性的关键词》，《人民教育》2018年第23期。

验活动，激发学生的学习兴趣，引导学生深入社会，将国家认同教育内容与自身的生活经验相结合，在亲身体验中感受国家历史文化和发展成就等，以树立民族自豪感和爱国情怀，坚定守护国家的立场和提升建设国家的意识。

四 国家认同教育融入中小学课程的评价

国家认同教育融入中小学课程的评价，是对融入课程的内容、形式、教学方法等方面进行价值判断，通过判断结果进行修正和完善，以更好地实现国家认同教育在中小学课程中的融入。国家认同教育融入中小学课程的评价，主要表现在对中小学国家认同教育实际发展水平的评价、教师教学评价，以及学生国家认同素养的评估上。

(一) 国家认同教育实际发展水平的评价

国家认同教育实际发展水平的评价不只是为了说明课程的状态，更是为了课程的改进。CIPP评价模式为国家认同教育实际发展水平的评价提供了理论依据。CIPP评价模式又称为决策导向或改良导向评价模式，由背景、输入、过程、成果四个评价环节组成。[1] 21世纪初，斯塔弗尔比姆（Daniel L. Stufflebeam）在他的新著《CIPP评价模式》和《国际教育评价手册》中将评价的四个环节变成七个环节，进一步把成果环节分解为影响和成效两个环节，并新增可持续性、可推广性两个环节。[2] 因此，国家认同教育实际发展水平的评价应主要从以下七个方面着手。

1. 背景评价

评价国家认同教育融入中小学课程的课程背景，主要从需求、问题、资源等方面进行评价。即回答下列问题：学生、教师、社会、学科发展对国家认同教育有何需求；国家认同教育课程实施的时机能否满足需求和解决相关问题；国家认同教育的开展遇到哪些问题；专家服务、指导教师、物质资源、经费等条件是否有利。

2. 输入评价

在背景评价的基础上，进一步评价国家认同教育融入中小学课程的

---

[1] 肖远军：《CIPP教育评价模式探析》，《教育科学》2003年第3期。
[2] 冯生尧：《课程评价含义辨析》，《课程·教材·教法》2007年第12期。

课程设计和工作计划、课程实施所需预算、课程实施的可行性和效用性。具体而言，一是评价国家认同教育的设计方案，即目标、内容、方法、学业评价的设计是否科学合理；二是评价投入的人力、物力、财力是否足够。

3. 过程评价

对课程实施过程进行监督、记录与反馈，以不断调整和改进实施过程。评价国家认同教育融入中小学课程的实施过程中，各级政府的管理、各项措施和条件是否合理、及时到位；学校、教师落实于课堂的状况如何；课程实施过程中的问题是否得到合理解决；教师是否适时、适度、适当给予指导；评价过程中的反馈信息是否予以处理；以及课程实施过程是否需要调整和改进。

4. 影响评价

评价国家认同教育对目标受众的影响程度，包括评价课程对学生的影响以及学生对影响的感知，课程对学校和教师的影响以及师生教学实践总结和成果的质量等。

5. 成效评价

评价国家认同教育融入中小学课程实施成果的效用性。与影响评价相比较，成效评价侧重评价对目标受众长久利益的影响，即评价对学生、教师及学校发展所发生的质变。具体而言，主要测评学生国家认同素养的提升、师生对课程的优缺点的分析、课程影响的深广度、课程目标达成的程度等。

6. 可持续性评价

评价国家认同教育在中小学课程的融入能否制度化循环使用。包括评价学生、教师、家长等对课程可持续实施的看法、制约课程可持续实施的问题、课程可持续实施的概率等。如果课程可持续实施，即可着手建设国家认同教育的课程资源。

7. 可推广性评价

评价可持续实施的国家认同教育在何种程度上可以在中小学课程中推广。包括评价其他学校、地域对国家认同教育融入中小学课程的态度，以及国家认同教育融入中小学课程对学生发展国家认同素养、各学段学业水平要求等的适宜程度。

(二) 教师教学评价

教师教学评价是指有系统地收集有关教师教学工作的资料，包括教学设计、组织与实施，加以分析处理后，再根据预定教学目标给予价值判断的过程。[1] 教师教学评价就是对教师教学工作现实的或潜在的价值作出判断的活动。

在国家认同教育融入中小学课程的评价方面，教师教学评价可借鉴申继亮和孙炳海提出的"金字塔模型"[2]。金字塔模型从教师职业的特点出发，将教师应当具备的素质、应当承担的职责、应当达到的目标、应当实现的发展作为主要成分，整合教师胜任力评价、绩效评价和有效性评价，将教师评价内容体系建立为一个由成分、维度和指标构成的系统结构。[3]

因此，教师教学评价从总体上包含三个方面的内容，一是教师的国家认同教育素养评价，即评估教师是否具有胜任工作的能力和水平，评价教师是否具备从事国家认同教育的素质，这是评价教师从事国家认同教育工作的基础条件；二是教师的国家认同教育教学行为，即评价教师在一定时期内教学工作的实际行为；三是教师的国家认同教育的成绩评价，即评价教师一定时期内的国家认同教育教学效果。

在具体评价时，首先要关注成分层面的教师外在表现与内在素质。其中，外在表现包含教师是否有计划、有目的、有系统地培养学生的国家认同；教师对国家认同教育的教育政策、教育对象、教育材料的理解；对学生心理需求的认识；学习氛围的创设；以及教学资源管理的能力等。内在素质包含教师具备的国家认同教育的知识与能力；工作的积极性、职业认同感；自主发展与自我管理的需要与能力等。其次，在维度层面对成分进一步具体化和精确化，确立基于目标的一种期望。最后，在指标层面，根据维度层面确定的标准，收集教师多样性的行为案例。

---

[1] 张春兴：《教育心理学》，浙江教育出版社1998年版，第484页。
[2] 申继亮、孙炳海：《教师评价内容体系之重建》，《华东师范大学学报》（教育科学版）2008年第2期。
[3] James H. Stronge and Pamela D. Tucker, *Handbook on Teacher Evaluation: Assessing and Improving Performance*, New York: Routledge, 2003, pp. 12–22.

此外，在对教师教学评价时，评价主体可以是专家、同行、学校领导、教师本人、学生、学生家长，评价的方法要将定量评价与定性评价有机结合起来，一方面开发利用一些问卷与测验，另一方面利用访谈、观察和档案分析等方式进行微观层面的细致研究，以发挥教师教学评价的导向与鉴定、激励与改进等功能。

（三）学生国家认同素养的评估

对学生国家认同素养的评估应立足学生的整体发展，结合国家认同教育融入中小学课程的目标，注重对学生国家认同的理性认知、情感态度、行为表现三方面的综合评估，实现评价主体多元化、评价方式多样化、评价反馈个性化。

1. 评价主体多元化

评价主体的多元化是指评价者可以由多种人员组成。学生国家认同素养的评价主体应面向教师、学生、家长、社会四个方面的群体。首先，教师评价既可以是具体学科课程的任课老师，也可以是班主任给予学生的评价；其次，学生评价包括学生结合课程学习内容进行的自我评价和学习小组成员或班级其他成员之间的互评；再次，家长评价主要依据该国家认同教育的内容与学校的具体要求给予学生相应的评价结果；最后，社会评价是学生参与社区、社会实践基地、公益性组织举行的社会实践活动中，相关工作人员对学生的工作表现给予的评价。

2. 评价方式多样化

评价方式的多样化是指根据所需评价内容的不同选择不同的评价方式，例如，标准化试卷、问卷量表、课堂观察、纸质档案袋或电子档案袋、作品展示等，实现过程性评价与终结性评价等多种评价方式的平衡。国家认同教育融入中小学课程的评价不同于对单一学科学习结果的考察，其所涉及的内容是综合的，是对学生理性认知、情感态度与行为表现的综合评价。因此，学生国家认同素养的评价应结合作品展示以及档案袋等多种评价方式，重视学生实践活动过程的客观记录和标志性成果的搜集，全方位跟踪描述学生的发展水平。

3. 评价反馈个性化

评价反馈个性化是指关注每个学生的全面成长，发挥评价的反馈、调控以及改进的功能,在教学过程中对不同层次的学生作出相应的评价。不同学生因其先天素质、年龄性别、家庭环境、文化背景、学段水平等因素的不同,往往存在显著或不显著的差异。因此,教师应准确掌握每个学生国家认同素养水平的具体情况,多使用文字描述性的质性评价,辅之以数字化、等级化的定性定量评价,对学生表现中的出彩点给予表扬,对其中的不足予以指正、提出建议,准确分析每个学生的可提升空间,从而促进学生的知识学习和技能发展,使每个学生都能健康向上、全面发展,在其国家认同素养的原有水平上获得进一步提升。

第二章　国家认同教育融入中小学课标和教材的内容分析

第一节　中小学课程标准中的国家认同教育内容

中小学课程标准是教育教学的法定文本，在根本上决定着教材编写和教师教学。对中小学课程标准中的国家认同教育内容进行梳理，能够明晰我国法定课程对国家认同教育的导向情况以及对各学科的定位。本部分主要对义务教育阶段中小学语文、道德与法治，初中历史、地理四科课程标准[①]中的国家认同教育内容进行梳理，主要考察其课程性质、课程理念、课程目标与内容中涉及的国家认同教育相关内容。

一　中小学语文课程标准中的国家认同教育内容

语文课程在渗透国家认同教育方面具有不可替代的优势。义务教育语文课程标准中蕴含着多处与国家认同教育相关的内容。在课程总体目标与内容中指出，要培养学生的爱国主义、集体主义、社会主义思想道德；在课程基本理念部分指出，要弘扬以爱国主义为核心的民族精神。[②]

从国家认同的类目来看，义务教育语文课程标准中主要涉及文化认同、政治认同和历史认同三个方面的内容。其中关于文化认同的内容最

[①] 由于当前义务教育阶段的课程标准的修订工作尚未完成，因此，本部分分析的义务教育阶段的课程标准为各科 2011 年版。

[②] 中华人民共和国教育部：《义务教育语文课程标准（2011 年版）》，北京师范大学出版社 2012 年版，第 3—6 页。

多，如前言指出语文课程要继承和弘扬中华优秀文化传统，增强民族文化认同感和凝聚力；课程总体目标与内容中指出要使学生认识中华文化的丰厚博大，培育学生对祖国语言文字的热爱。在政治认同方面，课程基本理念部分指出，语文课程要以社会主义核心价值体系为引领，强调中国特色社会主义的共同理想，树立社会主义荣辱观。在历史认同方面，课程基本理念中讲到要继承和发扬革命传统。①

二 中小学道德与法治课程标准中的国家认同教育内容

以前义务教育阶段的品德与生活、品德与社会、思想品德课程当前被统称为道德与法治课程。由于分析的课程标准是2011年版的，所以，下文中仍用品德与生活、品德与社会和思想品德课程的概念。

（一）小学品德与生活、品德与社会课程标准中的国家认同教育内容

作为综合课程，小学品德与生活、品德与社会课程中涉及诸多国家认同教育相关内容。小学品德与生活课程标准针对的是小学低年级儿童，其对国家认同教育内容的渗透是笼统性的。如在课程设计思路中指出，要为学生成为爱祖国、爱人民、爱社会主义的公民打下基础。在课程目标中指出学生要初步了解祖国的相关知识，爱家乡、爱祖国。在课程内容中还提到要热爱革命领袖，尊敬国旗和国徽，学唱国歌，并为自己是中国人而感到自豪。② 这些是政治认同与身份认同相关的内容。

品德与社会课程标准针对的是小学中高年级学生。作为综合课程，其融合了品德与规则教育，爱国主义、集体主义与社会主义教育，历史与文化、国情教育，地理与环境教育，以及民族团结教育等。其课程目标指出，学生要珍视祖国的历史与文化，具有中华民族的归属感和自豪感。③ 这是关于国家认同的相对概括的表述。在国家认同类目方面，品德与社会课程标准涉及身份认同、政治认同、文化认同、历史认同和地

---

① 中华人民共和国教育部：《义务教育语文课程标准（2011年版）》，北京师范大学出版社2012年版，第1—6页。
② 中华人民共和国教育部：《义务教育品德与生活课程标准（2011年版）》，北京师范大学出版社2012年版，第5—9页。
③ 中华人民共和国教育部：《义务教育品德与社会课程标准（2011年版）》，北京师范大学出版社2012年版，第2—5页。

理认同五个方面。在身份认同方面，课程内容中讲到学生要知道自己的中国公民身份，并初步了解自己的基本权利和义务，课程目标中讲到要参加力所能及的社会公益活动。在政治认同方面，课程内容中讲到学生要知道中国共产党和新中国的成立，以及改革开放以来的成就，热爱社会主义祖国和中国共产党。在文化认同方面，课程目标中指出学生要知道在历史发展进程中形成的中华优秀文化，在课程内容中指出学生要知道我国各民族共同创造了中华民族文化。在历史认同方面，课程内容中讲到学生要知道我国几千年的文明史以及对世界文明的贡献，要珍视我国文化遗产，要知道近代我国遭受的侵略以及抗争史，敬佩民族英雄和革命前辈，树立爱国志向。在地理认同方面，课程内容中指出学生要知道我国地域辽阔，拥有许多名胜古迹和名山大川，热爱国土，同时知道台湾是我国不可分割的一部分，祖国的领土不容侵犯。①

(二) 初中思想品德课程标准中的国家认同教育内容

初中思想品德课程也是一门综合课程，其融合了道德、心理健康、法律以及国情等相关内容。其课程目标指出培养学生热爱祖国、热爱人民、热爱社会主义，认同中华文化，继承革命传统，弘扬民族精神。②这是在宏观上关于国家认同的内容。在国家认同类目方面，思想品德课程标准主要渗透了政治认同和身份认同方面的内容。如在政治认同方面，课程内容中讲到学生要知道中国特色社会主义理论体系，了解我国现阶段的基本政治和经济制度，明晰我国各族人民的共同理想。在身份认同方面，课程目标中讲到要培养学生的法治观念、公共精神和公民意识等；课程内容中讲到学生要积极参加公共生活和公益活动，具有为他人和社会服务的精神。另外，课程内容中还涉及了少量的文化认同相关内容，如学习和了解中华文化传统等。③

---

① 中华人民共和国教育部：《义务教育品德与社会课程标准（2011年版）》，北京师范大学出版社2012年版，第6—15页。
② 中华人民共和国教育部：《义务教育思想品德课程标准（2011年版）》，北京师范大学出版社2012年版，第1—6页。
③ 中华人民共和国教育部：《义务教育思想品德课程标准（2011年版）》，北京师范大学出版社2012年版，第5—15页。

三 初中历史课程标准中的国家认同教育内容

初中历史课程标准的课程性质指出要使学生认同中华优秀文化传统,增强爱国主义情感,坚定社会主义信念;课程目标讲到继承和发扬以爱国主义为核心的民族精神,初步形成对国家和民族的认同感,并增强历史责任感。这些是关于国家认同的一般性陈述。①

从国家认同类目来看,初中历史课程标准中主要涉及历史认同、文化认同、政治认同,同时也有少部分内容涉及身份认同和地理认同。在历史认同方面,课程目标中讲到学生应认识到在漫长的历史发展中,我国形成了中华民族多元一体格局,各族人民共同促进了国家的发展和社会的进步;课程内容中讲到"没有中国共产党就没有新中国",中华人民共和国成立以来,尤其是改革开放以来,我国政治、经济、文化等各方面都取得了巨大成就,综合国力大幅增强,人民生活质量显著提高。②

在文化认同方面,课程目标中讲到学生要认同中华民族的优秀文化传统,尊重、热爱祖国文化。在政治认同方面,课程目标中讲到学生要认识到中国共产党在中国革命、建设和改革事业中的决定作用和重大贡献,树立起中国特色社会主义的理想信念。在身份认同方面,课程基本理念中讲到要使学生增强对祖国的责任感,逐步确立为中国特色社会主义事业作贡献的人生理想。在地理认同方面,课程内容中讲到要认识台湾、西藏和新疆是中国不可分割的一部分。③

四 初中地理课程标准中的国家认同教育内容

初中地理课程标准的课程性质部分指出地理课程富含热爱家乡、热爱祖国的教育内容;总目标指出要增强学生的爱国主义情感。具体目标

---

① 中华人民共和国教育部:《义务教育历史课程标准(2011年版)》,北京师范大学出版社2012年版,第2—7页。
② 中华人民共和国教育部:《义务教育历史课程标准(2011年版)》,北京师范大学出版社2012年版,第7—22页。
③ 中华人民共和国教育部:《义务教育历史课程标准(2011年版)》,北京师范大学出版社2012年版,第3—15页。

指出学生要关心家乡的环境和发展，关心我国的地理国情，增强热爱家乡和热爱祖国的情感。[①] 这些是关于国家认同的一般性陈述。在课程内容中讲到台湾自古以来都是中国不可分割的神圣领土。在课程内容的说明中还要求北京、台湾、香港、澳门为必学区域。同时，课程内容部分要求乡土地理是必学内容，以增强学生爱祖国和爱家乡的情感。[②] 这些都属于地理认同的相关内容。另外，课程目标还提到与文化认同相关的内容，即要尊重不同国家的文化和传统，增强民族自豪感和自信心。[③]

通过以上对中小学各科课程标准中的国家认同教育内容的梳理，我们可以发现，各科对国家认同教育的渗透有所侧重。具体来讲，语文课程侧重文化认同，道德与法治课程侧重政治认同和身份认同，历史课程侧重历史认同，地理课程侧重地理认同。同时，各科往往也会兼顾国家认同的其他类目。总体来看，各科课程共同构成了国家认同教育内容的渗透体系，为教材编写和教师教学提供了方向指引。下面以中小学语文和道德与法治教材为例分析其中的国家认同教育内容。

第二节　中小学语文教材中的国家认同教育内容分析

在各学科中，语文学科具有工具性和人文性相统一的特点，不仅能够传递学科知识，而且能够陶冶学生品性，是国家认同教育的重要载体。《义务教育语文课程标准（2011年版）》要求语文课程要重视其价值取向以及对学生思想情感所起的熏陶感染作用，帮助学生树立正确的世界观、人生观、价值观。[④] 同时，语文教材中的内容涉及生活经验、历史文化、思想情感等，是国家认同教育的重要依托，有利于增强学生

[①] 中华人民共和国教育部：《义务教育地理课程标准（2011年版）》，北京师范大学出版社2012年版，第2—6页。
[②] 中华人民共和国教育部：《义务教育地理课程标准（2011年版）》，北京师范大学出版社2012年版，第17—18页。
[③] 中华人民共和国教育部：《义务教育地理课程标准（2011年版）》，北京师范大学出版社2012年版，第6页。
[④] 中华人民共和国教育部：《义务教育语文课程标准（2011年版）》，北京师范大学出版社2012年版，第1页。

的国家意识和文化自信,也为学生的日常行为提供价值引领。因此,为了解语文教材中国家认同教育内容的状况,更好地发挥其在学生国家认同建构中的功能,有必要对其中的国家认同教育内容进行分析。

当前,我国已有一些研究者对语文教材中的国家认同教育内容进行了分析,主要涉及爱国主义[1]、核心价值观[2]、国家形象等方面。如张鹏和吕立杰从国家物质形象、国家政治形象、国家文化形象和国民形象四个维度对A版初中语文教材中的国家形象进行了分析;[3] 吕梦含从地理、政治、文化、精神和价值观四个维度对人教版小学语文教材中的国家形象进行了考察。[4] 但仅有个别研究者对语文教材中的国家认同教育内容进行了专门研究,且局限在一般理论探讨层面。[5]

综观已有研究,直接对语文教材中国家认同教育内容进行的研究还非常少见。在研究方法方面,已有的研究大多没有建构严谨的教材分析框架并基于此进行量化统计与分析。在研究对象方面,已有的研究目前较少涉及统编语文教材。但已有相关研究为教材中的国家认同教育内容分析提供了一定的文献基础和研究视野。本研究在已有相关研究的基础上,基于建构的研究框架对小学和初中语文教材中的国家认同教育内容进行量化与质性相结合的分析,以揭示小学和初中语文教材中国家认同教育内容情况。

一 小学语文教材中的国家认同教育内容分析

（一）研究对象与方法

1. 研究对象

本部分所研究的小学语文教材,是由教育部组织编写的义务教育阶

---

[1] 李雅茹:《小学语文教科书中爱国主义教育传承研究》,硕士学位论文,湖南农业大学,2016年。
[2] 陆洋:《苏教版初中语文教科书及教学中渗透社会主义核心价值观研究》,硕士学位论文,扬州大学,2014年。
[3] 张鹏、吕立杰:《语文教科书中的国家形象分析——以A版初中教科书为例》,《全球教育展望》2018年第7期。
[4] 吕梦含:《润物无声 爱国有声——我国语文教科书"国家形象"的建构与实效》,《湖南师范大学教育科学学报》2016年第5期。
[5] 李彦群:《小学语文教科书中的国家认同观念渗透研究》,《课程教学研究》2017年第10期。

段小学语文一年级到六年级十二册教材（简称统编小学语文教材）。其中，一年级上、下册为2016年版，二年级上、下册为2017年版，三年级上、下册为2018年版，四年级到六年级上、下册均为2019年版。

2. 研究方法

（1）分析框架

基于第一章对国家认同构成的理论分析，我们将国家认同分为身份认同、政治认同、文化认同、历史认同、地理认同5个类目，并进一步细分为15个次类目，从而形成了教材中国家认同教育内容的分析框架，具体情况如表2-1所示。

表2-1　　　　教材中国家认同教育内容的分析框架

类目	次类目	含义
身份认同	公民身份	法律规定的作为中国公民的条件以及法律赋予公民的权利及义务
	国民意识	对国家的归属感、自豪感以及责任感等
政治认同	政治主体	国家政权、政府、执政党以及政治精英等
	政治规范	政治制度、法律与政策等
	政治过程与程序	政治活动（选举、立法等）及其要求
	政治意识形态	社会主义核心价值观、中华民族的共同理想等
文化认同	物质文化	人类为了满足自身生存和发展的需要所创造出来的物质产品及其所呈现的文化
	精神文化	人类各种意识观念形态的集合，主要包括传统美德、思想精华和民族精神三个方面
	制度文化	人类为了自身生存、社会发展的需要而主动创制出来的有组织的规范体系
	行为文化	人们在生活、工作中所贡献的促进文明、文化以及人类社会发展的经验及创造性活动
历史认同	历史事件	中国历史发展过程中的重大事件
	历史人物	中国历史发展中具有重要影响的人物及其事迹

续表

类目	次类目	含义
地理认同	自然风光	具有中国地域特点的自然景色
	人文景观	具有中国特色的人文景观
	领土意识	对领土主权的维护

（2）内容分析的具体方法

本部分运用内容分析法对统编小学语文教材中的国家认同教育内容进行了研究。依据义务教育语文课程标准，结合小学语文教材自身的内容结构，我们将统编小学语文教材分为课文系统和栏目系统两部分。课文系统包括正文系统和助读系统两方面。正文系统主要包含独立成篇的选文、识字篇和汉语拼音篇；助读系统主要包括单元导读、插图、注释、课后练习题、阅读链接和资料袋。栏目系统包括语文园地、快乐读书吧、口语交际、习作和综合性学习。对以上系统中的国家认同教育内容的统计规则如下。

第一，当某篇课文或某个栏目含有国家认同教育内容的某次类目时，则将该次类目出现的频次记为1次。

第二，当某篇课文或某个栏目出现二次及以上同一国家认同次类目时，仅记1次。

第三，当某篇课文或某个栏目同时含有两个及以上不同的国家认同教育内容次类目时，则将不同次类目出现的频次分别记为1次。

第四，由于单元导读是对整个单元内容的凝练和引导，往往与单元内容重复，对其不作统计；由于插图是对课文内容的复现、举例和延伸，注释是对课文的解释、说明和提示，二者与正文内容具有一体性，故将其与正文作为一个整体进行统计。

第五，如果某篇课文中包含两首及以上不同的古诗文，则对这些古诗文中的国家认同教育内容分别进行统计。

第六，当课文助读系统中的课后练习题、阅读链接和资料袋含有的国家认同教育内容与正文相同，则不再进行统计；若含有不同内容，则对其进行统计。

(二) 研究结果与分析

基于上述分析框架和内容分析的具体方法，我们对统编小学语文教材中的国家认同教育内容进行了梳理和分析。

1. 统编小学语文教材中国家认同教育内容的整体情况

(1) 国家认同教育内容在两大系统中的融入情况

统编小学语文教材中包含国家认同教育内容的课文和栏目数量共计173个，约占课文和栏目总量的29.27%[①]。总体而言，统编小学语文教材中的国家认同教育内容所占比例较高。

① 课文系统中国家认同教育内容的融入情况

统编小学语文教材课文系统中含有国家认同教育内容的数量及比例情况如表2-2所示。

表2-2　统编小学语文教材含国家认同教育内容的课文数量及比例

数量\年级\课文	一年级	二年级	三年级	四年级	五年级	六年级	总计
含国家认同教育内容的课文数量	16	18	21	19	15	27	116
课文总量	69	62	63	67	60	65	386
所占比例	23.19%	29.03%	33.33%	28.36%	25.00%	41.54%	30.05%

从上表可以看出，课文系统中共有116篇课文含有国家认同教育内容，所占比例为30.05%。整体而言，课文系统中国家认同教育内容融入比例较高。各年级国家认同教育内容的融入比例有一定差异，其中一年级最低，为23.19%，六年级最高，达41.54%。

② 栏目系统中国家认同教育内容的融入情况

语文园地、口语交际、习作、快乐读书吧和综合性学习五个栏目含国家认同教育内容的数量及比例情况如表2-3所示。

---

① 本章中的所有百分数均采用四舍五入法，保留到小数点后两位。

表 2-3　统编小学语文教材含国家认同教育内容的栏目数量及比例

国家认同＼栏目数量	语文园地	口语交际	习作	快乐读书吧	综合性学习	总计
含国家认同教育内容的栏目数量	33	8	9	2	5	57
栏目系统总量	84	47	56	12	6	205
所占比例	39.29%	17.02%	16.07%	16.67%	83.33%	27.80%

从表 2-3 可以看出，栏目系统中含国家认同教育内容的栏目数量共 57 个，所占比例为 27.80%。整体而言，栏目系统中国家认同教育内容融入比例较高。其中，语文园地融入数量最多，为 33 个，综合性学习的融入比例最高，达 83.33%。

（2）国家认同教育内容在五个类目上的融入情况

统编小学语文教材的 386 个课文系统和 205 个栏目系统中含有的国家认同教育内容频次共计 376[①]，具体情况如表 2-4 所示。

表 2-4　统编小学语文教材中国家认同教育内容各类目数量和比例

类目	数量	所占比例
身份认同	32	8.51%
政治认同	20	5.32%
文化认同	220	58.51%
历史认同	37	9.84%
地理认同	67	17.82%
总计	376	100.00%

由表 2-4 可以看出，文化认同相关内容的频次为 220，占国家认

---

① 统编小学语文教材中有 173 个课文和栏目含有国家认同教育内容，各类目出现的总频次之所以超过 173 次（即 376 次），是因为许多课文和栏目涉及两个或两个以上的国家认同次类目。

同教育内容总量的58.51%,所占比例最大;其次为地理认同和历史认同,其所占比例分别为17.82%和9.84%;身份认同和政治认同所占比例较低,分别为8.51%和5.32%。总体来看,统编小学语文教材中的国家认同教育内容分布较为广泛,涵盖了国家认同的五大类目。

另外,各年级小学语文教材中的国家认同五个类目的融入情况如表2-5所示。

表2-5　　国家认同五个类目在各年级小学语文教材中的融入情况

类目\数量\年级	一年级	二年级	三年级	四年级	五年级	六年级	总计
身份认同	5	1	2	14	3	7	32
政治认同	4	2	0	2	0	12	20
文化认同	19	27	40	33	39	62	220
历史认同	1	4	4	10	8	10	37
地理认同	10	17	9	11	8	12	67
总计	39	51	55	70	58	103	376

由表2-5可以看出,国家认同五个类目在各年级小学语文教材中的融入总量在总体上呈上升趋势,只是在五年级有所下降,在六年级达到了最大值103次。从各年级对每个类目的渗透来看,除三年级和五年级没有渗透政治认同相关内容,其他各类目在各年级都有所渗透。

2. 统编小学语文教材中国家认同教育内容的具体分析

统编小学语文教材中各次类目国家认同教育内容的数量及比例情况,如表2-6所示。

表2-6　　统编小学语文教材中各次类目国家认同教育内容数量和比例

类目	次类目	数量	所占比例
身份认同	公民身份	9	2.39%
	国民意识	23	6.12%

续表

类目	次类目	数量	所占比例
政治认同	政治主体	19	5.05%
	政治规范	0	0.00%
	政治过程与程序	1	0.27%
	政治意识形态	0	0.00%
文化认同	物质文化	33	8.78%
	精神文化	117	31.12%
	制度文化	4	1.06%
	行为文化	66	17.55%
历史认同	历史事件	19	5.05%
	历史人物	18	4.79%
地理认同	自然风光	35	9.31%
	人文景观	19	5.05%
	领土意识	13	3.46%
总计		376	100%

由表 2-6 可知，在各次类目中，精神文化、行为文化、自然风光等方面的内容较多。下面对各类目进行具体分析。

（1）树立爱国意识，培育身份认同

关于公民身份的内容共有 9 处，包含中国人身份、承担公民义务、服务社会等。如口语交际部分要求学生就学校和社区存在的环境问题提出解决方法，并在学校和社区印发《保护环境小建议十条》，为社会发展贡献力量（四上 P.11）[①]。这有助于激励学生积极关心集体生活，养成公共意识，为成为合格的中国公民奠定基础。

关于国民意识的内容共有 23 处，包括中国地图、心系祖国、不忘母语、国旗、少先队旗、神舟五号飞船发射成功、嫦娥四号探月、C919 国产大型客机交付使用、北京获冬奥会举办权、火星探测卫星等。如《祖国，我终于回来了》一文介绍了钱学森冲破国外重重阻挠而毅

---

① 四年级上册第 11 页（简写为四上 P.11）。下同。

然回到祖国母亲怀抱的事迹（四下 P.111），有利于激发学生学习钱学森心系祖国的意识。而教材中关于我国神舟五号飞船、嫦娥四号卫星、火星探测卫星等航天成就的呈现，有利于激发学生的民族自豪感和自信心，并树立为国家强盛而献身的志向。

（2）崇尚政治领袖和精英，促进政治认同

关于政治主体的内容共有 19 处，表现为对我国近代以来的政治领袖和政治精英的认同，包括孙中山、李大钊、毛泽东、周恩来、朱德、邓小平等。其中关于毛泽东和周恩来的内容最多，分别为 7 次和 4 次。如《吃水不忘挖井人》一文讲述了毛泽东在江西领导革命时期在沙洲坝为缓解乡亲们吃水难的问题，领导乡亲和战士们挖井供水的事件（一下 P.17）；《为中华之崛起而读书》一文记叙了周恩来青年读书时，面对东北奉天被外国人霸占的局势，忽觉中华不振的现状着实让人愤慨，立下了"为中华之崛起而读书"的豪壮誓言（四上 P.96）；《邓小平爷爷植树》一文描述了 83 岁的邓小平不辞辛劳地和大家一起植树（二下 P.9）。这些内容有利于加强学生对党和国家领导人爱国爱民形象的认识，进而促进其政治认同。

关于政治过程与程序的内容仅有 1 处，是关于中华人民共和国成立初期的中国人民政治协商会议。此外，有关政治规范和政治意识形态的内容在教材中没有体现。

（3）弘扬中华优秀传统文化，根植文化认同

关于物质文化的内容共有 33 处，包含饮食文化、服饰文化、建筑文化和生活用品文化四个方面。

一是饮食文化，相关内容有 16 处，包括粽子、腊八粥、腊八蒜、饺子、元宵、年糕、春饼、月饼等。如《端午粽》一课讲到端午节包各式各样的粽子（一下 P.46）；《中国传统节日》专栏介绍了中秋节的月饼、端午节的粽子等（三下 P.44）。这些有利于促进学生对我国传统饮食文化的感知和认同。

二是服饰文化，相关内容仅有 1 处。《大青树下的小学》一文的资料袋中展现了傣族、景颇族、阿昌族和德昂族人物服饰外貌特征（三上 P.4），有助于增强学生对我国文化多样性的认知和理解，强化其文化认同。

三是建筑文化，相关内容有 2 处，包括赵州桥和故宫。如《赵州桥》一文通过"创举""世界闻名""坚固美观""宝贵的历史文化遗产"等词汇赞美了距今已有 1400 多年历史的赵州桥（三下 P.40），有助于培育学生对我国桥梁文化的自豪感。

四是生活用品文化，共有 14 处，包括红灯笼、对联、香炉、年画、祖像、祭器、青铜礼器、孔子像、象脚鼓等。

关于精神文化的内容共有 117 处，包含传统美德、思想精华和民族精神三个方面。

一是传统美德，共有 25 处，包括敬爱师长、勤学奋进、助人为乐、爱岗敬业、尊亲爱友、谦恭有礼、珍惜劳动成果、诚实守信、惩恶扬善、廉洁奉公等。如《一株紫丁香》一文描写了学生用紫丁香回馈老师的辛苦付出（二下 P.17）；六年级上册单元习作中的插图描画了戴着红领巾的小朋友们到敬老院看望老人（六上 P.32）；《李时珍》一文讲述了明代名医李时珍救死扶伤、不惜以生命辨别药性（二下 P.114）。这些内容能够激发学生对传统美德的认同并引导其美德实践。

二是思想精华，共有 46 处，包括学习观、仁爱观、改过观、修身观、自强观、变通观、义利观、诚信观、廉耻观、性善论、民魂观等。其中，大多数为我国古代孔子、孟子、荀子、墨子等人及相关著作的思想。如关于学习观，孔子强调"敏而好学，不耻下问"（一下 P.99）的学习态度，《礼记》强调"博学之，审问之，慎思之，明辨之，笃行之"（四上 P.32），旨在引导学生养成良好的学习方法；关于仁爱观，墨子主张"爱人若爱其身"，孟子主张"仁者爱人，有礼者敬人"，荀子则认为"与人善言，暖于布帛；伤人以言，深于矛戟"（三上 P.113）。这些思想精华有利于丰实学生对我国传统文化的认知，并在此过程中培育其文化认同。

三是民族精神，共有 46 处，涉及爱国主义、舍己为公、团结一致、英勇无畏、锲而不舍、自强不息、勤劳勇敢、勇于担当、忠贞不屈、开拓进取等方面。其中，爱国主义方面的内容最多，达 14 处。如《詹天佑》一文描写了詹天佑在帝国主义千方百计阻挠和蔑视的情况下仍圆满地完成了京张铁路建设，给蔑视中国的帝国主义以沉重的回击（六下 P.85），诠释了爱国主义的真谛；《大禹治水》一文讲述了大禹为给乡亲们治理洪水，三过家门而不入（二上 P.71），诠释了舍己为公的精神；《狱中联欢》一文描写了抗日战争时期的英雄战士们戴着脚镣在监狱中进行歌舞表演的片段（六上 P.18），充分凸显了抗日英雄在危险面前英勇无畏、不怕牺牲的英雄气概。

关于制度文化的内容共有 4 处，主要包括中国姓氏（一下 P.4）、二十四节气（二下 P.100）、十二生肖（二下 P.39）等。这些制度文化在我国有着悠久的历史，至今仍在人们的身份确认和日常生活中发挥着重要作用。对这些内容的介绍，有利于促进学生对传统制度文化的了解和认同。

关于行为文化的内容共有 66 处，包含表演和技艺、书法绘画、节日习俗和科学技术四个方面。

一是表演和技艺，共有 20 处，包括京剧、藏戏、少林寺醉拳、剪纸、捏泥人、糊灯笼、拉二胡等。教材中共有 7 处有关京剧类的行为艺术活动。如《京剧趣谈》一文着重对我国京剧文化中的走马鞭进行了专门介绍（六上 P.103）；《梅兰芳蓄须》一文在课文前言中提到了梅兰芳先生主演的享誉世界的京剧作品《贵妃醉酒》和《霸王别姬》（四上 P.99）。这有助于凸显我国京剧文化在世界文化中的特色和地位，增强学生的文化自豪感和认同感。

二是书法绘画，共有 15 处，包括书法、绘画、文房四宝等。教材中多次讲到我国书画艺术史上的书法家、画家及其作品。如王羲之的《兰亭集序》（六上 P.105）、欧阳询的《九成宫醴泉铭》（五上 P.117）、颜真卿的《勤礼碑》（五下 P.118）等，彰显了我国书法艺术的魅力。又如《一幅名扬中外的画》一文讲述了北宋画家张择端所著《清明上河图》的历史价值、画中情景、创作艰辛等（三下 P.42），以凸显我国传统绘画艺术的魅力和价值。

三是节日习俗，共有 29 处，包括春节、元宵节、清明节、端午节、中秋节、重阳节、乞巧节、泼水节、寒食节、腊月习俗、庙会等。其中，有关春节和端午节的内容最多，分别为 6 处和 4 处。如语文园地《春节童谣》一文列举了从腊月初八到大年初二的春节节日习俗，包括贴窗花、新桃换旧符、放鞭炮等（一上 P.114），意在凸显春节的欢快气氛，提升学生对我国春节的热爱之情，从而进一步激发其文化认同感。

四是科学技术，共有 2 处，为造纸术和中医问诊。如教材中提到了中医问诊的四个关键点即望、闻、问、切（三下 P.46），是中国医学在长期历史发展过程中总结出的宝贵经验，有利于培育学生对传统医学的自豪感和认同感。

（4）继承革命传统，强化历史认同

关于历史事件的内容共有 19 处，包括香港被占（1841 年）、英法联军摧毁圆明园（1860 年）、澳门被占（1887 年）、大柏地战役（1929 年）、红军长征（1934—1936 年）、南京大屠杀（1937 年）、日寇进犯晋察冀根据地（1941 年）、南泥湾开荒（1941 年）、地道战（1942 年）、杨家岭讲话（1942 年）、日军侵略冀中平原（1942—1944 年）、台湾光复（1945 年）、沙土集战役（1947 年）、开国大典（1949 年）、上甘岭战役（1952 年）等。以上历史事件呈现了近代以来我国遭受的列强侵略和中国人民进行的抗争，尤其是中国共产党领导中国人民实现了新民主主义革命的胜利，建立了中华人民共和国。这有利于弘扬革命文化，促进学生的历史认同。

关于历史人物的内容共有 18 处，包括蔡伦、李时珍、孙中山、李大钊、毛泽东、周恩来、朱德、宋庆龄、詹天佑、狼牙山五壮士、梅兰芳、黄继光、雷锋、钱学森等。如蔡伦改进了造纸术，对人类社会的进步和文化的发展产生了重要影响（三下 P.37）；在开国大典上，毛泽东主席宣布中华人民共和国中央人民政府成立、宣读中央人民政府公告等（六上 P.13）；抗美援朝英雄黄继光为保全同胞而用自己的胸膛堵住敌人的枪口（四下 P.109）。这些伟大人物的事迹和行为，推动着中国历史的发展，能够激发学生对我国历史人物的崇敬感，强化其历史认同。

（5）赞颂祖国锦绣景观，传承地理认同

关于自然风光的内容共有 35 处，包括天山、珠穆朗玛峰、大兴安岭、小兴安岭、黄山、天门山、庐山、天都峰、敬亭山、双龙洞、九寨沟、长江、黄河、西湖、钱塘江、洞庭湖、桂林山水、日月潭、江南、陈巴尔虎旗草原、海南岛、西沙群岛等。如《神州谣》一文运用"黄河奔，长江涌"的语句刻画了我国黄河和长江奔腾壮阔的汹涌气势（二下 P.19）。这有助于激发学生对我国自然风光的热爱之情。

关于人文景观的内容共有 19 处，包括故宫、长城、颐和园、敦煌莫高窟、秦始皇兵马俑、布达拉宫、鹳雀楼、黄鹤楼、海宁安澜园、苏州狮子林等。如《故宫博物院》一文写道，故宫是我国现存的最大最完整的古代宫殿建筑群，有近六百年的历史，集中体现了我国古代建筑艺术成就（六上 P.44），凸显了故宫在当代的人文价值。

关于领土意识的内容共计 13 处，涉及台湾、香港、西沙群岛、小兴安岭、海南岛等地。如《日月潭》一文明确写道："日月潭是我国台湾省最大的一个湖"（二上 P.49）；《富饶的西沙群岛》一文中写道："西沙群岛位于南海的西北部，是我国海南省三沙市的一部分"（三上 P.76）。教材旨在通过对我国台湾以及西沙群岛等地的地理位置及相关景观描写来强化青少年的地理认同意识。

(三) 研究结论

1. 小学语文教材高度重视国家认同教育，体现了国家意志

我国诸多教育政策如《爱国主义教育实施纲要》等高度重视国家认同教育，要求爱国主义教育进课程、进教材。义务教育语文课程标准也明确提出要培养学生的爱国主义情怀、引导学生认识博大精深的中华文化。通过对统编小学语文教材的梳理和分析，我们发现教材中涉及国家认同教育内容的课文和栏目数量共有 173 个，占课文和栏目总量的 29.27%。其中，课文系统中共有 116 篇课文含有国家认同教育内容，占课文系统总量的 30.05%；栏目系统中共有 57 个栏目含有国家认同教育内容，占栏目总量的 27.80%。考虑到语文教材承载的价值取向具有多样性，以上数据足以表明小学语文教材非常重视国家认同教育的融入，其中的国家认同教育内容数量多、所占比例高，很好地贯彻了国家教育政策和课程标准的要求，体现了国家意志。

2. 国家认同教育内容广泛，特别强调文化认同相关内容

研究发现，统编小学语文教材中含有的国家认同教育内容涵盖了身份认同、政治认同、文化认同、历史认同、地理认同 5 个类目，同时涵盖了 15 个次类目中的 13 个，即除政治规范、政治意识形态外，其他次类目均有涉及。可见，统编小学语文教材中国家认同教育内容十分丰富。同时，统编小学语文教材是我国母语教材，相较于其他学科教材而

言，其尤为注重渗透文化认同相关内容。文化认同相关内容共有220处，占到国家认同教育内容总量的58.51%。文化认同相关内容中精神文化和行为文化方面的内容最多，数量分别为117处和66处，占国家认同教育内容的比例分别为31.12%和17.55%，鲜明地体现了小学语文教材对这些内容的高度重视。

3. 有利于全面培育学生的国家认同，提升民族凝聚力

小学语文教材依托身份认同、政治认同、文化认同、历史认同和地理认同五个方面，来全面培养学生的国家认同。如在身份认同方面，引导学生牢记自己的中国人身份、心系祖国，积极承担公民义务、服务社会，并为祖国的发展成就感到自豪；在政治认同方面，引导学生感知党和国家领导人的爱国爱民形象，敬重政治领袖；在文化认同方面，引导学生全面了解我国饮食、服饰、建筑和生活用品等物质文化，传统美德、思想精华、民族精神等精神文化以及表演和技艺、书法绘画、节日习俗和科学技术等行为文化，深度感知中华优秀传统文化的博大精深；在历史认同方面，引导学生了解近代以来面对国内外压迫中国人民的抗争史和中国共产党领导下人民的革命史，以及中国历史上的伟大人物及其事迹，形成对这些历史人物的崇敬感；在地理认同方面，引导学生感受我国异彩纷呈的自然风光、富有文化底蕴的人文景观以及祖国领土主权的不容侵犯。这有利于促进学生国家认同的全面提升，增强中华民族的凝聚力。

二 初中语文教材中的国家认同教育内容分析

（一）研究对象与方法

1. 研究对象

本研究的研究对象为人民教育出版社出版的统编七到九年级语文教材。七年级上下册于2016年出版，八年级上下册于2017年出版，九年级上下册于2018年出版。这套由教育部主持编写的全国统编教材，在本研究中被统称为"统编初中语文教材"。该套教材自2016年起在原人教版教材使用地区投入使用。2017年6月，教育部要求全国统一使用该套教材。2019年2月，统编初中语文教材在全国所有初中实现全

覆盖。

2. 研究方法

本研究采用表2-1中的教材分析框架，运用内容分析法对统编初中语文教材中课文系统（含注释的独立成篇的课文及课后问题和知识链接）和模块系统（包括综合性学习、写作、口语交际、名著导读和课外古诗词诵读五个模块）中的国家认同教育内容按照不同类目进行分类统计。在进行量化统计时，考虑到初中语文教材中插图比较少，且课文插图依附于课文内容，因此未把插图系统统计在内，具体统计规则如下。

第一，当某篇课文包含国家认同教育内容某一次类目时，则该次类目出现频次记为1次。

第二，当某一模块包含国家认同教育内容某一次类目时，则该次类目出现频次记为1次。

第三，如遇某篇课文或某一模块中含有两个及以上国家认同教育内容的次类目时，则将不同的次类目出现的频次分别记为1次。

（二）研究结果与分析

基于分析框架和数据统计方法，对统编初中语文教材进行了系统的梳理和分析，揭示了国家认同教育内容的渗透情况。

1. 统编初中语文教材中国家认同教育内容整体分布情况

（1）课文和模块系统中国家认同教育内容数量情况

统编初中语文教材课文系统中含有国家认同教育内容的篇目数量及其在课文总量中所占的比例，如表2-7所示。

表2-7　　统编初中语文教材含国家认同教育内容的课文数量及比例

数量＼年级＼课文	七年级	八年级	九年级	总计
含国家认同教育内容的课文数量	18	21	13	52
课文系统总量	46	48	47	141
所占比例	39.13%	43.75%	27.66%	36.88%

统编初中语文教材模块系统中含有国家认同教育内容的模块数量及其所占比例,如表2-8所示。

表2-8 统编初中语文教材含国家认同教育内容的模块数量及比例

数量\年级\模块	七年级	八年级	九年级	总计
含国家认同教育内容的模块数量	5	4	3	12
模块系统总量	25	28	23	76
所占比例	20.00%	14.29%	13.04%	15.79%

由表2-7和表2-8可以看出,统编初中语文教材中包含国家认同教育内容的课文和模块的数量共计64,约占课文和模块总量的29.49%。从总体来看,国家认同教育内容所占比例较高。同时,课文系统中国家认同教育内容所占比例明显高于模块系统中的比例。

另外,国家认同教育内容在模块系统的五个模块中分布情况如表2-9所示。五个模块含有国家认同教育内容共12处,其中有9处出现在"综合性学习"模块中,占总量的75.00%,其他内容分布在名著导读和课外古诗词诵读模块中。

表2-9 统编初中语文教材含国家认同教育内容的各模块数量及比例

数量\栏目\国家认同	综合性学习	写作	口语交际	名著导读	课外古诗词诵读
含国家认同教育内容的栏目数量	9	0	0	2	1
所占比例	75.00%	0.00%	0.00%	16.67%	8.33%

(2) 各类目国家认同教育内容总体分布情况

统编初中语文教材中的64个课文和模块涉及的国家认同教育内容各类目数量共计115，具体如表2-10所示。

表2-10　统编初中语文教材中各类目国家认同教育内容数量及比例

类目	数量	所占比例
身份认同	3	2.61%
政治认同	4	3.48%
文化认同	61	53.04%
历史认同	24	20.87%
地理认同	23	20.00%
总计	115	100%

从总体来看，统编初中语文教材中国家认同教育内容分布广泛。其中，文化认同相关内容所占比例最大，为53.04%；历史认同与地理认同相关内容所占比例次之，分别为20.87%和20.00%；政治认同和身份认同相关内容所占比例较小，分别为3.48%和2.61%。

2. 统编初中语文教材中国家认同教育内容具体情况分析

统编初中语文教材中各次类目国家认同教育内容的渗透情况如表2-11所示。总体来看，其中精神文化、行为文化、历史事件、自然风光方面的内容较多。

表2-11　统编初中语文教材中各次类目国家认同教育内容数量及比例

类目	次类目	数量	所占比例
身份认同	公民身份	0	0.00%
	国民意识	3	2.61%
政治认同	政治主体	2	1.74%
	政治规范	1	0.87%
	政治过程与程序	0	0.00%
	政治意识形态	1	0.87%

续表

类目	次类目	数量	所占比例
文化认同	物质文化	6	5.22%
	精神文化	34	29.57%
	制度文化	5	4.35%
	行为文化	16	13.91%
历史认同	历史事件	17	14.78%
	历史人物	7	6.09%
地理认同	自然风光	15	13.04%
	人文景观	6	5.22%
	领土意识	2	1.74%
总计		115	100%

(1) 激发民族自豪感，增进身份认同

统编初中语文教材中涉及身份认同的内容均为国民意识方面，共计3处，主要是对"两弹一星""神五升天"等能够引起学生强烈民族自豪感的事件的描述。如"神五"顺利升空，标志着中国成为第三个有能力独自将人送上太空的国家，打破了美国和苏联（俄罗斯）在载人航天领域的独霸局面，提高了我国的国际地位（七下 P.132）。再如我国航母舰载战斗机首架次成功着舰，攻克了世界公认的最具风险的难题，增强了我国的军事竞争力，促进了中国人的强军梦的实现（八上 P.10）。

(2) 坚持中国特色社会主义，强化政治认同

统编初中语文教材中涉及政治主体的内容共有2处，主要涉及对中国共产党的认同。例如，鲁迅先生在《回忆我的母亲》一文中写道"我将继续尽忠于我们的民族和人民，尽忠于我们的民族和人民的希望——中国共产党，使和母亲同样生活着的人能够过快乐的生活"（八上 P.18）。

涉及政治规范的内容仅有1处。《中国石拱桥》一课中写道"我国桥梁事业的飞跃发展，表明了我国社会主义制度的无比优越"（八上 P.96）。正是我国坚持有中国特色的社会主义制度，才能够有包括桥梁

事业在内的社会各项事业的发展和国家的繁荣富强。

与政治意识形态相关的内容仅有1处。综合性学习模块"人无信不立"特别强调了作为社会主义核心价值观重要组成部分的"诚信"对于人生的重要性，同时通过大量的举例来增强学生的诚信意识，引导学生立志做一个诚信的人（八上 P.47）。

（3）弘扬中华优秀传统文化，增强文化认同

统编初中语文教材涉及物质文化的内容共计6处，涉及具有中国特色的建筑、服饰以及文化遗产等。如《灯笼》（八下 P.19）、《中国石拱桥》（八上 P.96）等课文旨在使学生了解中国传统日用品文化和建筑文化，有利于促进学生对我国物质文化的热爱和认同。

涉及精神文化的内容共计34处。精神文化中传统美德、思想精华和民族精神所占的比例分别是23.53%、11.76%和64.71%。可见，统编初中语文教材非常重视民族精神的渗透。

传统美德侧重于个人层面的良好道德品质。在统编初中语文教材中，涉及传统美德的内容共计8处，包含尊老爱幼、待人真诚、助人为乐等。如《驿路梨花》一文中的小姑娘乐于帮助过路人（七下 P.87），体现了为人民服务的精神。

思想精华侧重于我国主流传统思想，以儒家的学习观和义利观为主，共计4处。如《论语》十二章介绍了孔子等人关于学习态度和学习方法的思想（七上 P.50）；《鱼我所欲也》系统阐述和论证了儒家关于义利观的思想（九下 P.46）。

以爱国主义为核心的民族精神是精神文化的主体，共计22处，涉及家国情怀、勤劳勇敢、团结奋进、自强不息等。综合性学习模块"天下国家"中，通过爱国人物故事、爱国诗词、爱国名言的展示，培育学生对祖国的热爱（七下 P.46）；《白杨礼赞》以白杨树的坚强不屈象征民族精神："这样枝枝叶叶靠紧团结，力求上进的白杨树，宛然象征了今天在华北平原纵横决荡，用血写出新中国历史的那种精神和意志！"（八上 P.76）。《义务教育语文课程标准（2011年版）》强调语文教育应当弘扬以爱国主义为核心的民族精神，培养良好思想道德风尚。统编初中语文教材中的精神文化相关内容多、所占比例高，符合课程标准要求，有利于培养学生的精神文化认同。

涉及制度文化的内容共计5处，其内容主要涉及科举制和礼仪俗规等。关于中国古代影响最大的人才选拔制度——科举制，《范进中举》一文的注释中对"进学"一词作了详细解释（九上 P.119），使学生了解科举制的相关程序，进而认识到科举制曾为古代中国选拔了大批人才。

涉及行为文化的内容共计16处，以传统节日、风俗习惯和艺术文化行为为主。如九年级下册第五单元任务三"演出与评议"中"戏曲天地"对中国不同戏曲的描述（九下 P.119）。又如综合性学习模块"寻找最美对联"中谈到对联是我国传统文化的瑰宝，是活的文化遗产（七下 P.154），充分体现了汉字和书法的奥妙和魅力。

（4）继承革命传统精神，树立历史认同

统编初中语文教材中涉及历史事件的内容共计17处，均是战争史，以抗日战争和解放战争为主。如《回延安》一文中指出延安是中国革命的圣地，毛泽东等老一辈无产阶级革命家曾经在这里生活、工作、战斗过十余年（八下 P.10）；《最后一次演讲》记录了闻一多先生在李公朴的追悼会上因对国民党镇压爱国民主运动感到愤慨而作的演讲，而他也因这次演讲遭到国民党特务的暗杀（八下 P.79）。

关于历史人物的内容共计7处，涉及的人物主要有毛泽东、朱德、瞿秋白、闻一多、鲁迅、邓稼先等，主要介绍了这些人物在中国社会进步中的伟大事迹。如鲁迅弃医从文，提倡文艺运动，改变国民精神（八上 P.10）；邓稼先在中华人民共和国成立早期，作为中国研制和发展核武器的重要技术领导人，领导学者和技术人员成功地设计了原子弹和氢弹，提升了我国的国防实力和综合国力（七下 P.1）。这些历史人物在推动中国社会和科技进步中的伟大事迹和重要贡献，能够激发学生由衷的崇敬，进而促进学生的国家认同。

（5）热爱祖国壮丽河山，提升地理认同

统编初中语文教材中涉及自然风光的内容共计15处，主要描绘了祖国的壮丽山河，包括长江、黄河、壶口瀑布、岳山、荆门山、三峡等。如《三峡》一文描绘了三峡中奇绝的景色，两岸高山对峙，崖壁陡峭，江中水流湍急，险滩密布（八上 P.52）；《壶口瀑布》一文展现了壶口瀑布的磅礴气势（八下 P.96）。这些内容有利于培养学生对祖国大好河山、自然美景的热爱和向往之情。

涉及人文景观的内容共计6处，介绍了苏州园林、岳阳楼、醉翁亭等。如《苏州园林》一文集中体现了我国园林艺术成就（八上P.102）。

涉及领土意识的内容共计2处。端木蕻良的《土地的誓言》一文能够使学生领悟到"九一八"事变后大批青年对于国土沦丧的压抑之感和对故土的深深眷恋之情（七下P.37）。八国联军侵华后，我国领土主权遭到严重损害。这些都警示学生树立"凡我国土，寸土必保"的领土意识。

（三）研究结论

1. 初中语文教材高度重视国家认同教育，发挥了语文学科的优势

统编初中语文教材涉及国家认同教育内容的课文和模块约占总数的29.49%。这个比例与小学语文教材中含有国家认同教育内容的课文和栏目的比例29.27%非常相近。考虑到语文教材涵盖的价值导向内容的多样性，相对于教材中其他内容来说，国家认同教育内容所占比例较大。这充分体现了统编初中语文教材与小学语文教材一样，对国家认同教育的高度重视。同时，语文学科具有工具性和人文性相统一的特点，教材对国家认同教育内容的渗透往往伴随其他主题，充分体现出语文教材潜移默化的国家认同教育功能。

2. 国家认同教育内容丰富，尤为重视文化认同相关内容

和统编小学语文教材一样，统编初中语文教材中国家认同教育内容涵盖了身份认同、政治认同、文化认同、历史认同、地理认同5个类目。同时其涵盖了15个次类目中的13个（公民身份、政治过程与程序除外），体现了国家认同教育内容的丰富性。其中，文化认同相关内容最多，历史认同和地理认同相关内容居中，政治认同和身份认同相关内容较少。这一点在整体上与统编小学语文教材中国家认同教育次类目的格局基本相同。但统编初中语文教材中融入的历史认同相关内容所占的比例为20.87%，明显高于小学语文教材的9.84%。在文化认同相关内容中，精神文化方面的内容最多，主要体现在以爱国主义为核心的民族精神，包括家国情怀、勤劳勇敢、自强不息、团结奋进等方面。在这一

点上，统编初中语文教材与小学语文教材也较为相似。

3. 有利于全面培养学生的国家认同，增强民族凝聚力

统编初中语文教材对国家认同教育内容进行了系统渗透。这有利于学生熟知我国在现代化建设过程中取得的重大成就，激发其民族自豪感和民族复兴的责任意识；有利于强化学生对中国特色社会主义的道路自信、对社会主义核心价值观的认同以及对中国共产党的拥护；有利于学生树立文化自信，弘扬中华优秀传统文化尤其是以爱国主义为核心的民族精神；有利于学生了解近代以来中华民族所遭受的屈辱和灾难，并继承和发扬无产阶级在革命斗争中形成的革命精神、优良作风和高尚品德；有利于学生熟悉我国特具魅力的自然风光和人文景观，热爱祖国壮丽河山。总体来看，初中语文教材延续了小学语文教材中的国家认同教育内容渗透格局，有利于进一步全面培养学生的国家认同，增强中华民族凝聚力。

第三节　中小学道德与法治教材中的国家认同教育内容分析

在学校课程体系中，融合道德、法律、国情等内容的道德与法治课程具有思想性、人文性、实践性和综合性的特点，旨在促进学生的道德品质、法律意识和公民意识等方面的发展，是开展国家认同教育的重要载体，在落实国家认同教育方面具有特殊价值。同时，道德与法治教材是教师开展国家认同教育的重要教学材料，对其进行深入研究有重要的现实意义。

当前，国内已有一些研究者对道德与法治类教材中与国家认同教育相关的主题，如传统文化教育[1]、爱国主义教育[2]、社会责任教育[3]、社

---

[1] 章乐：《儿童立场与传统文化教育——兼论小学道德与法治教材中的中华传统文化教育》，《课程·教材·教法》2018 年第 8 期。
[2] 冒萍：《〈道德与法治〉教学中加强爱国主义教育研究》，硕士学位论文，南京师范大学，2018 年。
[3] 魏小敏：《初中〈道德与法治〉教科书社会责任要素文本研究》，硕士学位论文，山西师范大学，2018 年。

会主义核心价值观教育①、法治教育②等内容进行了研究；还有个别研究者对高中阶段的思想政治教材中蕴含的国家认同素养进行了分析。③但目前尚未发现有研究者对道德与法治教材中的国家认同教育内容进行系统的研究。因此，本研究试图对道德与法治教材中的国家认同教育内容进行系统的梳理，全面揭示其内容情况，以求对教材编写和教师教学有所启示。

一 小学道德与法治教材中的国家认同教育内容分析

（一）研究对象与方法

1. 研究对象

本部分的研究对象是统编小学道德与法治 12 册教材。一年级、二年级、三年级教材分别于 2016 年、2017 年、2018 年出版，四年级、五年级、六年级教材于 2019 年出版。

统编小学道德与法治教材内容可以划分为两大方面：课文系统和栏目系统。课文系统是学生学习的主要内容，主要指教材中的正文内容，以及辅助正文进行解释说明的插图和旁白。插图具体包括辅助正文内容出现的图片部分；旁白则指为辅助正文内容以小气泡形式承载的文本编排形式，包括说明、对话、问题等设计。栏目系统与课文内容相配合，往往穿插在每框课文中。教材从三年级开始引入活动园、阅读角、知识窗、相关链接、交流园、故事屋、小调查、小贴士等栏目。其中，活动园、阅读角、知识窗、相关链接为主要栏目，涉及国家认同教育内容较多，交流园、故事屋、小调查、小贴士等栏目的数量很少，涉及国家认同教育内容更少。④ 因此，本研究主要对课文系统和活动园、阅读角、

---

① 陶芳铭：《社会主义核心价值观融入德育教科书的思考与探索》，《湖南师范大学教育科学学报》2017 年第 5 期。
② 周丽云：《小学品德教科书中的法治教育内容研究》，硕士学位论文，贵州师范大学，2018 年。
③ 方拥香：《思想政治教科书国家认同素养分析》，《中学政治教学参考》2019 年第 6 期。
④ 交流园栏目共有 9 个，故事屋栏目共有 4 个，小调查栏目共有 6 个，小贴士栏目共有 21 个。按照下文中的统计方法，这些栏目中仅有 5 个含国家认同教育内容。

知识窗、相关链接 4 类栏目①中的国家认同教育内容进行研究。

2. 研究方法

统编小学道德与法治教材内容分为单元、课、框三级，共有 47 单元、154 课、465 框。活动园、阅读角、知识窗、相关链接 4 类栏目共有 529 个。本部分采用表 2-1 中的教材分析框架，通过内容分析法对 465 个框正文及 529 个栏目中的国家认同教育内容进行定量和定性相结合的分析。具体统计规则如下。

第一，将"框"作为课文系统的最小统计单位，将穿插并独立于课文的具有明确标识的 4 类独立栏目作为栏目系统的最小统计单位。

第二，当某一框正文或某一栏目内出现国家认同某次类目时，则给该次类目记 1 次。

第三，当某一框正文或某一栏目内出现不同国家认同次类目时，则分别对各次类目记 1 次。

第四，若某一框正文或某一栏目内出现二次及以上同一国家认同次类目时，仅记 1 次。

第五，根据以上统计规则，对统编小学道德与法治教材中课文和栏目系统中国家认同教育内容的次类目进行累计统计。

通过以上数据统计及分析，对统编小学道德与法治教材中国家认同教育内容在各个系统呈现的情况进行探讨，以明晰国家认同教育内容在教材中的融入情况。

（二）研究结果与分析

1. 统编小学道德与法治教材中国家认同教育内容的整体情况

为了深入地了解统编小学道德与法治教材中国家认同教育内容的融入情况，我们对课文及栏目系统中国家认同教育内容进行总体量化统计和分析。

（1）含国家认同教育内容的课文和栏目数量基本情况

统编小学道德与法治教材中框正文和栏目的数量总和为 994，而含国家

---

① 活动园是教材中的主导性学习活动，属于探究反思类活动设计，需要学生的实际参与，涉及校内、校外全方位的个体或群体实践活动。阅读角是以寓言、童话、人物传记等阅读材料为支撑，附有一定哲理价值导向的阅读学习活动。相关链接、知识窗属于资料补充类栏目，旨在为学习活动提供课外相关拓展资料的补充。参见高德胜《以学习活动为核心建构小学〈道德与法治〉教材》，《中国教育学刊》2018 年第 1 期。

认同教育内容的框正文和栏目的数量总和为519,所占比例高达52.21%。含国家认同教育内容的框正文数量及比例情况如表2-12所示。

表2-12　统编小学道德与法治教材含国家认同教育内容的框正文数量及比例

数量＼年级＼框	一年级	二年级	三年级	四年级	五年级	六年级	总计
含国家认同教育内容的框正文的数量	23	22	18	19	50	41	173
框的总量	113	98	67	66	66	55	465
所占比例	20.35%	22.45%	26.87%	28.79%	75.76%	74.55%	37.20%

由上表可知,含国家认同教育内容的框正文共计173个,所占比例为37.20%。可见,统编小学道德与法治教材较为重视国家认同教育内容在课文系统中的融入。总体来看,低、中、高年级课文含国家认同教育内容的比例呈上升趋势,尤其是五、六年级教材所占比例均在75%左右。这主要是由于国家意识方面的主题主要集中在五、六年级。

统编小学道德与法治教材含国家认同教育内容的栏目数量[①]及所占比例情况如表2-13所示。

表2-13　统编小学道德与法治教材含国家认同教育内容的栏目数量及比例

数量＼年级＼栏目	一年级	二年级	三年级	四年级	五年级	六年级	总计
含国家认同教育内容的栏目数量	0	0	15	22	193	116	346

---

① 统编小学道德与法治教材一至二年级没有明确地设置栏目,其国家认同教育内容主要沉浸于课文系统的图片、旁白和绘本故事中,故本书仅对三至六年级教材的活动园、阅读角、知识窗、相关链接四类栏目中的国家认同教育内容数量情况进行统计和分析。

续表

栏目 \ 数量 \ 年级	一年级	二年级	三年级	四年级	五年级	六年级	总计
栏目系统总量	0	0	48	59	238	184	529
所占比例	0.00%	0.00%	31.25%	37.29%	81.09%	63.04%	65.41%

由表2-13可知，统编小学道德与法治教材含国家认同教育内容的栏目共计346个，所占比例为65.41%，可见该套教材非常重视国家认同教育内容在栏目系统中的融入。其中五、六年级教材含国家认同教育内容的栏目数量最多，分别为193个和116个，所占比例分别为81.09%和63.04%。另外，统计发现，活动园、阅读角、相关链接、知识窗栏目的总量分别为296、148、40、45个，含有国家认同教育内容的活动园、阅读角、相关链接、知识窗栏目的数量分别为172、113、34、27个，分别占以上栏目总数的58.11%、76.35%、85.00%、60.00%，可见栏目系统融入国家认同教育内容的比例较高，同时主要在活动园和阅读角中融入。

（2）各类目国家认同教育内容的总体分布情况

统编小学道德与法治教材中各类目国家认同教育内容出现的总频次是677。[①] 各类目国家认同教育内容的数量及分布情况如表2-14所示。

表2-14 统编小学道德与法治教材中各类目国家认同教育内容的数量及比例

类目 \ 数量 \ 系统	课文系统	栏目系统	总计	所占比例
身份认同	92	101	193	28.51%
政治认同	74	121	195	28.80%

---

① 统编小学道德与法治教材中共有519处含有国家认同教育内容，各类目出现的总频次超过519次（即677次），是因为许多处涉及两个或两个以上的国家认同次类目。

续表

类目 \ 数量 \ 系统	课文系统	栏目系统	总计	所占比例
文化认同	85	99	184	27.18%
历史认同	24	50	74	10.93%
地理认同	16	15	31	4.58%
总计	291	386	677	100%

总体来看，教材中出现最多的是政治认同、身份认同、文化认同相关内容，数量分别为 195、193、184 个，所占比例分别为 28.80%、28.51%、27.18%，而历史认同、地理认同相对较少，所占比例仅为 10.93% 和 4.58%。由此可见，统编小学道德与法治教材侧重于政治认同、身份认同和文化认同三方面内容的融入。同时，课文和栏目系统中国家认同教育内容数量总体具有一致性，二者具有相辅相成的特点。

2. 统编小学道德与法治教材中国家认同教育内容的具体分析

为进一步了解统编小学道德与法治教材中国家认同教育内容的融入情况，我们对教材中各国家认同次类目进行了统计，结果如表 2-15 所示。总体来看，国民意识、政治规范、精神文化和行为文化方面的内容较多。

表 2-15　统编小学道德与法治教材中各次类目国家认同教育内容数量及比例

类目	次类目	数量	所占比例
身份认同	公民身份	39	5.76%
身份认同	国民意识	154	22.75%
政治认同	政治主体	64	9.45%
政治认同	政治规范	100	14.77%
政治认同	政治过程与程序	21	3.10%
政治认同	政治意识形态	10	1.48%

续表

类目	次类目	数量	所占比例
文化认同	物质文化	13	1.92%
	精神文化	82	12.11%
	制度文化	0	0%①
	行为文化	89	13.15%
历史认同	历史事件	39	5.76%
	历史人物	35	5.17%
地理认同	自然风光	14	2.07%
	人文景观	9	1.33%
	领土意识	8	1.18%
总计		677	100%

（1）汇筑国民凝聚力，培植身份认同

公民身份相关内容共有39处，集中于六年级上册，主要涉及中国公民身份、公民的权利与义务两方面。

在中国公民身份方面，六年级上册第二单元《我们是公民》介绍了我国公民身份的判别、获取途径、身份象征等公民身份知识。如《公民身份从何而来》②知识窗栏目中讲道"凡具有中华人民共和国国籍的人都是中华人民共和国公民"（六上 P.13）；《认识居民身份证》相关链接中还普及《中华人民共和国居民身份证法》中有关居民身份证号码代表的含义及有效期（六上 P.15）等相关知识。

在公民权利与义务方面，六年级上册涉及较多，关于宪法、其他法律法规及国家机构的课程内容都穿插公民权利与义务相关内容。如《宪法具有最高法律效力》正文中讲道"我国宪法保护公民享有的基本权利"，"任何公民在享有宪法规定的基本权利的同时，也必须履行宪

---

① 制度文化统计结果为0%主要是因为文化认同相关内容的统计聚焦于传统文化。社会主义各项制度等之所以没有在这里统计，主要是因为在政治认同部分已经统计，为避免重复，这里主要从传统文化的角度进行统计。

② 《公民身份从何而来》为框标题。下文中出现的标题，如未说明，均是框标题。

法规定的基本义务"（六上 P.19）。又如《我们是场外"代表"》阅读角栏目讲到2016年江苏省南京市某小学学生就广告与少年儿童年龄矛盾提出的修改建议被全国人大常委会正式回函的案例（六上 P.61）。这有利于学生了解儿童阶段政治参与的有效途径，有助于培育学生关心国家政治生活的意识和能力。

国民意识相关内容共有154处，在一至六年级教材中均有涉及，主要包括我国国家发展成就、民族统一意识、国家象征物及社会责任感等方面。

在国家发展成就方面，教材从政治、经济、文化、科技、军事、体育等多方面进行了展示。如《我是中国公民》课文中提到中国是世界上第五个拥有载人深潜技术的国家，在海洋科学研究和资源勘探方面都达到了世界领先水平（六上 P.18）；《独具特色的古代科技》阅读角中讲到屠呦呦解决了世界医学难题，赢得了世界对中医的尊重（五上 P.75）。介绍我国发展成就能够增强学生的民族自豪感和身份认同感。

在民族统一意识方面，五年级上册《中华民族一家亲》一课，对我国多民族构成、民族特点、多文化交融等进行了介绍，如《中华民族大家庭》正文中讲道"我国各民族汇聚为一个大家庭，形成了平等团结互助和谐的社会主义新型民族关系"（五上 P.55）。这些内容有利于学生树立中华民族多元统一的国民意识，自觉维护祖国民族团结统一、反对分裂。

在国家象征物方面，教材中融入了国旗、国徽、国歌等相关内容。在低年级主要以渗透的方式进行，如插图中的学校、教室悬挂国旗，还专门设立《升国旗了》一框来渗透升国旗时的礼仪要求（一上 P.16）。高年级教材中《中国人民站起来了》活动园栏目则引导学生探究国家象征物的内涵等相关知识（五下 P.76）。对这些内容的介绍有利于激发学生的国民意识，促进其身份认同。

在社会责任感方面，《天下兴亡、匹夫有责的爱国情怀》正文中讲道"每个人的命运都同国家的命运紧密相连"（五上 P.89—91）；《我是中国公民》指出"身为中国公民应为国家富强、民族复兴做出自己的贡献"（六上 P.18）；《过好我们的课余生活》阅读角中介绍了"社区助读小组"坚持为老人读报，不仅方便了老人，也使自己养成了关心国家大事的好习惯（五上 P.7）。这有利于引导学生从身边的小事做起，承担社会责任，养成关爱社会的行为。

（2）强调政治主体和规范，强化政治认同

政治主体相关内容共有64处，在低、中、高年级都有涉及，主要包括执政党、政治人物、国家机关等。在执政党方面，教材展现了中国共产党的功绩，如《感受宪法日》中提道"新中国成立后，中国共产党带领全国人民恢复了国民经济，完成了社会主义改造，消灭了剥削制度"（六上 P.15）。这有利于促进学生对中国共产党的了解和拥护。在政治人物方面，教材主要呈现其政治成就、政治精神及优秀品质，主要涉及毛泽东、邓小平、习近平等国家领导人。对这些国家领导人的渗透有利于树立其伟大的正面形象，进而促进学生的政治认同。在国家机关方面，六年级上册的《我们的国家机构》单元对我国国家机构的设立及职权进行了全面介绍。了解我国国家机构名称、职权概况是学生对政治主体认同的初阶内容，对学生政治认同的发展具有重要意义。

政治规范相关内容共有100处，集中于六年级上册，主要包括我国宪法、刑法、民法等各种法律法规。如专门设《宪法是根本法》一课，让学生了解我国的根本大法的权威及地位；还介绍我国刑法、民法等法律的地位和适用范围。知识窗作为普及、拓展知识的栏目，成为法律条文呈现的载体；阅读角、活动园充分发挥其探究、反思功能，引导学生对法律法规进行理解与运用，如《专门法律来保护》活动园栏目设置了分组讨论活动，引领学生就未成年人保护法中规定的内容，探究家庭、学校和社会在保护未成年人方面还存在哪些问题等（六上 P.76）。教材的辨析判断、情境体验、反思探究、案例展示等内容，有利于学生增强对法律规范的认知程度和理性判断，并正确运用法律武器保护自己及他人的合法权益，在认知和行为上树立其政治规范认同。

政治过程和程序相关内容共有21处，集中于六年级上册，涵盖我国人民代表大会制度中的代表选举、会议召开的过程与程序以及法院、检察院、市场监管部门、税务部门等机关的运作程序等。如《人大代表为人民》和《权利受到制约和监督》两课对我国人大代表的选举、人大的召开、人大代表的监督等知识进行重点介绍，旁白主要就人大会议活动过程监督进行反思引导。栏目系统还注重通过多样化的活动设计，增进学生对我国国家机关的职权范围、办事流程、监督途径等相关知识的学习（六上 P. 52—62）。这有利于增强学生的政治参与意识，强化其对政治过程和程序的认同。

政治意识形态相关内容共有 10 处，分布于一年级、三年级和五年级教材，主要涉及马克思主义思想、中国梦、社会主义核心价值观等。如教材中用教室图片来呈现"文明、和谐""文明、平等、公正、友善"等标语。由于中国梦对于学生来说比较抽象，《走进新时代》活动园中设置了环卫工人老许和高科技企业负责人张先生对这一概念的理解，引导学生理解中国梦与千万普通人自身的梦想是相通的，个人的梦想映射着伟大祖国的繁荣复兴梦想（五下 P. 93）。这都有利于促进学生对我国政治意识形态的了解和认同。

（3）宣扬优秀传统文化，塑造文化认同

物质文化相关内容共有 13 处，除四年级外各年级教材均有涉及，包括司母戊鼎、西汉素纱蝉衣、西汉青瓷四系罐、马拉爬犁、行水竹筏、藏袍、傣族竹筒饭等。这些内容强调中华优秀传统文化及各地区、各民族文化的差异，有利于增强学生对源远流长的中华优秀传统文化及其多样性的自信和包容。

精神文化相关内容共有 82 处，五年级上册涉及较多，主要包括传统美德、思想精华以及民族精神三个方面。

传统美德主要包括诚信、友爱、敬老、孝敬父母等方面。如《诚实与说谎》正文中写道"诚实是中华民族的传统美德，是做人之本"（三下 P. 16），并在《自强不息的人格修养》的阅读角中引用我国古典故事"范式赴约"（五上 P. 83），以促进学生对传统美德"诚信"的认知及养成。教材对传统美德的展示、解释、辨析，有利于提升学生道德品质，传承中华传统美德。

思想精华主要涉及自然和日常生产生活方面。如在学习方面，为劝导学生勤奋好学，《我来发个奖》引用了陶渊明的诗句"勤学如春起之苗，不见其增，日有所长"（二下 P. 62）。又如《成长离不开学习》介绍了《论语》中的思想："学而时习之，不亦说乎？"（三上 P. 5）。思想精华在教材中不作为主要教学内容，而是以濡染的方式穿插于其他教材内容中，使学生初步了解和感知传统思想。

民族精神主要体现在五年级上册《传统美德 源远流长》一课中，涵盖以"自强不息""立己达人""爱国情怀"为主题的三框内容。如在爱国情怀方面，教材借助我国伟大人物的爱国思想和精神，为学生展现了爱国情怀的重要性及正确表现方式。《天下兴亡、匹夫有责的爱国情怀》阅读角中讲到顾炎武的爱国警句"天下兴亡，匹夫有责"（五上P.89）；活动园中还谈到了北宋政治家范仲淹的"先天下之忧而忧，后天下之乐而乐"（五上P.90），并让学生讲述爱国故事等。这些内容都有利于家国情怀民族精神的传承。

行为文化相关内容共有89处，各年级教材均有涉及，主要包括节日礼俗、古代科技、艺术行为等方面。

在节日礼俗方面，包括我国春节、中秋节、重阳节等重要传统节日。如《大家一起过春节》中讲道"春节是中华民族的传统节日，全世界的华人用各种方式来庆祝"（一上P.62）；在《多样的传统新年》中还向学生介绍我国傣族、藏族、维吾尔族等民族的传统新年和习俗（一上P.64）。这有利于激发学生对我国传统节日的了解和喜爱。

在古代科技方面，五年级上册设置《古代科技 耀我中华》一课来介绍我国灿烂的古代科技文化及成就，包括《灿若繁星的古代科技巨人》《独具特色的古代科学》《独领风骚的古代技术创造》《改变世界的四大发明》四框内容。如《改变世界的四大发明》一框介绍了我国造纸术、印刷术、指南针和火药四大发明的改良过程及其对世界发展的重大影响（五上P.79—81）。这有利于激发学生的民族自信心和自豪感。

在艺术行为方面，主要涉及书法、剪纸、民间工艺等。其中对书法艺术尤为关注，如《古老而优美的汉字》正文中指出，"汉字的书法艺术更是绚烂多彩，异彩纷呈，是中华艺术宝库中的重要元素"（五上P.66）；活动园中还展示了王羲之的《兰亭集序》和柳公权的《玄秘塔碑》（五上P.66）。这些都有利于促进学生对我国书法艺术的珍惜和热爱。

（4）回溯历史事件和人物，增强历史认同

历史事件相关内容共有39处，主要集中在五年级下册《百年追梦 复兴中华》这一单元中。这一单元讲述了1840年鸦片战争以来170年的历史，设置了《不甘屈辱 奋勇抗争》《推翻帝制 民族觉醒》《中国有了共产党》《夺取抗日战争和人民解放战争的胜利》《屹立在世界的东方》《富起来到强起来》六课内容，涉及的重要历史事件有鸦片战争、签订《南京条约》、辛亥革命、红军长征、遵义会议、抗日战争、中华人民共和国、改革开放等。这些内容可以使学生知道中国曾经遭受的侵略和压迫以及中国人民的抗争史，尤其是中国共产党领导人民进行的革命和建设，促进学生的历史认同。

历史人物相关内容共有35处，主要分布于五年级上下册及六年级下册教材中，涉及的人物有孔子、蔡伦、张衡、华佗、祖冲之、毕昇、郑和、林则徐、邓世昌、孙中山、李大钊、毛泽东、朱德、刘伯承等。如《灿若繁星的古代科技巨人》活动园中通过搜集我国古代科学家蔡伦、张衡、祖冲之等人物的成就和故事，询问学生我国科学家追求真理、献身科技的故事对自己的启发（五上P.73）；《星星之火可以燎原》阅读角中讲述了毛泽东在井冈山八角楼上艰苦创作《中国的红色政权为什么能够存在》和《井冈山的斗争》，为中国革命胜利指明方向（五下P.61）。我国杰出的历史人物及其事迹，能够激发学生的敬仰之情，进而激发其对中国历史的认同感和自豪感。

（5）呈现祖国风光与领土概貌，提升地理认同

自然风光相关内容共有14处，集中于中、高年级教材，涉及的内容主要有漓江、日月潭、阿里山等。如《我的家乡在哪里》课文插图中展示了美丽的漓江自然景观（三下P.42），并在《我是家乡小导游》活动园栏目开展"美丽中国活动"，让学生以剪报或画报的方式收集家乡的自然景观资料（三下P.44），在增强学生动手能力的同时，培育学生对家乡和祖国的热爱之情。

人文景观相关内容共有9处，分布于三至六年级教材，如江南丘陵的茶园、华北平原上的农田、南方渔业小镇等。这些内容能够增进学生对我国独具特色且多样的人文景观的感知，促进其地理认同。

领土意识相关内容共有8处，分布于三年级下册和五年级上下册教

材，主要包括领土概貌、领土主权等方面的内容。如五年级上册《我们神圣的国土》一课里，专门设置了《辽阔的国土》一框对我国领土知识进行介绍，包括我国领土的面积、位置、行政区域划分等，尤其指出"台湾岛是我国第一大岛"（五上 P.45—47）。这些内容有利于增强学生的领土意识和国家主权意识。

（三）研究结论

1. 教材高度重视国家认同教育，相关内容随年级增长而增多

统编小学道德与法治教材中框正文和栏目的数量共有994个，其中含有国家认同教育内容的框正文和栏目的数量为519个，所占比例为52.21%。其中课文系统中框的总量为465个，含国家认同教育内容的框正文总数为173个，所占比例为37.20%；栏目系统总量为529个，含国家认同教育内容的栏目数量为346个，所占比例为65.41%。可以看出，统编小学道德与法治教材高度重视国家认同教育内容的融入，无论是课文还是栏目都融入了大量的国家认同教育内容。这很好地体现了《爱国主义教育实施纲要》等教育政策以及课程标准的要求。

同时，随着年级的增长，教材课文和栏目融入国家认同教育内容的比例总体呈上升趋势。如低年级、中年级、高年级含有国家认同教育内容的课文占各自课文总量的比例分别为21.33%、27.82%和75.21%。

2. 中、低年级以渗透方式为主，高年级以直接呈现为主

从内容编排逻辑来看，统编小学道德与法治教材以家庭—学校—家乡—社会—国家层层递进的方式展开。中、低年级教材中的国家认同教育内容往往渗透在以家庭、学校、家乡为主题的内容中。一方面，国家认同教育内容融合在对家庭、学校、家乡等方面的热爱和责任感中，这是国家认同的基础。另一方面，国家认同教育内容渗透在教材内容的间隙中，如政治认同方面的社会主义核心价值观标语多次出现在学校生活、健康生活等良好习惯养成的主题中，且以插图背景的形式出现；文化认同方面的内容则穿插于各个主题单元中，运用古诗词名句等来表达学习目的、学习方法、自然法则中的四时变化等。这些渗透式表达有利于中、低年级学生在潜移默化中形成国家认同。

高年级教材中的国家认同教育内容呈现更加直接，内容也更加丰富。在主题呈现上，高年级以板块形式编排国家认同教育内容，如五年级上册的《我们的国土 我们的家园》和《骄人祖先 灿烂文化》单元、五年级下册的《百年追梦 复兴中华》单元、六年级上册的《我们是公民》《我们的守护者》《我们的国家机构》《法律保护我们健康成长》四个单元，都将国家认同教育内容直接反映在教材的各级标题上，有利于系统培育学生的地理认同、文化认同、历史认同、身份认同和政治认同，进而全面促进学生的国家认同。

3. 教材中国家认同教育内容丰富，政治认同、身份认同、文化认同内容较多

统编小学道德与法治教材中国家认同教育内容非常丰富，共有677处，涵盖了身份认同、政治认同、文化认同、历史认同、地理认同五个类目及14个次类目。其中，政治认同、身份认同、文化认同方面的内容较多，所占比例分别为28.80%、28.51%、27.18%。在政治认同方面，尤为重视政治主体和政治规范方面的内容；在身份认同方面，尤为重视国民意识方面的内容；在文化认同方面，尤为重视精神文化和行为文化方面的内容。

从总体来看，作为一门综合课程的教材，统编小学道德与法治教材充分体现了其在国家认同教育内容上的综合性，同时也凸显了政治认同、身份认同、文化认同相关内容，体现了其学科定位，有利于学生国家认同的培养。

4. 课文和栏目系统相互协调，有利于提升国家认同教育实效

统编小学道德与法治教材课文和栏目中的国家认同教育内容分别为291处和386处。课文注重知识性内容的呈现，而栏目中的阅读角、知识窗等有利于拓展课文中的相关内容，活动园等则注重学生的经验反思、想象拓展、情感体验、行为实践等方面。栏目系统常常还有"留白"设计，关照学生在国家认同教育中的主体性，激发其经验、对话和讨论。这样，课文系统和栏目系统的有机配合有利于从认知、情感和行为三个维度协同培养学生的国家认同。教师在教学中应充分挖掘教材中的国家认同教育内容，协同发挥课文系统和栏目系统的作用，激发学生学习的积极性和主动性，切实提升国家认同教育实效。

二 初中道德与法治教材中的国家认同教育内容分析

（一）研究对象与方法

1. 研究对象

本部分所研究的统编初中道德与法治教材是指教育部组织编写的初中道德与法治教材。其中，七年级教材在 2016 年第一次出版，八年级教材在 2017 年第一次出版，九年级教材在 2018 年第一次出版。除九年级下册（共三个单元）外，其他每册书都有四个单元，每个单元一般由两课组成（个别单元有三课内容）。

2. 研究方法

统编初中道德与法治教材内容分为单元、课、框、目四级，共有 23 单元、53 课、110 框、233 目。每框以"运用你的经验"栏目导入，以"拓展空间"栏目收尾，正文中穿插使用"探究与分享""方法与技能""阅读感悟""相关链接"栏目。[1] 六册书共有栏目 937 个。

本部分采用表 2-1 中的教材分析框架，通过内容分析法主要对目正文和以上六个栏目[2]中的国家认同教育内容进行统计和分析。具体统计规则[3]如下。

第一，正文以"目"为最小分析单位，将一"目"内容视为一个整体。

第二，当某"目"正文中涉及国家认同某一次类目时，则给该次

---

[1] 宋景堂：《部编初中〈道德与法治〉的栏目设计和呈现方式》，《中学政治教学参考》2016 年第 26 期。

[2] "运用你的经验"栏目是要引起学生的学习兴趣，激活学生的生活经验，利用已有认知导入到新课的学习。"探究与分享"栏目旨在激发学生的问题意识，促进学生主动学习。"阅读感悟"栏目主要是提供材料（如有哲理的散文、人生感悟、情景故事等）供学生阅读和体悟。"相关链接"栏目一般是对教科书正文内容作进一步拓展和说明。"拓展空间"栏目的目的在于拓展学生的视野，可以在课堂上完成，也可以在课后探究。"方法与技能"栏目强调学习方法和技能。参见宋景堂《部编初中〈道德与法治〉的栏目设计和呈现方式》，《中学政治教学参考》2016 年第 26 期。

[3] 因为单元标题和课标题下面的导语是对正文的概括，所以本研究将其与正文系统视为整体，不单独进行统计；同时，插图往往依附于正文及栏目中的文字叙述，因此也不对插图进行单独统计。

类目记1次，且在一"目"中最多给同一个次类目记1次。

第三，当某个栏目涉及国家认同某一次类目时，则给该次类目记1次，6个栏目分别统计。

第四，如果某目正文或某一栏目涉及两个及以上国家认同次类目，则给不同的次类目分别记1次。①

（二）研究结果与分析

基于分析框架和数据统计方法，对统编初中道德与法治教材进行了系统的梳理和分析，揭示了国家认同教育内容的渗透情况。

1. 统编初中道德与法治教材中国家认同教育内容的整体情况

（1）正文与栏目中国家认同教育内容的数量情况

据统计，统编初中道德与法治教材的目正文和栏目的数量总和为1170，而含有国家认同教育内容的目正文和栏目的数量总和为613，所占比例高达52.39%。

统编初中道德与法治教材的目正文中含有国家认同教育内容的数量情况，如表2-16所示。可以看出，统编初中道德与法治教材中共有233目内容，其中154个目的正文中融入了国家认同教育内容，占66.09%。这一比例表明，统编初中道德与法治教材极其重视在正文中融入国家认同教育内容。

从年级来看，七到九年级正文中含有国家认同教育内容的比例从38.82%到82.76%再到80.33%，呈现从低到高再略微下降的过程。

---

① 以统编道德与法治教材八年级上册第一单元为例。第一单元"走进社会生活"中有两课内容，每课下有两框内容。首先，分析正文中是否出现了国家认同教育相关内容。第一课"丰富的社会生活"第一框"我与社会"中有两"目"，分别是"感受社会生活""我们都是社会的一员"。第一目正文中有两段内容。第一段出现了与国家认同教育相关的内容，"观看升旗仪式，我们感受到身为中国人的自豪"，属于身份认同中的"国民意识"，因此给"国民意识"类目记1次。第二段中出现"我们会更加关注社区治理，并献计献策；会更加关心国家发展，或为之自豪，或准备为之分忧"，属于身份认同中的"公民身份"，因此给"公民身份"类目记1次。其他所有正文内容分析方法同上。其次，分析与正文配合的各栏目中是否出现了与国家认同教育相关的内容。第一目内容穿插的栏目里，都与国家认同教育内容无关。

表2-16 统编初中道德与法治教材目正文中国家认同教育内容的数量及比例

数量 年级 目	七年级	八年级	九年级	总计
含有国家认同教育内容的目的数量	33	72	49	154
各年级正文中目的总数	85	87	61	233
所占比例	38.82%	82.76%	80.33%	66.09%

各栏目中融入国家认同教育内容的情况，如表2-17所示。六册教材中共含有937个栏目，其中含有国家认同教育内容的栏目共有459个，所占比例为48.99%，也处于一个较高的水平。在6个栏目中，"探究与分享"栏目含有国家认同教育内容最多，共221个，将近占到总数的一半。总体来看，除了方法与技能栏目，其他5个栏目中国家认同教育内容的数量和比例均较高，反映出教材注重通过探究分享、阅读感悟、链接拓展等方式协同培育学生的国家认同。

表2-17 统编初中道德与法治教材各栏目中国家认同教育内容的数量及比例

栏目	含有国家认同教育内容的数量	对应栏目总数量	所占比例
运用你的经验	40	113	35.40%
探究与分享	221	454	48.68%
阅读感悟	62	90	68.89%
相关链接	78	139	56.12%
拓展空间	53	108	49.07%
方法与技能	5	33	15.15%
总计	459	937	48.99%

（2）各类目国家认同教育内容总体分布情况

统编初中道德与法治教材中各类目国家认同教育内容出现的总频次

是701次。① 其总体呈阶梯式分布：第一阶梯是政治认同，第二阶梯是身份认同和文化认同，第三阶梯是历史认同和地理认同。其中，政治认同占比高达43.22%，体现了统编初中道德与法治教材的学科特点和鲜明导向。具体情况如表2-18所示。

表2-18 统编初中道德与法治教材中各类目国家认同教育内容的数量及比例

阶梯	类目	数量	所占比例
第一阶梯	政治认同	303	43.22%
第二阶梯	身份认同	176	25.11%
	文化认同	162	23.11%
第三阶梯	历史认同	36	5.14%
	地理认同	24	3.42%
总计		701	100.00%

2. 统编初中道德与法治教材中国家认同教育内容的具体分析

统编初中道德与法治教材中各次类目国家认同教育内容的渗透情况如表2-19所示。总体来看，其中政治规范、政治意识形态、精神文化、公民身份、国民意识等方面的内容较多。

表2-19 统编初中道德与法治教材中各次类目国家认同教育内容的数量及比例

类目	次类目	数量	所占比例
身份认同	公民身份	97	13.84%
	国民意识	79	11.27%
政治认同	政治主体	47	6.70%
	政治规范	122	17.40%
	政治过程与程序	44	6.28%
	政治意识形态	90	12.84%

---

① 统编初中道德与法治教材中有613处内容含有国家认同教育内容，各类目出现的总频次之所以超过613次（即701次），是因为许多处内容涉及两个或两个以上的国家认同次类目。

续表

类目	次类目	数量	所占比例
文化认同	物质文化	22	3.14%
	精神文化	105	14.98%
	制度文化	13	1.85%
	行为文化	22	3.14%
历史认同	历史事件	19	2.71%
	历史人物	17	2.43%
地理认同	自然风光	1	0.14%
	人文景观	6	0.86%
	领土意识	17	2.43%
总计		701	100.00%

（1）激发国民意识，树立身份认同

关于公民身份的内容共有97处，主要涉及公民的含义、法律赋予公民的权利与义务、公民在社会中所扮演的角色以及政治生活等。八年级下册和九年级上册关于公民身份方面的内容较为集中，八年级下册数量集中是因为其主题就是法治教育。九年级上册则主要集中在第二单元《民主与法治》与第三单元《文明与家园》。如《维护国家利益》[①]正文中讲道"维护国家安全、荣誉、利益是每个公民义不容辞的责任"（八下 P.47）；《厉行法治》正文中提道"现代社会的公民，要学会在法治状态下生活，增强尊法学法守法用法意识，培育法治精神，培养正确的权利义务观念、契约精神、规则意识"（九上 P.54）。这些内容旨在促进学生对法治以及自身权利和义务的理性认知，进而促进其公民身份认同。再如《我承担 我无悔》的"阅读感悟"栏目通过讲述甘祖昌夫妇用无言的行动践行自己的誓言"活着就要为国家做事"的感人故事（八上 P.73），教育学生承担社会责任，奉献社会；《法治政府》的"探究与分享"栏目通过介绍调查监督政府行为的渠道，引导学生体验参与政治生活，为政府建言（九上 P.53）。可以看出，各栏目注重通过

---

① 《维护国家利益》为目标题。下文中出现的标题，如未说明，均是目标题。

活动设计让学生感受到每个人都处于政治生活、法治社会、民主国家中，进而促进其公民身份的建构。

关于国民意识的内容共有79处，主要是要激发学生作为公民应有的自豪感、归属感以及培养由此而应承担责任的意识。关于国民意识的内容主要集中于八年级上册和九年级下册。如《感受社会生活》正文通过描写"天安门广场的升旗仪式"，促使学生想象升旗仪式的情景，进而"感受到身为中国人的自豪"（八上 P.3）。其中许多是通过第一人称"我们"的视角阐述相关内容，如"我们会更加关心国家发展，或为之自豪，或为之分忧"（八上 P.4）。较为集中的是九年级下册第二单元《世界舞台上的中国》中的《积极有作为》《贡献中国智慧》《中国的影响》《兼收并蓄 交流互鉴》《新的发展契机》《新风险 新挑战》《积极谋求发展》《共享发展机遇》八目内容，主要对中国担当、中国的发展与危机等进行了论述，以引起学生的自豪感、归属感、自信心以及危机感。如《网络丰富日常生活》的"探究与分享"栏目描写了中国在网络发展、移动支付方面取得的成就（八上 P.12），以激发学生的民族自豪感。

（2）注重政治规范和意识形态渗透，塑造政治认同

关于政治主体的内容共有47处，主要体现在国家政权、政府与行政机关、执政党、政治精英等方面。统编初中道德与法治教材较为全面地设置了国家政权、政府与行政机关方面的内容，如八年级下册第六课《我国国家机构》分别用一框内容介绍了我国国家权力机关、国家行政机关和国家司法机关。九年级上册《共享发展成果》正文叙述了党和政府坚持以人民为中心的发展思想（九上 P.11）；《法治政府》的"探究与分享"栏目要求学生结合生活经验，进一步理解人民政府是如何为人民服务的（九上 P.51）。同时，教材中还介绍了习近平总书记的一些重要讲话和考察活动，如在国际上关于推动世界多极化、国际关系民主化的讲话（九下 P.11），在国内考察余村时提出的"绿水青山就是金山银山"的科学论断（九上 P.84）等。这些内容的设计注重普及政治常识，有利于促进学生对政治主体的了解与认同。

关于政治规范的内容共有122处，数量位居次类目第一，主要有宪法、刑法、民法、未成年人保护法、婚姻法、义务教育法等法律规范和

人民代表大会制度、多党合作制度、基本经济制度、民族区域自治制度等政治制度。其中，八年级下册涉及政治规范的内容较多，如《坚持宪法至上》与《崇尚法治精神》两个单元的每目内容都直接论述了法治知识，旨在培养学生的法治意识以及对政治规范的认同。教材中关于宪法的内容最多，共出现了30多次，主要论述了宪法权威、尊重宪法、宪法宣誓制度、加强宪法监督、增强宪法意识、遵守宪法等。如《增强宪法意识》正文讲道"我们要理解并认同宪法的价值，增强对宪法的信服和尊崇，自觉接受宪法的指引与要求……"（八下 P.18）；《生活与法律息息相关》的"运用你的经验"栏目通过图片来传递家庭生活、学校生活、社会生活必不可少的法律知识，然后通过问题来引导学生探讨如果没有这些法律，生活会怎样（七下 P.84）。这有利于学生认识到法律法规的重要性，进而促进学生对政治规范的认同。

关于政治过程与程序的内容共有44处。如《维护权利守程序》正文介绍了维护权利的程序知识：协商、调解、仲裁和诉讼（八下 P.42）；《行使民主权利》正文介绍了直接选举、间接选举、等额选举、差额选举等民主选举形式（九上 P.38），旨在让学生了解民主选举的重要形式，树立积极、主动、理性地参与民主选举的意识。再如《行使权力有界限》的"拓展空间"栏目"旁听庭审活动"引导学生亲身体验法律程序的运行（八下 P.44）；《违反义务须担责》中的"拓展空间"栏目的"模拟法庭活动"让学生亲自布置模拟法庭场地、悬挂国旗、摆放桌椅，并模拟组织法律程序的运行（八下 P.57）。通过这些多样化的活动，学生能在更好地理解与感受政治过程与程序的基础上，体会我国法律制度、政治制度的优越性，进而促进政治认同。

关于政治意识形态的内容共有90处，主要体现在马克思主义思想、毛泽东思想、社会主义核心价值观、社会主义共同理想（如中国梦）等方面。如《新时代 新征程》正文中阐述了"中国梦是历史的、现实的，也是未来的。中华民族的伟大复兴梦将在一代代青年的接力奋斗中变为现实"（九上 P.110）；《踏上新征程》的"拓展空间"栏目还引导学生阅读梁启超所著《少年中国说》的部分内容（九下 P.91）。这可以辅助学生更好地理解中国梦，促进学生将自己的梦想与时代的脉搏相连、与中国梦紧密相接。

(3) 弘扬优秀传统文化,培育文化认同

关于物质文化的内容共有 22 处,主要是古人和现代人所创造的物质产品及其所表现出的文化。例如,《开放创造》的"阅读感悟"栏目通过介绍鲁班高超的技艺与创造(古代兵器、农业机具、仿生机械等)(七下 P.13),使学生了解中国古人的伟大发明创造;《飞翔的力量》的"探究与分享"栏目中提到的"天宫一号""神舟十号"等内容(七下 P.16),则有利于学生感知我国现代科技成就。

关于精神文化的内容共有 105 处,在次类目的数量中居第二位。精神文化主要包括思想精华、传统美德、民族精神。关于思想精华,教材正文中引用了许多古人思想。如七年级上册教材介绍了许多儒家思想(如孔子、孟子、荀子等人的思想)、道家思想(如老子的思想),直接引用古文的就有 16 处之多,充分体现了教材对传统思想精华的重视。仅在学习与教学思想方面,就包括"功崇惟志,业广惟勤"(七上 P.12);"工欲善其事,必先利其器"(七上 P.13);"独学而无友,则孤陋而寡闻"(七上 P.13);"古人云:'教学相长'"(七上 P.66)等。这些内容的选取,旨在从认知层面让学生了解我国优秀精神文化,进而增强其对精神文化的认同。关于传统美德,教材呈现了尊师、守信、严于律己等内容。如《走近老师》的"运用你的经验"栏目引导学生回忆并分享老师对自己成长的帮助(七上 P.60),促进其树立尊师的意识;《和谐家庭我出力》的"探究与分享"栏目引导学生制作"家庭美德传递卡"、传递美德并总结收获和感受(七上 P.85)。关于民族精神,主要呈现了爱国主义、革命主义、开拓创新等精神。如《促进民族团结》的"探究与分享"栏目介绍了江孜保卫战,并从情感态度层面设计小问题"从江孜保卫战的历史故事中,你感受到了什么?",旨在引起学生的爱国情感,然后再通过小问题"你还知道哪些这样的故事?"(九上 P.92)以促进学生领悟英雄人物表现出的爱国主义精神。

关于制度文化的内容共有 13 处,主要涉及普遍公认的伦理道德规范。如《中国人的"家"》的"探究与分享"栏目讲解了"家规"等,要求学生收集并分析我国传统文化中广为流传的家规家训,然后进行反思性的继承(七上 P.74)。对这样的制度性文化的查询与学习,有助于学生对我国传统文化的批判性继承与发扬,进而增强其文化自信和文化认同。

关于行为文化的内容共有22处，主要涉及艺术行为（如书法、京剧）、风俗习惯（如中国传统节日的行为、习俗）等。针对我国特有的节日传统，教材呈现了清明节、春节等。例如，《中国人的"家"》中的"探究与分享"栏目在介绍了中国的春运后，向学生提问："你从春运时人们拥挤的身影和喜悦、期盼、焦灼等多样的神情中感受到怎样的情感？你有这样的经历吗？谈谈你的感受。"（七上 P.73）这将有利于学生深入思考我国独具特色的节日文化，促进其家国情怀和国家认同。

（4）强化革命历史记忆，增强历史认同

关于历史事件的内容共有19处，主要是近代以来发生的事件，如八国联军侵华、新文化运动、一二·九运动、抗日战争、东京审判等。例如，《认识国家利益》的"运用你的经验"栏目介绍了一二·九运动，要求学生思考如何理解"华北之大，已经放不得一张平静的书桌了"（八上 P.86）。通过这种认知上的冲突，引起学生对这一历史事件的思考以及对侵略者的悲愤情绪。《国家安全与我们息息相关》的"探究与分享"栏目要求学生结合自1840年鸦片战争到1949年中华人民共和国成立的一百多年间，中国长期遭受西方列强的野蛮侵略，国家主权和领土完整遭到严重破坏的历史以及中国共产党带领中国人民建立中华人民共和国的伟大历史成就（八上 P.97）的相关历史知识，谈谈感受。这有助于巩固学生的历史记忆，促进其历史认同。

关于历史人物的内容共有17处，涉及的人物主要有孔子、鲁班、狄仁杰、鉴真、郑和、李时珍、谭嗣同、孙中山、毛泽东、邓小平、陶行知、徐特立、杨靖宇、徐悲鸿、邓稼先等，主要介绍了这些人物的伟大和先进事迹。如春秋时期孔子就创办了私学，其教育思想和实践影响深远（七上 P.61）；明朝李时珍撰写药学著作《本草纲目》，为药学的发展作出了重大贡献（七上 P.118）；毛泽东领导中国各族人民，取得了新民主主义革命的伟大胜利，于1949年建立了中华人民共和国（八下 P.11）；邓小平为党和人民的事业奋斗了70多年，尤其在改革开放时期，他为开创中国特色社会主义作出了历史性贡献（八上 P.87）。这些历史人物在各领域的伟大事迹和突出贡献能够激发学生对其的崇敬，进而促进学生的国家认同。

(5) 强调领土意识，提升地理认同

关于自然风光的内容仅有1处。《坚持绿色发展道路》的"拓展空间"栏目介绍了塞罕坝的风光，要求学生探究为什么塞罕坝从"美丽高岭"变成"黄沙漫漫"，又为什么会从"荒原沙地"变回"林海绿洲"（九上P.88）。通过学习，学生能够感受到祖国的美丽风光并提高环保意识。

关于人文景观的内容共有6处。包括杜甫草堂（八上P.36）、人民英雄纪念碑（八下P.10）、中华世纪坛（九上P.106）、哈尔滨街头"放飞和平"雕塑（九下P.19）等。如《尊重从我做起》的"阅读感悟"栏目介绍了杜甫在草堂生活时照顾无儿无女、生活艰难的老妇人的故事（八上P.36）。这有利于学生感受杜甫对底层人民的人文关怀，以及对杜甫草堂人文内涵的认同。

关于领土意识的内容较多，共有17处，内容涵盖守卫祖国边疆、领空和领海等。如《反对分裂》正文中讲道"反对分裂，就要维护国家统一、国土主权和领土完整"（九上P.98）；《一国两制》正文中讲道"我国宪法规定，台湾是中华人民共和国的神圣领土的一部分、世界上只有一个祖国，大陆和台湾同属一个中国"（九上P.102）。再如《责任你我他》的"探究与分享"栏目介绍了解放军战士不畏严寒酷暑，守卫祖国边疆，用青春和热血承担保家卫国的责任（八上P.68），引导学生讨论履行职责的重要性。通过对这一重要性问题的讨论，可以使学生感受到领土完整的重要性，激发其保卫祖国的责任感。

(三) 研究结论与反思

1. 研究结论

(1) 非常重视国家认同教育，贯彻了党和国家的立德树人要求

统编初中道德与法治教材中含有国家认同教育内容的目正文和栏目占其总数的52.39%。这和统编小学道德与法治教材中框正文和栏目所占比例（52.21%）非常接近。考虑到道德与法治教材涉及的价值导向的多样性，相较于其他内容，国家认同教育方面的内容所占的比例是比较高的。应该说，和小学道德与法治教材一样，初中道德与法治教材也非常重视国家认同教育方面的内容的渗透，贯彻了党和国家的立德树人要求，为国家认同教育教学的开展提供了良好的内容依托。

（2）国家认同教育内容丰富，尤其侧重于政治认同相关内容

统编初中道德与法治教材中的国家认同教育内容涵盖了身份认同、政治认同、文化认同、历史认同、地理认同 5 个类目，同时涵盖了 15 个次类目。与统编小学道德与法治教材涵盖国家认同 5 个类目和 14 个次类目相比，更加体现了国家认同教育内容的丰富性。其中，政治认同相关内容最多，身份认同和文化认同相关内容居中，历史认同和地理认同相关内容较少。与统编小学道德与法治教材相比，统编初中道德与法治教材中政治认同相关内容所占比例有了较大提升。在政治认同相关内容中，政治规范和政治意识形态方面的内容占多数，包括宪法等各项法律、政治经济制度以及社会主义核心价值观、社会主义共同理想等，体现了教材对这些内容的高度重视。

（3）注重在各栏目融入国家认同教育，有利于学生认知、情感和行为的协调发展

和统编小学道德与法治教材一样，统编初中道德与法治教材不仅注重在正文中以知识为主的方式融入国家认同教育内容，还注重在穿插的各栏目中以综合化的方式融入国家认同教育。在 6 类栏目中，"探究与分享""相关链接""拓展空间""阅读感悟""运用你的经验"中的国家认同教育内容数量及比例都达到了较高水平。各栏目拓展了正文中的内容，有利于激活学生的学习兴趣、生活经验和情感体验，激发学生的问题意识和思维能力，推动学生的认知向实践拓展。

2. 研究反思

（1）初步建构了教材中国家认同教育内容的分析框架，为相关研究提供参考

我们在梳理相关研究文献的基础上，将国家认同分为五个类目，即身份认同、政治认同、文化认同、历史认同、地理认同，并进一步划分了次类目，同时对其内涵进行了界定，初步建构了教材中国家认同教育内容的分析框架，创新了国家认同教育内容的研究工具。未来的研究可以运用或参考此分析框架对各学科和各学段教材进行分析。

（2）不同学科具有各自的学科特点和育人指向，其国家认同教育内容各有侧重

我们的研究发现，统编小学和初中道德与法治教材中的国家认同教

育内容非常侧重政治认同，这与其学科性质和育人指向密不可分。而我们对统编小学和初中语文教材的研究发现，其更加侧重文化认同。不同的学科具有其独特的学科特点和学科核心素养，各科教材在国家认同教育内容渗透方面都会结合其学科特点和学科核心素养有所侧重。这有利于形成一种互补的格局，在课程教学中全面促进学生的国家认同的发展。

（3）教师应关注教材中的国家认同教育内容，在认知、情感和行为上全面促进学生的国家认同

教师在课程实施过程中处于关键地位，学生国家认同素养的发展，关键在于教师的课程教学。本书对教材中国家认同教育内容的梳理可以为教师的教学提供参考。教师在教学过程中要注重深入挖掘教材中的国家认同教育内容，并充分利用相关栏目拓展课程资源，创新教学方式，在认知、情感和行为方面全面促进学生的国家认同。

第三章　国家认同教育融入中小学课程的现状调查研究

在国家高度重视国家认同教育的背景下，我国国家认同教育"开展得如何"是一个亟须明晰的问题。对我国国家认同教育现状和问题的揭示，将有利于国家认同教育的改进。当前我国研究者已经开展了一些相关研究。在研究对象方面，以大学生、少数民族地区学生为主，部分涉及香港和澳门地区青少年，但对作为更大群体的普通中小学生的研究较少，研究对象需进一步扩展。在研究结果方面，诸多研究发现我国国家认同教育还存在许多问题，如学生存在对国家情感上的高归属感和对国家的相对低评价之间的矛盾、跨境地区学生的国家认同存在风险等。从总体来看，关于学校课程与教学层面的研究仍需加强。学校教育尤其是课程与教学是开展国家认同教育的主渠道，但当前相关研究较少。已有的一些研究主要是对语文、道德与法治、历史、地理等学科教材中的国家认同相关内容及其教学进行了研究；还有个别研究对校本课程以及实践活动进行了探讨。

国外相关研究主要包括国家认同理念在社会研究课程、历史课程、地理课程中的融入情况；教师的价值观和课堂话语实践对学生国家认同的影响；公民教育、社会服务学习以及其他实践活动对学生国家认同的促进作用。总体来看，国内外对国家认同教育融入中小学课程状况的调查研究都非常少见。

因此，为从整体上了解我国国家认同教育融入中小学课程现状，我们运用问卷和访谈法对我国六省（市）的学生、教师和校领导开展较大规模的调查研究，并在此基础上探讨国家认同教育融入中小学课程的优化路径。

第一节 研究设计与实施

一 问卷的编制与信效度分析

本研究在借鉴相关研究的基础上,自主编制了《国家认同教育融入中小学课程现状及学生国家认同状况调查问卷》。调查问卷由三部分组成。第一部分是引导语和学生基本信息,包括学生所属省份、年级、性别、学校类型等内容。第二部分从学生的认识和体验角度编制国家认同教育融入中小学课程现状问卷,包括六个维度,每个维度设有五道题。一是课程目标维度,主要考查学生对国家认同教育融入中小学课程的目标的认识;二是课程内容维度,主要考查国家认同教育融入中小学课程的内容涵盖了哪些方面;三是课程类型维度,主要考查国家认同教育在中小学哪些类型的课程中有所融入;四是教师教学方式维度,主要考查教师是否将国家认同相关内容融入到课程教学中以及采取了怎样的教学方式;五是课程资源维度,主要考查学校在进行国家认同教育时是否利用了家庭、社会、网络等资源;六是课程评价维度,主要考查学校在进行国家认同教育时,评价主体、评价方式和评价反馈的情况。所有题目均采用李克特五级量表,每道题目包含完全不符合、比较不符合、不确定、比较符合、完全符合五个等级渐变选项。

本研究采用同质性信度来考查问卷的内部一致性情况,采用 Cronbach's Alpha 信度函数进行统计,结果显示国家认同教育融入中小学课程现状调查问卷的六个子维度的 Cronbach's Alpha 系数均在 0.725—0.776,总问卷的 Cronbach's Alpha 系数为 0.936,达到了专家推荐的 0.800 以上。因此,该部分问卷具有良好的信度。调查问卷维度分布及信度情况如表 3-1 所示。

表 3-1 国家认同教育融入中小学课程现状调查问卷维度分布及信度分析

维度	题数	题项	α 系数
课程目标	5	1、3、5、8、10	0.725
课程内容	5	2、7、9、13、17	0.760

续表

维度	题数	题项	α系数
课程类型	5	4、6、12、16、21	0.736
教师教学方式	5	11、14、19、22、25	0.747
课程资源	5	15、18、23、27、29	0.776
课程评价	5	20、24、26、28、30	0.756
总问卷	30	1—30	0.936

本研究采用 KMO 和 Bartlett 检验来考查问卷的结构效度,通过表3-2可得知,国家认同教育融入中小学课程现状调查问卷的结构效度(KMO 检验值)为 0.907,大于 0.700,表明该部分问卷具有良好的结构效度。

表3-2　国家认同教育融入中小学课程现状调查问卷结构效度分析

KMO 取样适切性量数		0.907
Bartlett 检验	近似卡方	2982.548
	自由度	435.000
	相关性	0.000

第三部分是学生国家认同水平问卷,该部分内容旨在从侧面反映国家认同教育融入中小学课程的效果情况。其主要从理性认知、情感态度、行为表现三个维度对学生的国家认同水平进行考查,其中理性认知和行为表现两个维度分别设有 8 道题,情感态度维度设有 6 道题。学生国家认同调查问卷的三个子维度的 Cronbach's Alpha 系数均在 0.751—0.846,总问卷的 Cronbach's Alpha 系数为 0.920,达到了专家推荐的 0.800 以上。因此,该部分问卷具有良好的信度。调查问卷维度分布及信度情况如表3-3所示。

表3-3　　　学生国家认同调查问卷维度及信度分析

维度	题数	题项	α系数
理性认知	8	1、4、6、8、11、12、15、17	0.776

续表

维度	题数	题项	α系数
情感态度	6	5、9、13、16、19、21	0.751
行为表现	8	2、3、7、10、14、18、20、22	0.846
总问卷	22	1—22	0.920

通过 KMO 和 Bartlett 检验来考查问卷第三部分的结构效度，通过表 3-4 可得知，学生国家认同调查问卷的结构效度（KMO 检验值）为 0.904，大于 0.700，表明该部分问卷具有良好的结构效度。

表 3-4　　　　　学生国家认同调查问卷结构效度分析

KMO 取样适切性量数		0.904
Bartlett 检验	近似卡方	2222.257
	自由度	231.000
	相关性	0.000

二　调查实施过程

本研究采取立意抽样的方法，选取江苏省、天津市、安徽省、湖南省、甘肃省、四川省共 6 个省（市）义务教育阶段的中小学作为调查对象。各省（市）调查的学校均包括四种类型：城区小学、乡镇小学、城区初中和乡镇初中，且属于各类型中的一般（中等）水平学校。分别从小学和初中各抽取五年级学生和八年级学生进行调查。本研究共发放和回收问卷 3920 份，其中有效问卷 3683 份，有效率为 93.95%。调查样本的基本情况如表 3-5 所示。

表 3-5　　　　　　　调查样本构成情况

变量	样本特征	样本数（人）	所占比例
省份	江苏	667	18.11%
	天津	663	18.00%
	安徽	453	12.30%

续表

变量	样本特征	样本数（人）	所占比例
省份	湖南	685	18.60%
	甘肃	562	15.26%
	四川	653	17.73%
性别	男	1832	49.74%
	女	1851	50.26%
年级	五年级	1731	47.00%
	八年级	1952	53.00%
学校类型	城区学校	2021	54.87%
	乡镇学校	1662	45.13%
课程成绩	90—100 分	1057	28.70%
	80—89 分	1274	34.59%
	70—79 分	628	17.05%
	60—69 分	407	11.05%
	60 分以下	317	8.61%

为了能更加深入了解国家认同教育融入中小学课程的情况以及学生的国家认同水平，本研究还对问卷调查的各中小学的36名教师和14名学校领导进行了电话访谈，并在征得同意的情况下进行全程录音，平均每次访谈的时间约为20分钟。访谈结束后，对录音内容进行转录，形成约11万字访谈文本。为了保护受访者的隐私，按照访谈顺序依次进行编码。被访谈的36名教师和14名学校领导的基本信息分别如表3-6和表3-7所示。

表3-6 被访谈教师的基本信息

编号	性别	省份	文化程度	教龄	所在学校类型	所教学科	所教年级
J1	女	天津	本科	1 年	城区小学	语文	五年级
J2	女	天津	本科	3 年	城区小学	语文	五年级

续表

编号	性别	省份	文化程度	教龄	所在学校类型	所教学科	所教年级
J3	女	天津	硕士	3年	城区小学	语文	三年级
J4	女	天津	本科	9年	城区小学	英语	三、五年级
J5	女	天津	硕士	7年	城区小学	数学、道德与法治	三年级
J6	女	天津	本科	22年	城区初中	道德与法治	八年级
J7	女	天津	硕士	1年	城区初中	数学	八年级
J8	女	天津	本科	17年	城区初中	历史	七年级
J9	女	天津	本科	38年	城区初中	道德与法治	八年级
J10	女	天津	本科	21年	城区初中	心理	七年级
J11	女	天津	本科	24年	城区初中	道德与法治	九年级
J12	女	天津	本科	5年	乡镇小学	英语	三年级
J13	女	天津	本科	5年	乡镇小学	语文	六年级
J14	女	天津	本科	6年	乡镇小学	英语	五年级
J15	女	天津	本科	3年	乡镇小学	数学	六年级
J16	男	天津	本科	26年	乡镇初中	英语	八年级
J17	女	天津	本科	16年	乡镇初中	道德与法治	九年级
J18	女	天津	本科	32年	乡镇初中	道德与法治	七年级
J19	女	天津	本科	5年	乡镇初中	历史	七、九年级
J20	女	天津	本科	4年	乡镇初中	语文	八年级
J21	男	江苏	硕士	7年	城区小学	数学	六年级
J22	男	江苏	硕士	6年	城区初中	历史	九年级
J23	女	江苏	本科	6年	乡镇初中	语文	九年级
J24	女	四川	本科	13年	城区小学	语文	五年级
J25	男	四川	本科	33年	城区初中	历史	八年级
J26	男	四川	本科	19年	乡镇初中	英语	八年级
J27	女	安徽	硕士	9年	城区小学	语文、道德与法治	五年级
J28	女	安徽	本科	20年	城区初中	历史	九年级
J29	女	安徽	本科	2年	乡镇小学	数学	五年级
J30	女	安徽	本科	20年	乡镇初中	语文	八年级

续表

编号	性别	省份	文化程度	教龄	所在学校类型	所教学科	所教年级
J31	男	湖南	本科	20 年	城区小学	语文	五年级
J32	女	湖南	硕士	15 年	城区初中	语文	八年级
J33	男	湖南	本科	31 年	乡镇初中	数学、历史	八年级
J34	女	甘肃	本科	9 年	城区小学	语文	五年级
J35	男	甘肃	本科	19 年	城区初中	语文	七年级
J36	女	甘肃	本科	10 年	乡镇小学	英语、数学	五年级

表 3-7　　　　　　　　被访谈学校领导的基本信息

编号	性别	省份	文化程度	担任学校领导年限	学校类型
L1	女	天津	硕士	3 年	城区小学
L2	女	天津	本科	11 年	城区初中
L3	男	天津	本科	5 年	乡镇小学
L4	女	天津	本科	4 年	乡镇初中
L5	女	天津	本科	5 年	乡镇初中
L6	男	江苏	本科	4 年	城区初中
L7	男	江苏	本科	10 年	乡镇小学
L8	男	江苏	本科	3 年	乡镇初中
L9	女	四川	大专	2 年	城区小学
L10	男	四川	本科	7 年	乡镇初中
L11	女	安徽	本科	3 年	城区小学
L12	男	安徽	本科	7 年	乡镇小学
L13	女	安徽	本科	5 年	乡镇初中
L14	男	湖南	硕士	2 年	城区初中

三　数据统计与分析方法

问卷采用李克特式五分评分标准，每题至多 5 分，至少 1 分。在国家认同教育融入中小学课程现状调查问卷部分，课程目标、课程内容、课程类型、教师教学方式、课程资源、课程评价六个维度及总体均值越高，说明国家认同教育融入中小学课程的情况越好。在学生国家认同情况调查问卷部分，理性认知、情感态度、行为表现三个维度及总体均值越高，说明学生的国家认同水平越高。

本研究采用SPSS 22.0软件对问卷数据进行分析。采用单样本t检验对融入情况及学生国家认同总体水平进行分析；采用独立样本t检验对不同年级和不同类型学校的融入情况及学生国家认同水平进行差异分析；采用单因素分析对不同课程成绩的学生对融入情况的认知及学生国家认同水平进行差异分析。

第二节 研究结果与分析

一 国家认同教育融入中小学课程的总体情况

为了对国家认同教育融入中小学课程情况获得整体性的认识，本研究以中值3作为比对值进行了单样本t检验，结果如表3-8所示。

表3-8 学生对国家认同教育融入中小学课程认识与体验的基本情况

维度	人数	均值	标准差	t	p
课程目标	3683	4.405	0.612	139.338	0.000
课程内容	3683	4.418	0.647	132.923	0.000
课程类型	3683	4.351	0.677	121.146	0.000
教师教学方式	3683	3.878	0.548	97.234	0.000
课程资源	3683	4.108	0.870	77.277	0.000
课程评价	3683	4.158	0.776	90.561	0.000
总体	3683	4.220	0.610	121.330	0.000

可以看出，学生对国家认同教育融入中小学课程的认识与体验总体均值为4.220，显著高于中值3（$p<0.001$），且六个维度也都显著高于中值3（$p<0.001$），说明国家认同教育融入中小学课程的整体情况较好。

同时，课程目标、课程内容、课程类型三个维度的均值都显著高于总体均值，处于较高水平；而教师教学方式、课程资源、课程评价三个维度的均值虽都显著低于总体均值，但全都高于中值3，仍然处于中等偏上水平。

学生国家认同水平的情况可以从一个侧面反映国家认同教育融入中小学课程的效果。以中值3作为比对值进行了单样本t检验，学生的国家认同水平情况如表3-9所示。

表3-9　　　　　　　　　　学生国家认同基本情况

维度	人数	均值	标准差	t	p
理性认知	3683	4.180	0.541	132.208	0.000
情感态度	3683	4.468	0.539	165.212	0.000
行为表现	3683	4.289	0.567	138.091	0.000
总体	3683	4.298	0.495	159.061	0.000

可以看出，学生国家认同总体均值为4.298，显著高于中值3（$p<0.001$），说明中小学生国家认同处于较高水平。同时，中小学生国家认同的三个维度得分均显著高于中值3（$p<0.001$），说明中小学生关于国家认同的理性认知、情感态度、行为表现均处于较好状态。

同时，分析结果显示情感态度维度均值显著高于整体均值，理性认知维度均值显著低于整体均值，而行为表现维度均值虽然略低于整体均值，但不存在显著性。

为了解中小学生对国家认同教育融入中小学课程的认识及体验与其国家认同的关系，采用皮尔逊相关系数将学生对国家认同教育融入中小学课程的认识与体验和学生的国家认同水平进行相关性分析。相关系数绝对值越接近1，意味着相关程度越高；越接近0，意味着相关程度越低。通过分析，得出中小学生对国家认同教育融入中小学课程的认识及体验与其国家认同的相关性如表3-10所示。

表3-10 中小学生对国家认同教育融入中小学课程的认识与
体验和学生国家认同的相关性

		融入情况	国家认同
融入情况	Pearson 相关性	1	0.664
	显著性（双侧）		0.000
国家认同	Pearson 相关性	0.664	1
	显著性（双侧）	0.000	

可以看出，融入情况与国家认同存在显著的正相关关系，$r(3683) = 0.664$，$p<0.001$，相关系数大于0.60，说明中小学生对国家认同教育融入中小学课程的认识及体验与其国家认同具有强相关性。这表明中小学生对国家认同教育融入中小学课程的认识与体验越好，其国家认同越强。

二 国家认同教育融入中小学课程的差异分析

（一）年级差异

对不同年级的学生对国家认同教育融入中小学课程情况的认识与体验进行独立样本 t 检验，结果如表3-11所示。

表3-11 不同年级学生对国家认同教育融入中小学
课程认知与体验的差异

维度	年级	人数	均值	标准差	t	p
课程目标	五年级	1731	4.396	0.608	-0.874	0.382
	八年级	1952	4.414	0.615		
课程内容	五年级	1731	4.379	0.646	-3.374	0.001
	八年级	1952	4.451	0.647		
课程类型	五年级	1731	4.348	0.654	-0.226	0.821
	八年级	1952	4.353	0.696		
教师教学方式	五年级	1731	3.856	0.526	-2.284	0.022
	八年级	1952	3.897	0.566		

续表

维度	年级	人数	均值	标准差	t	p
课程资源	五年级	1731	4.116	0.833	0.549	0.583
	八年级	1952	4.100	0.902		
课程评价	五年级	1731	4.125	0.771	-2.467	0.014
	八年级	1952	4.188	0.780		
总体	五年级	1731	4.203	0.593	-1.519	0.129
	八年级	1952	4.234	0.625		

可以看出，五年级学生的总体均值 4.203 略低于八年级的总体均值 4.234，但不存在显著差异（$p > 0.05$）。通过对比六个维度发现，在课程内容方面，八年级学生的均值 4.451 显著高于五年级学生的均值 4.379（$p < 0.01$）；在教师教学方式方面，八年级学生的均值 3.897 显著高于五年级学生的均值 3.856（$p < 0.05$）；在课程评价方面，八年级学生的均值 4.188 显著高于五年级学生的均值 4.125（$p < 0.05$）。而在课程目标、课程类型、课程资源维度上的 p 值均大于 0.05，说明五年级学生和八年级学生在课程目标、课程类型、课程资源上的认识与体验不存在显著差异。

不同年级学生国家认同水平的差异可以从一个侧面反映国家认同教育融入中小学课程效果的年级差异。因此对五年级和八年级学生的国家认同水平进行独立样本 t 检验，结果如表 3-12 所示。

表 3-12　　　　　不同年级学生国家认同水平的差异

维度	年级	人数	均值	标准差	t	p
理性认知	五年级	1731	4.063	0.538	-12.599	0.000
	八年级	1952	4.283	0.523		
情感态度	五年级	1731	4.443	0.536	-2.648	0.008
	八年级	1952	4.490	0.541		
行为表现	五年级	1731	4.258	0.576	-3.128	0.002
	八年级	1952	4.317	0.557		

续表

维度	年级	人数	均值	标准差	t	p
总体	五年级	1731	4.237	0.494	-7.044	0.000
	八年级	1952	4.352	0.490		

可以看出，五年级学生的总体均值 4.237 显著低于八年级学生的总体均值 4.352（$p<0.001$），同时，理性认知、情感态度和行为表现三个维度均存在显著差异。由此可以看出，虽然五年级学生和八年级学生对国家认同教育融入中小学课程的认识与体验在总体上没有显著差异，但他们的国家认同水平却存在显著差异。

（二）学校差异

将不同类型学校的学生对国家认同教育融入中小学课程情况的认识与体验进行独立样本 t 检验，结果如表 3-13 所示。

表 3-13 不同类型学校学生对国家认同教育融入中小学课程认识与体验的差异

维度	学校类型	人数	均值	标准差	t	p
课程目标	城区学校	2021	4.480	0.586	8.142	0.000
	乡镇学校	1662	4.315	0.631		
课程内容	城区学校	2021	4.491	0.616	7.621	0.000
	乡镇学校	1662	4.328	0.672		
课程类型	城区学校	2021	4.435	0.646	8.305	0.000
	乡镇学校	1662	4.249	0.699		
教师教学方式	城区学校	2021	3.936	0.548	7.137	0.000
	乡镇学校	1662	3.807	0.540		
课程资源	城区学校	2021	4.198	0.836	6.922	0.000
	乡镇学校	1662	3.998	0.897		
课程评价	城区学校	2021	4.218	0.767	5.174	0.000
	乡镇学校	1662	4.085	0.781		
总体	城区学校	2021	4.293	0.590	8.070	0.000
	乡镇学校	1662	4.130	0.622		

第三章 国家认同教育融入中小学课程的现状调查研究

可以看出，城区学校学生的总体均值 4.293 显著高于乡镇学校学生的总体均值 4.130（$p<0.001$）。且通过对比六个维度发现，城区学生和乡镇学生在课程目标、课程内容、课程类型、教师教学方式、课程资源、课程评价六个维度上均存在显著差异，城区学校学生在六个维度的均值都显著高于乡镇学校学生，表明城区学校的国家认同教育融入中小学课程情况要显著优于乡镇学校。

不同类型学校学生国家认同水平的差异可以从一个侧面反映国家认同教育融入中小学课程效果的校际差异。因此对城区学校和乡镇学校学生的国家认同水平进行独立样本 t 检验，结果如表 3-14 所示。

表 3-14　　　不同类型学校学生国家认同水平的差异

维度	学校类型	人数	均值	标准差	t	p
理性认知	城区学校	2021	4.260	0.517	10.038	0.000
	乡镇学校	1662	4.082	0.554		
情感态度	城区学校	2021	4.540	0.483	8.847	0.000
	乡镇学校	1662	4.381	0.589		
行为表现	城区学校	2021	4.369	0.532	9.390	0.000
	乡镇学校	1662	4.193	0.592		
总体	城区学校	2021	4.376	0.457	10.532	0.000
	乡镇学校	1662	4.204	0.523		

可以看出，城区学校学生的总体均值 4.376 显著高于乡镇学校学生的总体均值 4.204（$p<0.001$）。而通过对比国家认同的三个维度发现，理性认知、情感态度、行为表现上的 p 值均小于 0.001，存在显著差异，且城区学校学生在这三个维度的均值都显著高于乡镇学校学生，表明城区学生的国家认同水平优于乡镇学生。这与城区学校和乡镇学校学生对国家认同教育融入中小学课程情况的认识与体验的结果呈一致性。

（三）课程成绩差异

将不同课程成绩的学生对国家认同教育融入中小学课程情况的认识与体验进行单因素分析，结果如表 3-15 所示。

表 3-15　不同课程成绩学生对国家认同教育融入中小学课程认识与体验的差异

维度	课程成绩	人数	均值	标准差	F	p	LSD
课程目标	90—100 分	1057	4.514	0.557	22.741	0.000	a>b>d a>c>d a>b>e a>c>e
	80—89 分	1274	4.420	0.602			
	70—79 分	628	4.382	0.578			
	60—69 分	407	4.263	0.665			
	60 分以下	317	4.211	0.731			
课程内容	90—100 分	1057	4.508	0.600	15.200	0.000	a>b>d a>c>d a>b>e a>c>e
	80—89 分	1274	4.423	0.633			
	70—79 分	628	4.425	0.638			
	60—69 分	407	4.293	0.670			
	60 分以下	317	4.239	0.775			
课程类型	90—100 分	1057	4.449	0.636	15.515	0.000	a>b>d a>c>d a>b>e a>c>e
	80—89 分	1274	4.359	0.655			
	70—79 分	628	4.347	0.657			
	60—69 分	407	4.216	0.718			
	60 分以下	317	4.171	0.805			
教师教学方式	90—100 分	1057	3.950	0.542	16.969	0.000	a>b>d a>c>d a>b>e a>c>e
	80—89 分	1274	3.892	0.543			
	70—79 分	628	3.888	0.538			
	60—69 分	407	3.763	0.515			
	60 分以下	317	3.710	0.592			
课程资源	90—100 分	1057	4.201	0.845	7.835	0.000	a>b>d c>d a>b>e c>e
	80—89 分	1274	4.099	0.871			
	70—79 分	628	4.128	0.857			
	60—69 分	407	3.986	0.840			
	60 分以下	317	3.950	0.966			

续表

维度	课程成绩	人数	均值	标准差	F	p	LSD
课程评价	90—100 分	1057	4.233	0.751	7.226	0.000	a>b>d c>d a>b>e c>e
	80—89 分	1274	4.149	0.786			
	70—79 分	628	4.191	0.754			
	60—69 分	407	4.042	0.770			
	60 分以下	317	4.031	0.838			
总体	90—100 分	1057	4.309	0.576	16.292	0.000	a>b>d a>c>d a>b>e a>c>e
	80—89 分	1274	4.224	0.602			
	70—79 分	628	4.227	0.591			
	60—69 分	407	4.094	0.620			
	60 分以下	317	4.052	0.713			

注：90—100 分为 a、80—89 分为 b、70—79 分为 c、60—69 分为 d、60 分以下为 e。

可以看出，五个成绩段的学生在总体均值上存在显著差异（$p<0.001$）。且通过对比六个维度发现，五个分数段的学生在课程目标、课程内容、课程类型、教师教学方式、课程资源、课程评价六个维度上均存在显著差异（$p<0.001$）。而后进行多重比较（LSD）发现，在国家认同教育融入中小学课程情况的总体平均值上，90—100 分数段学生的总体均值显著高于 80—89 分数段、70—79 分数段、60—69 分数段和 60 分以下分数段的学生；80—89 分数段学生的总体均值显著高于 60—69 分数段和 60 分以下分数段的学生；70—79 分数段学生的总体均值显著高于 60—69 分数段和 60 分以下分数段的学生。总体来看，学生学习成绩越好，对国家认同教育融入中小学课程认识与体验越好。

不同课程成绩学生国家认同水平的差异可以从一个侧面反映国家认同教育融入中小学课程效果的差异。因此对不同分数段学生的国家认同水平进行单因素分析，结果如表 3-16 所示。

表3-16　　　不同课程成绩学生国家认同水平的差异

维度	课程成绩	人数	均值	标准差	F	p	LSD
理性认知	90—100分	1057	4.295	0.498	41.054	0.000	a>b>d>e a>c>d>e
	80—89分	1274	4.206	0.534			
	70—79分	628	4.164	0.525			
	60—69分	407	4.025	0.554			
	60分以下	317	3.920	0.593			
情感态度	90—100分	1057	4.595	0.445	44.173	0.000	b>c>d a>b>c>e
	80—89分	1274	4.494	0.518			
	70—79分	628	4.436	0.527			
	60—69分	407	4.296	0.608			
	60分以下	317	4.227	0.681			
行为表现	90—100分	1057	4.427	0.495	49.331	0.000	a>b>d>e a>c>d>e
	80—89分	1274	4.306	0.563			
	70—79分	628	4.281	0.534			
	60—69分	407	4.123	0.587			
	60分以下	317	3.989	0.668			
总体	90—100分	1057	4.425	0.423	55.782	0.000	a>b>d>e a>c>d>e
	80—89分	1274	4.321	0.482			
	70—79分	628	4.281	0.475			
	60—69分	407	4.135	0.529			
	60分以下	317	4.029	0.594			

注：90—100分为a、80—89分为b、70—79分为c、60—69分为d、60分以下为e。

可以看出，五个成绩段的学生在总体均值上存在显著差异（$p<0.001$）。通过对比国家认同的三个维度发现，理性认知、情感态度、行为表现的p值均小于0.001，存在显著差异。通过事后多重比较（LSD）发现，在中小学生国家认同总体水平的均值上，90—100分数段学生的总体均值显著高于80—89分数段、70—79分数段、60—69分数段和60分以下分数段的学生；80—89分数段学生的总体均值显著高于60—69分数段和60分以下分数段的学生；70—79分数段学生的总

体均值显著高于60—69分数段和60分以下分数段的学生；60—69分数段学生的总体均值显著高于60分以下的学生。总体来看，学生学习成绩越好，国家认同水平越高。

第三节　国家认同教育融入中小学课程的现状与问题分析

一　国家认同教育融入中小学课程的基本现状分析

（一）国家认同教育融入中小学课程的情况整体较好，学生国家认同水平整体较高

从总体来看，当前国家认同教育融入中小学课程的情况较好，均值为4.220。在课程目标、课程内容、课程类型三个维度的融入水平相对较高，而在教师教学方式、课程资源、课程评价三个维度的融入水平与均值相比相对较低，但高于中值3，处于中等偏上水平，仍有提升空间。

学生国家认同水平整体较高，均值为4.298。这与陈晶[1]、车子彤[2]和郑慧[3]等人的研究结果一致。而且研究发现中小学生对国家认同教育融入中小学课程的认识及体验与其国家认同水平具有强相关性，中小学生对国家认同教育融入中小学课程的认识与体验越好，其国家认同越强。

在访谈过程中，各个学校领导对国家认同的重要性表示认可，各学校也重视国家认同教育。一所城区初中的校领导L2表示：

> 学校是将其放在首位的。因为现在立德树人其实就是一个爱国的教育，如果孩子不能做到国家认同，那何谈爱国呢？所以现在学校整体工作虽然以教学为中心，但是德育是首位的。像我们初中，

---

[1] 陈晶：《11至20岁青少年的国家认同及其发展》，硕士学位论文，华中师范大学，2004年。
[2] 车子彤：《小学儿童国家认同的现状研究——基于上海P区W和L校的调查》，《少年儿童研究》2019年第6期。
[3] 郑慧：《初中生国家认同教育研究》，硕士学位论文，郑州大学，2012年。

包括小学，各个学科，像语文、政治、历史、地理等都要求有国家认同的渗透。

另外，一所乡镇初中的校领导 L8 也谈道：

> 国家认同必须要深入孩子们的教育过程和细节里面，必须要让孩子懂得这种民族大义，这种责任担当。我们主要是通过德育课程和德育主题活动，来培育学生对祖国的热爱和民族的自豪感。正常情况下每周都会举行升国旗仪式，进行国旗下讲话，这个系列讲话按照我们的计划来，每周都有一个主题。然后我们又通过中国传统的节日开展系列德育活动，也是以此来激发孩子们对国家的热爱和认同。

通过问卷调查和访谈内容可知，学校对于国家认同教育是比较认可并积极开展的。这有利于国家认同教育在中小学课程中融入并提升中小学生国家认同水平。

（二）学生学习成绩越好，其对国家认同教育融入中小学课程的认识与体验越好且国家认同水平越高

将不同学习成绩的学生对国家认同教育融入中小学课程情况的认识与体验进行单因素分析发现，学习成绩越好的学生对国家认同教育融入中小学课程的认识与体验越好，且国家认同水平越高。究其原因，首先可能与学生自身的认知程度有关。学习成绩好的学生认知能力与理解能力较强，课堂参与度高，其本身掌握知识的水平相对较高，对于课程中的国家认同教育内容把握得更好，对教师所讲授的国家认同教育内容理解得更到位；而学习成绩较差的学生自身的认知能力较弱，掌握知识的水平相对较低，导致课堂参与度较低，因而对国家认同教育融入中小学课程的认识与体验相对较差。

另外，也可能与课程评价方式有关，有研究指出很多学校为了高升学率，以考试成绩作为唯一的评价标准，从而使学习成绩较差的学生因为低学业成绩被贴上"差生"的标签，学校和教师忽视了其发展，使其成为边缘群体，从而学习成绩较差的学生对国家认同教育融入中小学

课程认识与体验相对较差。① 在访谈过程中，问到"学校是否重视国家认同教育"时，各个校领导都表示肯定，但是一所城区初中的校领导L6也表示，"升学的压力比较大，为了尽快出成绩，目前来说升学率抓得更多一点"，一所乡镇初中的校领导L13也谈到了"家长对于孩子在学校里面评判的标准主要是成绩"。以学习成绩为单一评价标准的方式影响了学习成绩较差的学生对国家认同教育融入中小学课程的认识与体验，又因为低学业成绩容易产生厌学情绪，对学校和社会产生逆反心理，造成其国家认同水平偏低。

二 国家认同教育融入中小学课程的问题分析

（一）中小学教师的教学方式仍以灌输为主

整体来看，中小学教师教学方式的均值仅为3.878，远低于总体均值4.220。欧阳常青等人指出，有些学校虽然开设了国家认同教育相关课程，但其课堂教学方法比较简单，仍以知识灌输为主，缺乏情感力和实践性教学活动。②

问卷调查发现，对"老师在讲授国家历史、地理、政治、文化相关的知识时，往往采用灌输式的教学方式"一题，34.08%的学生选择完全符合，34.48%的学生选择比较符合，16.78%的学生选择不确定，共占总数的85.34%。同时，在访谈过程中了解到，在被问及"在开展国家认同教育时经常采用哪些教学方法"时，64.00%的教师表示主要依靠讲授法。这表明在国家认同教育的教师教学方式上，知识灌输依旧占很大比重，自主探究和体验的教学方式没有得到充分重视。

（二）中小学的国家认同教育课程资源仍需加强开发和利用

根据问卷调查结果，课程资源维度均值为4.108，显著高于中值3，但是显著低于总体均值4.220，说明课程资源仍需进一步加强。当前，一些中小学已经有意识地在国家认同教育实施过程中开发各种教育资源，并尝试根据学校自身以及当地特色，开展国家认同教育实践活动，

---

① 苏德、王渊博：《国家认同教育：云南省边境教育发展的战略选择》，《民族教育研究》2012年第5期。

② 欧阳常青、苏德：《学校教育视阈中的国家认同教育》，《民族教育研究》2012年第5期。

乃至开发国家认同教育校本课程。在访谈过程中，一所城区小学的校领导 L9 表示：

> 我们学校老师自己策划、自己编辑的校本教材有两个，第一个是国学经典诵读，语文老师组织学生进行吟诵；第二个是传统手工纸艺，纸艺工作室是由我们美术老师组建的，其作品全都是师生亲自动手所做的。

一所城区初中的校领导 L14 也表示：

> 打算推进校本思政课程，把整个长沙或者岳麓的一些名胜古迹和人物挖掘出来。然后通过我们的课堂和班会进行讲授，一个学期两次，整个初中共六次，能够让学生通过这些地理或者本地的英雄人物，激发其爱家乡的情感。

虽然一些学校在课程资源开发方面取得了喜人成绩，但对许多学校来讲，在课程资源开发方面仍面临着突出的困难。

首先，校内课程资源缺乏整合，资源开发实效性有待增强。一方面，校内课程资源较为零碎分散，国家认同教育内容主要是在道德与法治、语文、历史等国家课程内容中有所体现，学科之间的课程内容关联度不高；另一方面，国家认同教育课程资源开发实效性有待加强。一所城区小学数学教师 J21 表示："目前来看总体效果不是很好，有的时候可能为了活动而活动，流于形式。活动多了反而流于形式，不如做得少而精，影响更深刻。"另外，还有学校领导表示安全隐患、经费紧张、申报程序繁杂缓慢等，给国家认同教育课程资源开发增添了困难。

其次，校外课程资源开发有待进一步加强。虽然学校和教师都意识到同社区、实践基地合作，同家长合作，但在国家认同教育实施过程中却未充分开发利用这些校外课程资源，学校、家庭与社会并未形成联动机制。一方面，教师们认为家庭教育在国家认同教育中发挥着重要作用，但实际上家长的参与度不高，目前也尚未确定联动效果较好的家校合作模式；另一方面，一些学校已经在积极寻求与社会组织共同建立国家认同教育实践基地,但由于社会力量的支持程度参差不齐,无法规范化、制度化,学校与社会组织之间建立长期合作关系依旧存在困难。

(三) 中小学的国家认同教育课程评价体系尚未完善

根据问卷调查结果,课程评价维度得分为4.158,说明国家认同教育融入中小学的课程评价仍有完善的空间。当前,国家认同教育融入中小学课程的评价并没有具体的评价体系,很多教师在访谈过程中也都提到学校在现阶段还没有系统的课程评价体系。

在教师教学评价方面,当前主要是基于教师日常教学过程中国家认同教育相关知识渗透的考察,并仅是通过听课、评课、查教案的形式展开,缺少对教师国家认同素养、教育教学行为、国家认同教育教学效果的系统评价。一所城区初中的历史老师J22表示:

> 从学校层面来讲,目前还没有形成具体的评价机制,只是落实在几个比较相关的学科。可能会有一些不成文的要求,比如说在政治学科、历史学科和语文学科日常的教学过程中,校领导会要求这些老师在教授学科知识的同时将国家认同教育以及相关的民族教育有机地和学科知识资源进行整合。

一所城区初中的道德与法治教师J9也同样提道:"学校对老师的评价就是老师的日常授课过程中应该形成这种相关知识的渗透,这属于我们教学的一个方面,评价方式就是评课和在教案中有所体现。"而且在访谈过程中,有教师表示第一次接触"国家认同教育"一词,说明地方和学校缺少对教师国家认同教育素养的重视与培训,未能发挥评价的导向与鉴定、激励与改进等功能,使得国家认同教育工作在一定程度上缺少监督与保障。

在针对学生国家认同素养的评估方面,学校长期以来都侧重于对知识的教授,部分学校表示受应试教育的影响较大,因此造成对学生国家认同素养的评价方式较为单一,仍以课程考试为主,在评价过程中往往过多重视学生国家认同的总结性评价,而忽视学生日常的形成性评价;而且评价主体较为单一,问卷调查结果显示81.32%的学生表示"学校主要是由任课老师和班主任来评价我们对国家的理性认知、情感态度与行为表现",缺少家长和社会群体对学生国家认同水平的评价。

(四) 国家认同教育融入中小学课程的情况在不同群体间存在差异

1. 不同年级的融入情况在三个维度上存在显著差异,小学阶段的国家认同课程内容、教师教学方式和课程评价有待进一步完善

虽然总体上国家认同教育融入中小学课程情况在不同年级间不存在显著差异,但是在课程内容、教师教学方式和课程评价三个维度却表现出显著差异。同时,八年级学生的国家认同水平显著高于五年级学生,在理性认知、情感态度和行为表现三个维度都表现出显著差异。

小学没有开设专门的地理、历史课程,因此在课程内容上,小学主要通过语文、道德与法治等学科课程以及实践活动来渗透关于地理认同和历史认同的知识,而初中则主要通过地理、历史课程,专门呈现关于地理认同和历史认同的知识。问卷调查结果也显示,分别有89.60%的小学生和92.47%的初中生选择学校注重结合中国古代悠久的历史以及中国共产党的革命史来培养国家认同;83.82%的小学生和89.29%的初中生选择学校注重结合中国的行政区划、地形与气候、人口与民族等知识来培养国家认同,说明小学和初中关于地理认同和历史认同的课程内容的融入具有差异性。此外,初中关于公民身份认同相关课程内容的融入情况也明显优于小学的融入情况,分别有85.50%的小学生和90.47%的初中生选择学校注重结合公民身份、权利与义务的教育来培养国家认同。同时,18.43%的小学生选择可能会移民到发达国家,还有15.14%的小学生对此表示不确定。这说明小学应加强融入公民身份认同相关课程内容,使学生从小就具备公民意识,明确自己的身份,以及权利与义务。

在教师教学方式和课程评价方面,初中的融入情况也优于小学。在教学方式方面,小学教师更为依赖讲授法,初中教师更为注重引导学生进行自主探究。一所城区小学语文教师J1提道:"因为孩子们的认知毕竟是有限的,所以需要我去把资料整理出来,投在PPT上,让孩子们有一个直观的感知,然后能够有自己的认知理解。"在课程评价方面,初中更为注重评价主体和评价方式的多样性。问卷调查结果显示,

79.61%的小学生和83.66%的初中生选择学校注重通过多样的评价方式（如纸质档案袋或电子档案袋、作品展示等）来评价国家认同情况。

独立样本 t 检验结果也显示，八年级学生的国家认同水平显著高于五年级学生，这与常宝宁[①]的研究结果一致，即国家认同水平随学生年级的升高而提高。

2. 不同类型学校的融入情况存在显著差异，城区学校显著优于乡镇学校

国家认同教育融入中小学课程情况存在显著的学校差异，城区学校的融入情况显著优于乡镇学校。同时，城区学生的国家认同水平显著高于乡镇学生。

乡镇学校由于其师资、课程开发能力受限，导致其课程类型与课程资源没有城区学校多样丰富。相较乡镇学校，城区学校更为注重开发校本课程，以及通过节日仪式和重大社会事件的教育意义开展主题教育活动。问卷调查结果显示，85.30%的城区学校学生和80.99%的乡镇学校学生选择学校会通过地方和校本课程来培养国家认同；94.46%的城区学校学生和88.57%的乡镇学校学生选择学校注重通过主题实践活动（如升旗仪式、参观纪念馆、传统节日和重大纪念日活动）来培养国家认同。

此外，通过访谈了解到，城区学校会将国家认同教育与其校本课程和综合实践活动课程相结合，其国家认同教育实践活动的形式也更为丰富多样，例如，开展"70周年国庆"纪念活动，清明节、中秋节等传统节日纪念活动，红色研学活动等，并更为注重与家长和社区进行合作，开展国家认同教育实践活动，多给学生带来一些立体而真实的情感体验和感受。

而乡镇学校主要是通过学科课程进行国家认同教育的渗透，并通过班会、升旗仪式等实践活动进行国家认同教育。而且乡镇学校存在留守儿童现象，家长平时缺少对学生的关心，很少参与到学生的国家认同教育当中，所以仍以学校教育为主。

---

① 常宝宁：《新疆南疆地区青少年国家认同的现状及其教育对策研究》，硕士学位论文，西北师范大学，2008年。

通过独立样本 t 检验发现，城区学校学生的国家认同水平显著高于乡镇学校学生，正是因为在课程类型、课程资源等方面有显著差异，使乡镇学校的学生对国家认同教育融入中小学课程的认识与体验较差于城区学生。再加上缺少家长的参与和教育，乡镇学生的国家认同水平也低于城区学生。

（五）中小学生国家认同的理性认知、情感态度和行为表现三个维度的水平存在失衡现象

虽然总体上中小学生的国家认同水平较高，但理性认知、情感态度和行为表现三个维度存在失衡现象，学生的理性认知均值为4.180，显著低于总体均值4.298；情感态度均值为4.468，显著高于总体均值。

问卷调查显示，62.86%的学生不能按顺序说出中国的历史朝代，24.25%的学生对中华人民共和国成立的历史不是很清楚，32.06%的学生不能说出我国各个省、自治区、直辖市、特别行政区的名称并了解各地的地理风貌。这说明部分学生对国家的历史发展、行政区域划分和地理地貌的认知水平较低。

问卷调查还显示，在问到学生"如果有可能，我会移民到发达国家"时，有11.21%的学生选择"完全符合"，6.68%的学生选择"比较符合"，还有14.47%的学生选择"不确定"，共占总数的32.36%。这表明大约1/3的学生对自己的国民身份还没有强烈的认同感，依然对发达国家充满向往。这与曾水兵等人的研究结果"学生在国民身份认同上具有矛盾性"[①] 相一致，当代中小学生对国家有着较强的情感认同，可是在具体行为表现上有着消极的一面，表现出较强的移民意愿，情感态度与理性认知、行为表现相分离。

由于教师教学仍以灌输为主，常常忽视学生的深度思维和体验，如在身份认同问题上，教师只是简单地告诉学生作为一名中国人长大后要报效国家，缺乏对中西方制度和文化差异的比较，尤其是缺乏对西方国家制度和社会问题的深入分析，导致学生不能客观地认识西方发达国家，甚至出现了崇洋媚外的心态。

---

① 曾水兵、班建武、张志华：《中学生国家认同现状的调查研究》，《上海教育科研》2013年第8期。

第四节 国家认同教育融入中小学课程的优化路径

基于调查现状和问题，为进一步优化国家认同教育在中小学课程中的融入，中小学校在教师教学方式、课程资源、课程评价等方面需要进行改进。

一 提升教师国家认同素养，改进教师教学方式

在国家认同教育的师资方面，需要将国家认同素养融入教师培训，提高教师的国家认同水平和教育能力。首先，相关教育行政部门及学校要重视中小学教师的国家认同素养培训，确保全体教师接受不同形式、不同层次的国家认同教育培训以提升教师国家认同素养，增强教师对国家认同教育内容的理解和把握能力。同时教师自身也要有意识地加强国家认同教育内容的学习，贯彻党和国家的教育方针政策，利用网络等资源加强自学与反思，努力做到将国家认同教育内容有机融入教学中，真正担负起培养学生国家认同的责任。

其次，教师要树立以人为本的教育观念，改变传统教学中的灌输方式。教师要明晰国家认同包括理性认知、情感态度和行为表现三个维度。在备课和教学中要充分挖掘国家认同教育内容，选取具有深刻价值内涵的人、事、物，运用案例教学、情景模拟、现场实践等启发式、探究式、体验式的教学方式，使国家认同教育内容与学生生活相联系，促进学生的认知，激发其情感，并引领其实践。例如，在进行"社会主义核心价值观"教育时，教师可以结合热点问题、生活经验，播放公益短片，让学生介绍有突出社会贡献的名人故事以及实践活动等，引发学生情感共鸣，提升学生对社会主义核心价值观的认识和行动自觉。

二 有效整合校内课程资源，积极开发校外课程资源

学校对课程资源的充分利用关涉课程实施质量和课程目标的有效达成。因此，学校应重视国家认同教育资源的开发和利用，挖掘有意义的校内外课程资源以保障其实效性，使国家认同教育融入中小学课程的内

容更加生活化、形象化，进而促进学生形成国家认同的理性认知、情感态度与行为表现。

首先，要有效整合校内课程资源。要以道德与法治学科为核心，深度挖掘并整合其他学科中的国家认同教育内容，发挥其他学科的协同渗透作用。学校可以以跨学科的视角开展国家认同教学活动，打破学科之间的界限，体现教学的综合性和协调性。另外，在培育学生国家认同时，要注重开展实践活动，为学生提供一个将知识转化为行为的平台。同时，政府和相关的实践基地应积极配合，大力支持学校开展国家认同教育实践活动，尤其是对资源不够丰富的乡镇学校要给予重点倾斜和特殊关照。

其次，要积极开发利用校外课程资源。国家认同教育的有机融入离不开家庭和社会各界力量的支持和参与。加强学校与家庭和社会相关组织的联系与合作，能有效保障学生国家认同情感态度与行为实践的形成。如学校可以充分利用社会资源，与周边社区、爱国主义实践基地、"学工、学军、学农"实践基地建立长期合作，为学校在实践活动中开展国家认同教育提供特定场所，通过直观参与和体验增进学生国家认同的理性认知与情感态度，改善学生的行为实践，增进国家认同教育功能。

三 建立健全课程评价体系，进行科学有效督导

完善国家认同教育的课程评价，有利于促进国家认同教育有效融入中小学课程，帮助学校根据自身实际情况进行特色教学，推进国家认同教育的实施，满足学生发展需求。因此，应注重对学校和教师的国家认同教育工作进行督导，并立足学生的整体发展进行学生国家认同素养的评价。

首先，教育行政部门应加强对学校国家认同教育工作的督导工作，考察国家认同教育工作的背景、课程设计情况、课程实施过程、影响与成效等方面，以促进各中小学国家认同教育有效融入课程。学校应加强对教师国家认同素养、国家认同教育教学行为以及国家认同教育教学效果的督导工作。

其次，应立足学生的整体发展进行学生国家认同素养的评价。第一，注重评价内容的全面性，学生国家认同素养的评价标准与评价内

容要涵盖学生理性认知、情感态度和行为表现三个层面。考虑到当前理性认知和行为表现方面相对薄弱,因此对其要给予特别关注。第二,注重评价主体的多元化,评价主体应面向教师、学生、家长、社会四个方面的群体,尤其是要让学生进行自我评价和学生之间的相互评价,以突出学生的主体地位。第三,注重评价方式的多样化,除了传统的纸笔测试,还要给学生设置真实的情境或者给学生提供活动机会,让学生在情境和活动中展现自己,通过观察、谈话、纸质档案袋或电子档案袋、作品展示等方式进行综合评价。

四 加强小学历史和地理认同相关内容,丰富乡镇学校的课程类型

教育行政部门和学校应关注不同年级和不同类型学校间国家认同教育融入中小学课程情况的差异,并采取相应措施改进小学及乡镇学校的国家认同教育。

首先,增强小学历史认同、地理认同、公民身份认同相关课程内容的融入。国家认同教育的内容主要包含身份认同、政治认同、文化认同、历史认同、地理认同五个方面的内容。小学虽然没有开设历史、地理课程,但是在语文、道德与法治等学科中有历史认同和地理认同相关教育内容的渗透。因此,教师要结合小学生的心理特征,注重挖掘学科课程中的教材资源,让学生了解历史认同和地理认同的相关知识。此外,小学还应有意识地开发身份认同、历史认同、地理认同相关教育内容的校本课程,并注重开展相应的实践活动。

其次,积极开发校本课程和开展实践活动以丰富乡镇学校的课程类型。国家认同教育具有丰富多样的教育内容,国家认同教育融入中小学课程的实施并不能由一种课程承担,而需各类课程相互配合,以实现国家认同教育内容的综合性与丰富性。因此,乡镇学校的校领导和教师要积极发掘学校自身传统以及周边环境中蕴含的经验与知识,开发凸显学校特色的国家认同教育校本课程。例如,四川一所小学依据地方特色,创设校本教材《小平爷爷你好》,专门讲述了邓小平的一生,让学生对国家历史名人进行了解,了解那个时代的艰辛,从而激发其爱国之情。同时,乡镇学校可依托重要节日和重大社会事件,对学生进行爱国主义教育、革命传统教育和社会主义核心价值观教育,以发挥其育人价值。

第四章　国家认同教育融入中小学课程的典型学校案例分析

对典型学校的国家认同教育经验进行梳理和总结，可以为其他学校的国家认同教育实施提供参考。北京史家小学、天津南开中学、江苏锡山高中经过长期探索，逐步熔铸积淀了特色鲜明的国家认同教育传统。① 这些教育传统和特色对其他学校开展国家认同教育具有重要的参考价值。

第一节　史家小学：创设"无边界"课程体系以培育学生的国家认同

史家小学又称"史家胡同小学"，始建于 1939 年。经过不懈的实践探索，史家小学的卓力校长在 1991 年正式提出了"和谐教育"理念，学校逐步形成了"和谐教育"的育人特色。近年来，为进一步实现立德树人的教育目标，史家小学结合多年和谐教育经验，充分汲取中华优秀传统文化精髓，建构了以培育家国意识为目的的"种子计划"育人模型和以"德育"为主线贯穿始终的"无边界"实践课程体系。② 其中，主要通过优秀传统文化教育、科技成就教育、国际理解教育、公民品格教育四个方面，培养热爱国家、自尊自强、关爱他人、具有社会责任感的全面发展的社会主义建设者和接班人。

---

① 这些学校的相关教育实践均获基础教育国家级教学成果奖，产生了较大影响。
② 洪伟、李娟：《大情怀的"无边界"课程构建——史家小学课程育人实践》，《人民教育》2019 年第 1 期。

/ 第四章　国家认同教育融入中小学课程的典型学校案例分析 /

一　基于优秀传统文化教育培育学生的文化认同

我国优秀传统文化博大精深，蕴含着宝贵的精神财富，是我国人民的精神基因。近些年来，随着国家间交流的日益密切，以及外来文化对我国文化带来的冲击，强化中华优秀传统文化教育、培植文化认同，成为当前我国文化建设的重中之重。近年来，史家小学积极响应国家政策号召，将优秀传统文化教育渗透到学校教育的各个方面，以培养具有中华人文底蕴和文化自豪感的现代中国人。

（一）基于语文学科传承优秀传统文化脉搏

语文学科独具文化性特点，因其涵盖内容广泛，往往是学校进行文化认同教育的重要工具，对培育学生综合人文素养具有突出优势。史家小学教师以课程标准为引领，对语文课程内容进行了系统整合，融书法、绘画等传统文化要素为一体，并将语文教科书内容与社会大课堂相结合，从多方面深入挖掘与中华优秀传统文化相关的知识，并有效组织学生开展了古文字画、诗词吟诵、汉服礼仪、"本草电台"等[①]多样化课程活动，以引导学生感受中华传统文化的脉搏，帮助其深入认知和理解我国优秀传统文化的博大精深，进一步激发民族自豪感和自信心，培植文化认同。

（二）开设古典文化体验课程以感悟先民智慧

史家小学着眼于促进我国传统文化育人价值的发挥，建构了包含"经典积累"课程、"文言文初阶"课程、"文化体验"课程三部分组成的古典文化课程体系，以引导学生感知传统文化魅力，培育文化认同感。

1. "经典积累"课程

史家小学教师采取经典诵读与效仿古代授课礼仪相结合的方式对学生进行教育。一方面，教师以"国子监官韵诵念"的方式、按照传统化的语音语调与学生一起诵念中国经典文学著作，如《论语》《孝经》等。同时，教师还倡导学生对这些经典文学作品进行反复的诵读、抄写

---

① 洪伟、李娟：《大情怀的"无边界"课程构建——史家小学课程育人实践》，《人民教育》2019年第1期。

和记忆，以更有效地感受传统思想精华的魅力；另一方面，教师在授课过程中，会教授学生传统的授课礼仪，如向孔夫子行礼，并引导学生在课堂上对教师行礼、同学间相互行礼等，以培养谦逊有礼的中华传统美德。

2．"文言文初阶"课程

史家小学教师受英语学习分级阅读的启发，按照不同的文体，为学生编制了上百字的简易文言文，以引导学生逐步感受传统文化的价值和魅力。例如，为使学生深刻地体会我国古代家书中展露的浓厚的思乡之情，教师与学生共同辨认竹简上残缺不全的"秦代黑夫家书"；为感受古代诗人苏轼愁苦不得志的义愤填膺，教师引领学生共同解读"江山风月，本无常客，闲者便是主人"的宽阔胸襟等。旨在使学生通过文言文的学习增加其对生活的感受力和对中国文化的热爱与认同。

教师还注重通过状物小品类文章，以贴近生活化的教学方式，引导学生感受传统文化魅力与古人智慧。如教师在解读南朝·梁刘俊的《送橘启》一文时，课前会同学生共同观赏宋人的《橙黄橘绿图》，探析王羲之的《送橘贴》等，并在品尝甘美的橘子的同时聆听吟唱楚辞《橘颂》，使古文化充分沁透学生心灵。同时，教师还鼓励学生积极进行文言文课程内容的表演，以身临其境地感受文言文的魅力。在教师和学生的共同努力下，2015年6月，史家小学学生表演的文言文小剧《愚公移山》登录央视少儿频道，受到大家的一致好评。

3．"文化体验"课程

为进一步拉近学生与传统文化的距离，教师采用了多样化实践教学形式。如每逢佳节，教师会组织学生走近"民俗文化"。上巳节时，师生共辨草木，品味诗歌，体验大自然强劲的生命力；端午节时，师生共同挂艾香包，系五色绳，解读粽子的文化含义；冬至时分，师生画消寒图，做民俗报等，旨在通过丰富多样的文化体验活动，帮助学生了解中国传统文化精华，理解先民的思维方式。[①]

---

① 一默：《教育，就是我的"诗和远方"——记北京市东城区史家胡同小学教师张聪》，《中国教师》2016年第9期。

（三）开设"博悟课程"以促进文化与价值观认同

史家小学将文化认同和价值观认同与学生日常生活实际相结合，依托国家博物馆丰厚的传统文化藏品资源，与国家博物馆携手开设了以中国传统文化为根基的"博悟课程"，旨在帮助学生对中华优秀传统思想、传统美德、传统礼仪等内容形成系统的认识，增强其民族文化感受力，培育文化和历史归属感。

博悟课程包含"漫步国博"和"博悟之旅"两类课程。其中，"漫步国博"课程设有"说文解字""服饰礼仪""美食美器"和"音乐辞戏"四个主题，相应按照"工具性—功能性—工艺性—文化性"发展脉络层层递进。学校采取"走出去"策略引领学生到博物馆进行探究学习，立足学生生活实际，以促进博物馆文物与学生生活的紧密结合。"博悟之旅"课程涵盖"创造""尊重""责任""规则""生命"五大主题，采取"引进来"策略，将博物馆资源充分地带入日常课堂教学过程中，以促进学生与传统文化的深层次接触。[1]

为有效地开展教学，学校充分整合了语文、数学、科学、音乐等12门学科，并依据各学科和各年级现有课时数，对每学科博悟课程开设的总课时数进行了课表安排。同时，博物馆将教学场域划分为三大区域，分别是授课区、展厅区、教学体验区。学生在授课区域主要以聆听讲解为主；在展厅区以直面接触国家文物为主，以感受祖国历史的厚重；在体验区，学生可以直接参与体验和表达活动。[2]课程授课采取双师教学，由博物馆工作人员和学校教师共同备课和商讨教学策略来完成教学任务。目前，史家小学已探索出传统文化和社会主义核心价值观教育的路径，以深入地培养学生的文化认同和国家情怀。

1. 依托课程对接方式感悟历史的厚重

传统文化教育主要依托博物馆中丰富的传统文物资源，拉近学生与传统文物的距离，体悟我国文化发展的博大精深和源远流长。一方面，

---

[1] 郭志滨、金少良、黄琛：《史家小学：基于博物馆资源的"无边界"课程》，《人民教育》2019年第3期。

[2] 邵壮：《国家博物馆青少年观众参与方式的开发与实践——以与史家小学"漫步国博"合作项目为例》，《中国文物报》2015年7月21日第7版。

史家小学打破学科界限，将博悟课程与国家课程逐一对接，形成了课程对接表。如在"说文解字"课程中，国家课程要求学生学习与汉字传播和发展相关的知识，博悟课程则将博物馆中的造纸术、印刷术、磨石砚台①、形似图画的甲骨文②等藏品和内容作为学生体验和学习的对象，从而促进学生深层次地感受我国古代先人的智慧，体验中国汉字和中华文化的博大精深；又如，"音乐辞戏"课程将"戏曲课程"与博物馆中的关于中国戏曲的内容相对接，将"词韵"与极富中国特色的"诗词歌赋"相对接。③ 将中国传统文化作为课程学习的主要题材，对进一步培养学生的中华人文底蕴，使学生感受中国历史的厚重感，激发其对中华民族的自豪感和认同感具有重要的意义。另一方面，学校还尝试了跨学科的同课异构，由不同的教师对相同教学主题分别进行设计，以促进学生多元化思考。

2. 依托"物—晤—悟"路径促进价值观养成

除传统文化教育外，国家博物馆藏品资源在社会主义核心价值观教育方面也具备独特优势。博物馆历史文物的陈列、文物本身所含价值与意义以及文物形成背后的故事均是学生理解和养成我国社会主义核心价值观的重要载体和依据。依据社会主义核心价值观教育的独特性，史家小学构建了核心价值观教育的"物—晤—悟"路径。

在具体学习过程中，教师首先引导学生对文物背后的丰富信息进行价值认知；其次，在多样化课堂活动中与文物展开"对话"，以获得真实价值体验，并在体悟、渐悟、顿悟、领悟、品悟、感悟、敬悟等思维活动中实现指向行动的价值养成。学生通过观察、思考、表达、交流、动手体验等多种方式，加深了对个体与群体、民族与国家、历史与艺术的正确认识和理解，形成基本的人生观、世界观和价值观，形成对国家历史发展的理解和感怀。

总体而言，国家博物馆中的 500 余件文物被用于博悟课程的学习，

---

① 国家博物馆社会教育宣传部：《博物馆与学校的深度合作：国家博物馆与史家小学共同开发〈中华传统文化——博物馆综合实践课程〉》，《中国博物馆通讯》2015 年。
② 邵壮：《国家博物馆青少年观众参与方式的开发与实践》，《博物馆研究》2016 年第 3 期。
③ 国家博物馆社会教育宣传部：《博物馆与学校的深度合作：国家博物馆与史家小学共同开发〈中华传统文化——博物馆综合实践课程〉》，《中国博物馆通讯》2015 年。

如元谋人上门齿、陶猪、姜寨遗址①等。此外，学校依据"博悟之旅"五大主题形成了150个教学主题，并秉承"个人—社会—国家"的维度层层推进，这有助于促进学生对我国历史形成系统认识，并深入理解和认同国家发展过程中形成的核心思想和价值观。②

（四）通过书院"讲会"制度传承书院精神

史家书院是进行传统文化教育的重要基地。建设之初，学校教师团队和施工方就对古代书院进行了深入研究，用富于现代感的建筑设计传承中国古代书院的精神与文化，营造独具中国底蕴的学习环境。

史家书院包括阅读区和文化沙龙区两个部分。阅读区视野开阔，古朴书架环绕四周。九张书桌以中国传统河图、洛书的形式布置成九宫格样式，将山西推光漆器画板上的图案嵌在书桌上。上升的台阶将阅读区自然分割开来，由玻璃覆盖的水道取意"曲水流觞"。阅读区和文化沙龙区间用双层玻璃旋转窗作为隔断，内夹十幅历代著名碑帖，寓意"寒窗十年"。阅读区主入口的过渡区内侧聚酯纤维采用稻草纤维，稻草纤维中的纸与墨属自然之物升华与蜕变的产物，两者的结合深刻地蕴含着中国传统文化中崇尚自然之道的理念。③

除了书院设计充满古文化特点外，史家书院还沿袭了中国古代书院的"讲会"制度，由学生自发组织并举办了"传统文化小主讲"活动，充分招纳所有热爱中国传统文化的学生，组织开展有关传统文化主题的个人"主讲"，如古代乐器、古代机械、文房四宝、青铜器等。其中，教师和家长也会被邀请作为助教共同参与其中。

现在的小主讲活动已经成为史家小学的固定课程。为满足更多学生参与书院讲学的要求，"小主讲"活动由原来的两周一次增加到现在的一周一次，书院统一安排"小主讲"课程表，各班自主选择听课内容，如从"北京的四九城"到"故宫里的动物园"等，学生们将研究的触

---

① 中国国家博物馆、史家小学编著：《写给孩子的传统文化博悟之旅·生命（下）》，新蕾出版社2017年版，第1—26页。

② 郭志滨、金少良、黄琛：《史家小学：基于博物馆资源的"无边界"课程》，《人民教育》2019年第3期。

③ 张婉：《最是书香能致远——记北京史家小学书香校园建设》，《中国教师》2016年第4期。

角伸向了中国传统文化的各个方面。为了讲好一节课，学生会在书院查阅大量资料，进行筛选和提炼，老师也会根据学生的需要及时为图书馆补充新的书籍。此外，史家小学学生每逢传统节日可以到书院参加兰亭笔会和中秋诗会。因此，史家书院不仅是对古代书院形式的传承，亦是对古代书院教育精神和中国传统文化的继承和发扬，在一定程度上可以被视为中国传统文化基地之一。①

（五）通过京剧实践孕育文化自豪感

京剧活动是史家小学的"精品课程"之一。史家小学基于立德树人的育人目的，秉承"以京剧文化为主题、以学科教学为阵地、以实践活动为切入口"的原则，将京剧实践活动作为弘扬传统文化的重要载体，并和东城区多所学校与中国戏曲学院、中国京剧团等院校团体协作建立起了"传、帮、带"的京剧文化教育基地，以激发学生对中国传统文化的热爱之情，培育文化认同感。

为切实引导学生领悟京剧魅力，史家小学以各学科为界限梳理出以"京剧文化"为主题的各具特色的文化要素，如美术课的"脸谱术"、形体课的"练身段"、音乐课的"唱腔术"、语文课的"品念白"等。同时，学校鼓励分年级对京剧文化故地进行游览以获得真实体验，如游览梅兰芳故居、梨园，观赏京剧《红灯记》和《大闹天宫》，体验化妆、穿衣、登台演出等，并开展了"我眼看京剧"的主题活动，要求三到六年级学生通过听讲座、看京剧、画脸谱、做衣裳、练身段、调查访谈等方式形成自身对于京剧文化的感受。

基于对京剧文化的实践演练，学校创设了专业化展示平台，由教师带领学生就自身创作的京剧作品在民族宫大剧院予以展示，如形体课的京剧健身操、身段汇报表演、语文课《乌盆记》的念白等，充分体验了校内外课堂的融合，② 使学生在实践活动中收获了京剧知识，读懂了"京剧文化"，感悟到京剧文化的真谛，孕育了文化自豪感，增加了自

---

① 张婉：《最是书香能致远——记北京史家小学书香校园建设》，《中国教师》2016年第4期。

② 北京教育科学研究院基础教育教学研究中心编：《小学综合学科实践活动课程案例研究》，北京师范大学出版社2016年版，第3—9页。

信心。

（六）组织学校节庆日活动以铭记历史、心系家国

史家小学善于抓住开学典礼等机遇对学生进行学期启蒙教育，以时刻警醒学生要爱国爱校。如史家小学在2017—2018学年第一学期开学之际组织了以"家国情怀，筑梦中华"为主题的开学典礼活动。学校领导和教师注重运用独具中华文化行为特色的礼仪形式与学生进行沟通，如参加开学典礼的市区领导和王欢校长为一年级新生正衣冠、点朱砂，举行开笔礼等破蒙仪式。开学典礼还展示了史家小学在传统文化教育课程开设方面取得的显著成果，如《书法·太极》的展示意在使学生感受中华文化中太极拳和书法的魅力，以及其蕴含的阴阳和谐、行云流水等民族智慧，感悟中华国粹之精华。

此外，史家小学还邀请了知名话剧表演艺术家蓝天野先生、区级非遗传承人孔炳彰先生、国家级非物质文化遗产泰山皮影第六代传人范正安先生和十竹斋木版水印技艺非物质文化遗产代表性传承人魏立中先生到学校对学生进行指导。艺术家们通过皮影表演和讲述匠人精神等，使学生进一步了解中华优秀传统文化，感受古代先人的智慧和技艺的伟大，促进了其文化认同感。

二 基于科技教育强化学生的民族自豪感

近年来，史家小学在充分拓展校园软硬件建设的基础上，依靠其得天独厚的教育设备条件，充分地将科学技术教育融入学生生活，以培养学生的科学素养，激发其国家自豪感，树立为我国科技发展献身的远大理想。

（一）通过数学课程博览我国科学成就

史家小学有效整合传统数学文化与课程内容，使得数学课程深深根植于中国历史悠久、影响深远的数理命脉。史家小学教师善于从多方面收集独具中国文化特色的教学要素，如数学历史、民间工艺、中国建筑、地域文化等，数学课堂教学更是洋溢着学生对我国数学文化历史成就的敬仰、赞叹与油然而生的自豪感，学生思维在此过程中得以贯穿古今、汇通中西，更好地感知和理解历史进程中一脉相承的数学文化发展

成就和先人的伟大智慧，增强了民族自信心和荣誉感，更加强化了学生立志为国家科技发展作贡献、成为具备良好科学素养和人文素养的社会主义接班人的信念。①

（二）开设天文课程、体验航天精神

我国古代天文成就卓越，但近现代天文教育比例在基础教育阶段不断下降，国家课程对天文课程的重视程度也较为欠缺。基于此，史家小学设置了天文课程，在培养学生科学精神和创新实践能力的同时，培育学生的自豪感和为祖国科技发展献身的精神。

史家小学设置了专门的天文馆及其他必备场所，并根据主题学习内容的需求，将教学场域分为"圆梦""探梦""造梦""追梦"四大区域，以满足学生学习、成果展示、实践活动、科技体验的需要。

"圆梦"区域以我国"神州飞天""探月计划"为主题，通过探讨我国载人航天和探月计划的进展诠释"圆梦"的意义；"造梦"区域为数字天象厅，其遵循我国古代"天方地圆"的形状设计，"三垣"和"四象"的墙壁和顶层设计，对应"五行""八卦"的地面构造，配合"天人合一"与二十八星宿的坐标划分等，充分地契合了我国古代渊博的传统天文文化；"探梦"区域以学生课堂为主场，以满足学生学习成果动态展示和优秀作品宣传播报等需求，是学生进行天文实践演练的重要场域；"追梦"区域主要用于帮助学生更加清晰地知晓八颗行星的关系，对现代天文地理产生更加清晰的认识。②

史家小学天文课程的开设意在培养学生的创新意识和科学精神，强化学生的动手实践能力。同时，学生在对我国"神舟飞船""探月计划"等进行研讨的过程中，激发了国家自豪感和自信心，增强了为我国科技事业献身的信念。

三 基于国际视野促进学生对我国文化的理解与认同

近些年来，培育兼备国际视野和家国情怀的优秀人才是众多学校教

---

① 洪伟、李娟：《大情怀的"无边界"课程构建——史家小学课程育人实践》，《人民教育》2019年第1期。
② 张培华：《中小学科技园地建设——史家胡同小学天文馆》，《中国现代教育装备》2015年第9期。

育追求的目标。学生通过感触、对比和学习不同国家文化，感受本国文化的魅力，有利于激发其对本民族的理解和认同。史家小学通过英语课程以及"涵润"游学课程，扩展学生的国际视野，引领学生在领略不同文化的过程中，增强民族自豪感和自信心。

（一）通过英语课程开展爱国教育和促进文化理解

史家小学的英语课程以"文化无边界"为价值导向，旨在使学生牢固掌握国际语言交流工具，开阔视野、胸怀大志，在博闻多识的过程中深化对民族文化与历史的感受和理解。在充分拓展和整合课程内容的基础上，英语教学常常会以贴近学生生活实际的中国传统文化内容作为课程题材，并以组织小组活动、开展英语表演、进行英语口语比赛等方式将传统文化内容渗透于英语学习的整个过程。如史家小学鼓励学生参加北京市东城区开展的"英语口语比赛"，比赛内容围绕"爱自己和亲人、爱同学和朋友、爱集体、爱祖国和爱社会"主题进行组织，[1] 这可以帮助提升学生的英文交际水平，激发学生的爱国情感，培育集体荣誉感和社会责任感。此外，教师利用网上资源，为学生提供《走遍美国》等，通过教师提供的网上英语俱乐部，学生可以读到国内外时事新闻、精彩影视片段等。[2] 在了解国外状况和动态的基础上，学生可以体会我国政治、经济与文化等各方面的独特性和先进性，从而促进学生的国家认同。

（二）开设"涵润"课程促进本土情怀和责任养成

"涵润"一词选自唐代诗人司空图《复安南碑》的"蒸云涵润，决天阃以滂流；击壤登歌，嬉春台而自乐"一句，意指"涵育世界，润泽生命"，同时也指课程实施"浸润式"的特点。史家小学构建了"涵润"游学课程体系作为其国际理解课程中的重要组成部分，旨在推动学生感受世界多样性文化的同时，增强其对祖国文化的热爱和为祖国作贡献的社会责任感。

---

[1] 寿小曼、褚凤华、宋莉：《世界之窗：史家小学的英语教育》，中国发展出版社 2012 年版，第 170—172 页。

[2] 寿小曼、褚凤华、宋莉：《世界之窗：史家小学的英语教育》，中国发展出版社 2012 年版，第 178—179 页。

为基于国际视野培育本土情怀，史家小学建构了包含 General 课程、Experience 课程和 Sharing 课程三部分的"涵润"游学课程体系框架。[1] 其中，General 课程包含"理解"和"行为"两大类课程。在学生探讨法国、新加坡、比利时等各国语言及人文历史知识的基础上，教师组织学生进行课程社会实践培训，以增进国际理解，并进一步养成具备中国文明礼仪特质的良好品德。例如，史家小学的学生在游学活动的"礼仪课"中，其公共场所安静礼貌的良好社会形象获得了各界人士的高度赞扬。Experience 课程为学生选修的实践体验课程，由本校教师或外国教师在学校、国家博物馆、学生家庭及其他国内实践基地等进行授课，并形成了六方面课程体系。其中，"传统文化"课程包含"青铜器文化""造纸和印刷""布袋戏""儒家思想研习"和"九族文化"五方面内容。独具中国特色的传统文化在培育学生文化理解养成方面效果明显。学生通过对比中国和他国文化的不同，进而培养其热爱本土文化、理解和弘扬中华优秀传统文化和社会主义先进文化的品格。此外，"自然科学""文化艺术""媒介素养""创新思维"和"国际交往"课程通过科学知识、艺术文化、传媒发展、创新活动和国内外不同主题内容的设置，使学生不断了解国际发展动态，增强对我国社会的人文关怀，强化社会责任感。如史家小学创设并实施了"模拟联合国大会"课程，在学生自主选择的基础上，教师带领学生选取相应的国家进行研究，并以发布会的形式进行交流，在中外对比的基础上增强对中国发展的认知，以及促进祖国发展的社会责任感。

史家小学"涵润"游学课程的建设，有助于在促进学生形成文化包容心态的同时，培育本土情怀和国家认同。在"无边界课程体系"下，史家小学突破传统教育教学理念，将学校和社会衔接起来，将机场、公交站、超市和博物馆等作为学习的重要资源，以全方位地培养学生的家国情怀和责任担当。[2]

---

[1] 张怡、闫旭：《聚焦核心素养增进国际理解——史家小学构建"涵润"游学课程体系的实践研究》，《中国教师》2016 年第 11 期。

[2] 张怡、闫旭：《聚焦核心素养增进国际理解——史家小学构建"涵润"游学课程体系的实践研究》，《中国教师》2016 年第 11 期。

四 基于公民品格教育培养学生的公民意识和社会责任感

为培养学生的公民意识和社会责任感，史家小学充分依托综合实践活动课程，无限拓展校外活动课程边界，以"德育"为主线，将公民品格教育贯穿于学生生活。

（一）通过综合实践活动课程塑造公民意识

史家小学依托综合实践课程，致力于培养具备社会责任感和爱心意识的公民品格。史家小学秉承"价值体认、责任担当、问题解决、创意物化"的课程目标，综合开设了"Make 创意挑战赛"等学习项目。如学生创设的"分层城市"蕴含着学生对未来城市和人类发展的关注；"送饭机器人"意在体悟老师的辛苦，为帮助教师更好地解决送饭劳累的问题；"老人跌倒自动报警器"意在为老年人出行提供方便；"自动翻书机器人"意在为残疾儿童读书提供便利。[1] 这些创意项目激发了学生对社会弱势群体的关注，培养关爱他人、集体及国家现状的良好品质，强化其责任担当意识和社会责任感。

（二）通过社会服务学习培育公民责任感

为培养能担负民族复兴大任的时代新人，史家小学拓展教育场域，推行"服务学习"，并成立了全国首个在民政部中国社会工作者协会注册的"阳光公益社"以开展志愿者行动，[2] 将服务与学习结合、课堂与社会结合，运用所学知识力所能及地为他人服务，为国家和社会服务，培养公民责任感。

在"服务学习"中，学生接触并参与了一系列与国计民生发展息息相关的社会问题讨论，如文化传承、公共安全、养老助老、扶贫帮困、环境保护等。遵循"发现—计划—行动—反思—分享"五个层层递进的环节，[3] 学生变公益梦想为公益行动，实现了"服务学习"应有的价值。截至目前，史家学生在社会服务学习方面取得了丰硕的成果。

---

[1] 洪伟、李娟：《大情怀的"无边界"课程构建——史家小学课程育人实践》，《人民教育》2019 年第 1 期。

[2] 洪伟、张婉、张均帅：《美德阶梯：史家小学的阳光公益》，中国发展出版社 2012 年版，第 6 页。

[3] 佚名：《服务学习——家国情怀教育的史家之"行"》，《中国教育学刊》2018 年第 7 期。

如到2019年年初为止,学校共收到3725份有关国计民生问题的自主提案,并开展了由学生自主发起的优秀公益项目,如"家书守护行动""关爱失智老人""八段锦进社区"等,充分彰显了史家小学学生的责任担当。①

(三) 通过中队会主题教育活动培养公民品格

史家小学中队会主题教育活动内容与形式丰富多彩。其中,学校尤为鼓励学生积极组织和参与以培育"爱家爱国"品格为目的的活动,以强化学生的责任担当和爱国意识。

如史家小学六年级某中队组织了"零米粒,我们一起来"的环保节粮主题教育活动。相关辅导员及教师主持,部分领导、老师及学生家长一同参会。通过唱队歌、播放公益节粮视频及神农尝百草的故事,以及一碗米饭的调查,做"节粮部"报告、朗读《观刈麦》、上演京剧情景剧《悯农》等环节,教育学生要保护地球、珍惜粮食,培养个人对集体、对国家以及对社会的责任感。②

又如,学校二年级某中队召开了"我爱红领巾——争当优秀队员"的主题活动。③ 通过活动的开展,同学进一步了解了红领巾,更加爱护红领巾,并时刻铭记自己少先队员的身份,极大地激发了队员们热爱红领巾、热爱祖国的真挚情感,增强了队员们关心他人、助人为乐的好品质,还进一步坚定了队员们争做优秀少先队员的决心。

第二节 南开中学:发扬"允公允能"传统以培育学生的国家认同

天津南开中学由爱国教育家严修和张伯苓于1904年共同创立。南开中学自建校至今,经历过旧中国的风霜雨雪,沐浴了新中国的阳光雨

---

① 洪伟、李娟:《大情怀的"无边界"课程构建——史家小学课程育人实践》,《人民教育》2019年第1期。

② 史家小学:《六九中队召开"零米粒,我们一起来"主题中队会》(2013年12月25日),http://shijia.xnw.com/qun/1000889,2019年6月22日。

③ 史家小学:《二四中队召开"我爱红领巾——争当优秀队员"主题中队会》(2013年12月25日),http://shijia.xnw.com/qun/1000889,2019年6月23日。

露，逐步熔铸积淀了特色鲜明的"允公允能"的教育传统和国家认同教育特色。这些教育传统和特色对其他学校开展国家认同教育具有重要的参考价值。

一 弘扬校史文化以激发学生的爱校爱国情怀

校史文化承继着学校的人文传统与精神血脉。它对学校所有成员的身心发展、外在行为有着潜移默化、耳濡目染的教育功能，能够激发学生的情感认同，促进其自觉参与和积极行动。南开中学一直以全方位多角度挖掘校史文化的育人价值，以激发学生的爱校爱国情怀，真正做到"育德入心、成德于行"。

（一）缅怀严修和张伯苓，沿承爱国崇德传统

张伯苓是被胡适称为"中国现代教育的鼻祖之一"的近代爱国教育家，南开系列学校是他一生的教育成就，这一切始于严修礼聘他执教严氏家馆，进行中国现代新式教育的探索。南开的诞生离不开严修，张伯苓从一名热血青年到日后成为世界知名教育家也离不开严修在早期对他的知遇和提携。[1]

南开中学的诞生是时代发展的产物。120 多年前清王朝甲午战争惨败，西方列强入侵中国，极大地激发了广大进步人士寻求救国出路的决心。在此背景下，严修、张伯苓认为想要救中国必须依靠教育，将发展教育与国家和民族的命运紧密联系在一起。后来张伯苓在与严修一同考察日本教育时发现，日本由于教育振兴日渐繁荣富强，由此更加坚定欲救中国须从教育着手的信念。因此，南开中学力图办"中学之模范"，推动中国近代教育的变革，培养救国建国人才。[2] 后来，张伯苓针对当时中国社会现实和教育实况，提出了系统的解决办法，即"重视体育、提倡科学、团体组织、道德训练、培养救国力量"五点办学方针，[3] 强调学生德、智、体的全面发展。

---

[1] 王彦力：《张伯苓与南开——天津历史名校个案研究》，南开大学出版社 2015 年版，第 52 页。
[2] 张军凤：《论南开中学教育的文化基因》，《天津市教科院学报》2017 年第 5 期。
[3] 赵志伟：《以"五育"治"五病"——张伯苓教育思想浅谈》，《福建教育》2017 年第 Z4 期。

1935年9月17日，张伯苓校长在新学年的"始业式"上，让南开大学新老同学自省三个问题，即你是中国人吗？你爱中国吗？你愿意中国好吗？这"爱国三问"让初入南开的学生真切感受到国家的危难和身为南开人的责任，激发了学子们的爱国之志，不少同学也由此投身到救国运动之中。两年后，在日本全面侵华的战争中，滋育爱国精神的南开校园被炸毁。然而，张伯苓校长发表了感言："被毁者为南开之物质，而南开之精神，将因此挫折，而愈益奋励！"作为南开精神核心要义的爱国主义精神自此更加深刻地烙印在一代代南开学子心中。

　　1939年3月25日，张伯苓在《南开校友与中国前途》的讲话中提出，南开校训是"公""能"二字，[①] 之后又对其进行了完善，即"允公允能，日新月异"。"公"是指热爱祖国、热爱人民、热爱事业、大公无私的奉献精神；"能"是指服务社会、经世致用的能力。"日新月异"是指要与时俱进、开拓创新。"允公允能，日新月异"的校训凝练了南开人的价值取向和精神品质，成为贯穿南开中学百年历史，积淀南开教育人文底蕴的精神力量，启迪鼓舞着一代代南开人。

　　基于南开中学与祖国命运紧密相连的历史，以及严修和张伯苓的卓越建树和对南开中学早期办学的重大贡献，南开中学尤为注重开展缅怀爱国教育家严修和张伯苓的纪念活动，以沿袭爱国崇德的传统。近年来，南开中学更是创新活动形式，丰富活动内容。2013年10月，南开中学举办严修、张伯苓铜像落成仪式，旨在使南开学子们沿着他们的奋斗足迹，为母校续写新的历史篇章。[②] 2016年4月5日，适逢张伯苓140周年诞辰，南开中学的师生、校友代表齐聚天津南开大学中心花园追忆悼念张伯苓。[③]

　　此外，南开中学为了了解、研究严修先生的早期思想，更好地纪念严修先生、学习严修先生的教育思想和高尚品格，编撰了《严修朱卷

[①] 王晓艳：《南开精神的形成与发展》，硕士学位论文，天津师范大学，2010年。
[②] 姚珺：《1980届校友为建立严修、张伯苓铜像捐款》（2014年5月23日），http://www.nkzx.cn/campusActivitiesDetail.do? id=781，2019年7月14日。
[③] 天津南开中学校办：《天津市南开中学开展系列活动隆重纪念张伯苓校长诞辰140周年》（2016年4月6日），http://www.nkzx.cn/campusActivitiesDetail.do? id=4865，2019年7月14日。

今释》一书，并组织观看了洪宝生导演的电影《一代人师严修》，以激励学生怀有"大公"之心，努力、奋进、成才，为国家和民族贡献自己的力量。

（二）加强校园文化建设，营造良好育人氛围

校园文化环境对培养学生的国家认同有着潜移默化的强大助推力。学校的建筑、布局、绿化等方方面面都应体现出自身独特的历史传统与人文精神。南开中学在百余年发展变迁中，校园环境充满厚重的文化氛围和良好的育人氛围。

1996年1月20日，南开中学校园作为南开学校旧址被国务院公布为"全国重点文物保护单位"[1]。为了更好地发挥环境育人的功能，南开中学在2010年开始对校园景观进行了改造和完善，使校园景观成为南开学子及社会各界缅怀伟人、感念历史的生动场所，以潜移默化培养学生的爱校爱国情怀。

南开中学先是复建了南开中学首届毕业生捐建的纪念井。该纪念井原由清华大学校长梅贻琦等33位优秀校友于1918年毕业10周年之际为母校捐建，寓意饮水思源，感念母校的培育之恩。[2] 纪念井时刻教育南开学子们向优秀前辈学习，奋发有为，用南开精神回报国家和社会。

与此同时，南开中学还恢复扩建了南开校友英烈纪念碑。该纪念碑系为纪念在民族解放战争中献身的南开学子田文莼、张炳元、岳岱、吴祖贻4位烈士而设立。恢复扩建后的纪念碑迁回原址，并将五四运动以来的马骏等42位南开校友英烈镌刻其上，以激励当代南开学子向英烈学习，为国家和民族无私奉献。

2011年，南开中学继续加强校园环境建设，在校园内设立"我是爱南开的""容止格言"景观石碑，完成伯苓楼等楼宇的改造。伯苓楼进行加固改造后作为南开中学校史馆使用，设有南开校史展室和周恩来中学时代纪念专题展室。每个展室都有大量珍贵的历史图片、文字和实物，全面真实地反映了南开中学百余年的校史发展概况。在伯苓楼一楼

---

[1] 天津南开校史研究中心编著：《天津南开中学史》，人民出版社2014年版，第376页。
[2] 林爱娟：《学生管理视阈下的学校文化传承与发展研究——以天津南开中学为例》，硕士学位论文，天津师范大学，2017年。

大门进门处右手边，设有张伯苓老校长的办公室复原室，在二楼专门设立了周恩来中学时代的教室复原室，并呈现了蜡像，[①] 生动地表现了周恩来中学时代刻苦学习、表现卓越的状态，激励南开师生以周恩来为人生楷模，情系南开心系祖国。

为了营造良好育人氛围的校园环境，南开中学充分挖掘和利用自身的资源。南开学校中的每一座校舍建筑背后都有其特殊的历史意义，校舍建筑的各层走廊挂满了南开中学毕业的著名院士的照片。漫步南开校园，处处都能感受到饱受岁月侵蚀却依然挺立的建筑无声诉说着这所名校的百年沧桑，受先贤们"教育救国"的坚定信念和周恩来"为中华之崛起而读书"宏伟志向的影响，南开学子们的心中在不知不觉间早已充满了强烈的爱国激情和奋勇向前的精神。

此外，南开中学还尤为注重通过校庆纪念活动来培养学生的爱校爱国情怀。2004年是南开中学建校100周年，南开中学以"巍巍南开精神"为主题，"铸以陶育英才"为主线，举办《百年南开》展览，拍摄电视纪录片《百年南开》、电视连续剧《张伯苓》，兴建百年南开纪念碑，并举办纪念大会和各种庆典活动。2014年南开中学在建校110周年纪念日，再次举办了纪念大会、文艺演出以及丰富的纪念展示活动，以彰显南开中学允公允能、爱国报国的远大志向，追求卓越、日新月异的进取精神和自强不息、弦歌不辍的执着追求。

二 开展楷模教育以传承公能精神

追寻榜样、崇拜偶像是中学生的普遍特点，发挥榜样引领作用能够让德育活动更加真切自然。而选择什么样的榜样，让中学生追什么"星"，则是德育的重要课题。南开中学从本校历史传统出发，紧密围绕"以周恩来为人生楷模"的主线开展德育活动，并开设"南开公能讲坛"，创新德育形式，丰富德育内容，通过树立周恩来等校友以及社会知名人士为楷模，发挥榜样的引领作用，传承南开中学的公能精神，培养学生对国家的认同感和责任感。

---

① 林爱娟：《学生管理视阈下的学校文化传承与发展研究——以天津南开中学为例》，硕士学位论文，天津师范大学，2017年。

（一）以周恩来为人生楷模，发扬修身报国精神

周恩来是南开校友的杰出代表，是南开学生的人生榜样。周恩来在南开就学的四年时间里，因品学兼优、志向远大、忧国忧民，被张伯苓称为"南开最好的学生"[1]。而周恩来作为南开校友，贴近学生、贴近生活，在南开学子的心中有着很强的感召力。因此，自20世纪80年代开始，南开中学就把"以周恩来为人生楷模"作为德育的主线，周恩来总理修身报国的精神和品格是南开精神和品格的典范，"以周恩来为人生楷模"激励着一代代南开师生的理想目标和人生信念。围绕"以周恩来为人生楷模"的主线，南开中学主要从以下五个方面着手进行德育教育。

第一，创建"周恩来班"与"邓颖超班"。南开中学自1993年开始在高中年级设立"周恩来班"，自2012年开始在初中年级设立"邓颖超班"。每学年通过评比，在高中和初中各选拔出一个在各方面表现都最突出的班级，分别命名为"周恩来班"和"邓颖超班"。要求"周恩来班"和"邓颖超班"必须围绕"以周恩来为人生楷模"的主题开展教育活动，学习周恩来总理的光辉事迹，继承和发扬周恩来总理修身报国的精神。[2]

第二，成立学习研究周恩来小组。2010年8月25日，南开中学在杰出校友赵启正和孙海麟的提议下成立了学习研究周恩来小组。学习研究周恩来小组由南开中学师生和校友组成，主要以天津市周恩来邓颖超纪念馆、觉悟社旧址纪念馆和南开中学为基地开展学习研究活动，充分挖掘史料内涵，对周恩来的成长轨迹、理论思想和精神品格进行梳理和学习，并组织撰写了《以周恩来为人生楷模教育读本》《周恩来南开中学作文笺评》等学习读本[3]，引导广大师生以周恩来为人生楷模，为国家的经济发展培养更多的德智体美劳全面发展的优秀人才。

第三，开设"以周恩来为人生楷模"选修课。南开中学自2010年

---

[1] 李晓利：《爱国教育要接地气》，《人民教育》2015年第20期。
[2] 刘向军主编：《魅力德育——南开区学校德育特色建设》，中国华侨出版社2012年版，第19—20页。
[3] 天津南开校史研究中心编著：《天津南开中学史》，人民出版社2014年版，第356页。

开始开设《以周恩来为人生楷模》和《周恩来的人生智慧》两门选修课,并以学习研究周恩来小组撰写的《以周恩来为人生楷模教育读本》一书为校本教材,针对青少年成长成才的需要,围绕"为中华之崛起而读书""南开最好的学生""无产阶级革命家生涯"三个板块,[1] 重点讲述周恩来在南开中学的学习生活,引导学生们学习周恩来的优秀品质,知晓青少年时期是奠定一生发展的基础,从而珍惜时光、坚定信念、锤炼品格。

第四,精心组织入学教育、周恩来总理缅怀活动、表彰大会等学习活动,使每一名南开学子都将"以周恩来为人生楷模"的主线教育内化于心。首先,新生入学教育的第一课即围绕"以周恩来为人生楷模"的主题开展教育。一方面,充分利用校史资源对新生进行榜样教育,由高二年级选拔出的优秀学生作为新生辅导员,组织和带领新生参观周恩来中学时代纪念馆、南开中学校史馆、总理宿舍等,铭记周恩来总理的卓越贡献;另一方面,组织新生观看电视剧《与周恩来同窗的岁月》,开展"以周恩来为人生楷模"的主题班校会活动和演讲比赛,[2] 感受周恩来总理的人格魅力和优秀品德。其次,在每年的1月8日周恩来总理忌日这一天,南开中学都会组织学生参观觉悟社旧址,开展多种形式的缅怀活动。最后,在每年的3月5日周恩来总理诞辰日这一天,南开中学会举行"纪念周恩来总理诞辰暨表彰先进大会",对德、智、体、美各方面表现突出的个人和集体进行奖励,以继承和发扬周恩来总理修身报国的精神。[3]

第五,挖掘中学时代周恩来成长轨迹,编辑出版教育书籍。在开展学习研究周恩来活动的过程中,南开中学积极挖掘周恩来青年成长轨迹,通过整理出版各类书籍,将学习周恩来精神的活动提升到新水平,为南开学子学习校友榜样提供权威而鲜活的教材。南开中学先后编写、

---

[1] 刘向军主编:《魅力德育——南开区学校德育特色建设》,中国华侨出版社2012年版,第23页。
[2] 刘向军主编:《魅力德育——南开区学校德育特色建设》,中国华侨出版社2012年版,第18页。
[3] 刘向军主编:《魅力德育——南开区学校德育特色建设》,中国华侨出版社2012年版,第19页。

出版了《以周恩来为人生楷模教育读本》《周恩来南开中学作文笺评》《周恩来南开中学习作释评》《周恩来南开中学论说文集》，形成"周恩来南开中学丛书"①。这是南开中学对周恩来总理最好的怀念，也是南开中学为弘扬周恩来精神、传播先进文化作出的积极贡献。

（二）开设公能讲坛，培养学生报效祖国的志向和综合能力

"南开公能讲坛"的名称，取自南开中学校训"允公允能，日新月异"，体现了学校培养具有报效国家的志向与服务社会的能力的学生的教育宗旨。② 邀请知名人士到学校进行讲座是南开中学建校以来一直沿袭下来的传统，20 世纪初期，南开中学就曾邀请梁启超、蔡元培等人到校讲演。后来，周恩来与同班同学张瑞峰、常策欧发起成立的学生社团"敬业乐群会"，也会经常利用每周课余时间请老师作专题报告或辅导，有时还请校外知名人士来讲。2010 年，南开中学开设"南开公能讲坛"，旨在通过邀请各领域的名师大家与社会精英到学校讲授专业知识，分享人生感悟，来引领学生坚定自己的理想信念，树立报效国家的志向，全面提升个人素质。

南开中学高度重视"南开公能讲坛"，组织工作严而有序、分工明确。理事长孙海麟亲自邀请每一位主讲人；理事会办公室设专人与主讲人进行联络沟通并将讲座的有关资料在开讲前通过展牌等形式向师生介绍；学校德育处负责学生的组织，保证每个年级的学生每个月参加一次公能讲坛的活动。主讲人到校讲座时都会安排学生引领其参观校史馆和校园并参与签名题字等环节，以便加深主讲人对南开中学的了解，从而更好地为南开中学学生开展有针对性的主题宣讲。

"南开公能讲坛"以服务于学校教育教学为宗旨，以不影响正常的教学活动为原则。每年度公能讲坛的开设计划均提前安排，讲座次数安排在 12—14 次，讲座时间均为学生必修课以外的时间，讲座时长设定为学生注意力集中较好的一个小时。每次讲座都安排半个小时左右的互动环节，鼓励学生大胆提问。每次公能讲坛都安排学生记者跟踪采访主

---

① 天津南开校史研究中心编著：《天津南开中学史》，人民出版社 2014 年版，第 358 页。
② 徐德明：《传承公能精神书写校园文明新篇》（2017 年 11 月 30 日），http：//www.jyb.cn/zgjyb/201711/t20171130_ 860496.html，2020 年 3 月 20 日。

讲人，以此锻炼学生的综合能力。

"南开公能讲坛"所邀请的主讲人都是各个领域的领军人物，他们的专业知识、人生阅历、成功事迹深深地吸引着渴望成功的南开学生。他们的演讲或对话展示了他们对世界的认知、对社会的关注、对科学的探索以及对教育的理解，不仅使南开师生获得了知识上的提升，开阔了视野，也启发和鼓舞师生不断探索公能教育的真谛。这些讲座的内容基本可分为品德教育类、科学探究类、人文社科类、教育研究类、成功励志类。讲座内容都是优质的德育课程，例如，国防大学战略研究所所长金一南将军，以丰富的史实、独特的视角，带领学生走进血雨腥风的年代，思索国家和民族的命运；中国气象局原局长秦大河通过一组组照片，回顾了科考人员徒步横穿南极大陆的科学考察活动；哲学家王博教授系统地对中国传统文化进行了解读。

"南开公能讲坛"为德育注入了富有时代特征的爱国主义血脉，让学生们有了不同于课堂教学的体验与收获，在这里获得的不仅是知识，更重要的是一种眼光，一种思维能力，以及对国家和社会的责任感，进而树立报效祖国的志向。

三 注重体验教育以提升学生的社会责任感

（一）创建义工制，矢志践行社会责任

2001年，南开中学开始开设义工制社会实践课程。义工制是指学生利用课余时间进行社会实践并完成50个小时的义工任务，其中要求每学期8个小时、暑假20个小时、寒假14个小时。南开中学的义工制倡导"班班有基地、人人有岗位"，并建立健全学生联络员制、班级指导教师制和学分制三个制度，以保障义工制的落实及学生义工活动的有效开展。[①]

义工制充分发挥学生的主体性与自主性，由学生自由确定活动内容、形式与地点，选择小组成员并推选联络员。联络员负责联络义工活动地点，组织小组成员有序开展义工活动，与学校进行及时的沟通，向班主任反映每名学生义工活动的参与情况，对义工活动的时间、内容进

---

① 贺海龙：《"允公允能"："义工制"彰显南开之"义"》，《中小学管理》2017年第7期。

行记录，并对小组成员的义工活动表现进行阶段性的评价。同时，为了保障义工制的有效开展，学校德育处在义工活动前会开展充分的动员，并对每组上交的义工活动计划进行审批；团委、学生会义工部和各班班主任在义工活动开展的过程中会给予相应的指导和必要的检查；每个义工活动地点的负责人会对学生的表现进行评价反馈；班主任会综合联络员、义工活动地点负责人的评价情况，实行学分制管理，对每个学生的表现评分；学校在义工活动结束后会组织典型团队在全校大会上总结交流。

南开中学的义工制活动范围广泛，活动形式多样，活动参与度高，活动内容公益性强。据不完全统计，截至2015年年初，南开中学有近300个义工实践点，例如，周恩来邓颖超纪念馆、平津战役纪念馆、市图书馆、养老院、儿童福利院等实践基地。[1] 此外，南开中学的学生把服务社会作为出发点和立足点，积极创新活动形式，有的学生到临终关怀医院照顾病人；有的学生为农民工子女讲课；有的学生到路口做交通协管员；有的学生向路人们发放宣传单，介绍中国传统文化的博大精深和重要意义；还有的学生关注社会弱势群体，开展了盲童的有声读物录制活动等。南开中学的义工制为学生提供了一个接触、认识和服务社会的平台，同时为学生社会责任感和工作能力的提高创造了条件，使学生通过体验，意识到自身对社会的责任，增强了责任意识与担当意识，提升了做事的勇气和解决问题的能力。

（二）完善社会实践基地，弘扬红色精神和社会主义核心价值观

为了引导学生走出自我小天地、迈入社会大课堂，南开中学自20世纪90年代初逐步完善了革命传统教育和"手拉手"基地以及学军、学农等社会实践基地。

十几年来，南开中学积极建设革命传统教育及"手拉手"基地，与革命老区、蓟县贫困山区建立"一帮一、手拉手、结对子"的共建关系，[2] 深入挖掘红色文化这一精神富矿的时代意义，坚持立德树人根

---

[1] 刘向军主编：《魅力德育——南开区学校德育特色建设》，中国华侨出版社2012年版，第22页。

[2] 刘向军主编：《魅力德育——南开区学校德育特色建设》，中国华侨出版社2012年版，第39页。

本任务、厚植学生爱国情怀。通过引导学生到革命传统教育和"手拉手"基地参与社会实践，使学生到革命老区听取抗日故事，与贫困山区学生共同参与劳动，在实践中弘扬红色精神，学习优良传统，继承和发扬奉献社会的崇高精神。

除此之外，自1994年起，学校投资建设了学军、学农及军民共建活动基地，定期开展学军、学农活动。学军体验性教育活动，能在开展军事操练的过程中，潜移默化地规范学生的学习、生活规律，加强学校管理的组织性与纪律性，使学生通过亲身经历来体验、学习做人做事的基本道理并将其转化为行为习惯。开展学军活动，不仅磨砺了学生的意志品质，更增强了学生的爱国意识与国防观念。

开展学农教育，则有利于培养学生艰苦奋斗的劳动精神、团结协作的作风、吃苦耐劳的品行、勤俭节约的美德，对培养学生的社会主义核心价值观具有重要意义。同时，学农教育还让学生在农业劳动的体验中增强对农业的认知，增强尊重劳动的情感，收获劳动的幸福，为学生全面发展开辟了良好渠道。

（三）实行学校管理班制，强化担当和服务意识

张伯苓在建校初期就提出"本校教授管理，惟在引导学生之自动力而已"，"一为先生之辅助，二为诸生之自治。夫然后先生之力渐减，学生之力日增"等。[①] 因此，南开中学的学校管理尤为注重发挥学生的主体作用和自治力，锻炼学生的综合能力、让学生在体验组织管理中强化责任担当意识和服务意识。

南开中学设立了学校管理班制，即每周由一个班级统一管理学校的日常事务。管理班的主要职责包括负责学生的日常生活管理、卫生清扫和管理、食堂秩序和宿舍秩序的管理、学生五项评比的检查和管理、接待国内外参观团体和教育团体等。同时，管理班还要选出一名"校长助理"协助校长处理日常事务。[②] 学校管理班制使每个学生都能参与到

[①] 刘向军主编：《魅力德育——南开区学校德育特色建设》，中国华侨出版社2012年版，第32页。

[②] 刘向军主编：《魅力德育——南开区学校德育特色建设》，中国华侨出版社2012年版，第29页。

学校管理工作之中,让学生在亲身体验中增强权责意识、主人翁意识和服务意识,提高参与社会生活的积极性与主动性,锻炼沟通协作等方面的能力。

例如,一位同学在担任校长助理工作后自我总结到,他十分感谢学校提供的实践机会,通过一次难忘的接待任务,原本不善言谈,害怕与他人交流的自己提升了社交和语言表达能力,并且在服务大家的过程中增强了责任意识与担当意识。① 学生管理班制实质上是学生自治的体现。学生自治一方面是国家独立、人民自主在教育领域里的体现,它通过制度安排赋予学生参与学校管理的民主权利;另一方面,通过实行学生自治,培养出自治的学生,造就为国家服务、具有责任意识与担当意识的公民。

第三节 锡山高中:基于历史、文化和实践培育学生的国家认同

江苏省锡山高级中学(以下简称"锡山高中")始建于1907年,前身为私立匡村学校(以下简称"匡校"),由校长匡仲谋先生在杨墅创办,系江苏省历史文化名校、江苏省重点中学、江苏省首批四星级高中、江苏省首批九所和无锡市首所国家级示范高中。

该校办学百余年来,始终秉持以"十大训育标准"②为基础的教育理念、以"成全人"为目标的学校哲学,明确"一切为了培育站直了的现代中国人"的办学宗旨,立志将学生培养为生命旺盛的人、精神高贵的人、智慧卓越的人和情感丰满的人。具体来说,即要培养学生做以坚韧的意志、强健的体魄站立的人;做既承继了民族传统美德又具有现代文明素质的人;做为自立社会、成就事业打下合格基础的人;做堂

---

① 刘向军主编:《魅力德育——南开区学校德育特色建设》,中国华侨出版社2012年版,第30—31页。
② 十大训育标准包括:(1)锻炼健康强壮之体魄;(2)陶冶言行一致之美德;(3)涵养至公廉洁之节操;(4)激发舍身为国之精神;(5)鼓励服从团体之主张;(6)训练谦恭温和之体貌;(7)养成灵敏精密之头脑;(8)练习增加生产之技能;(9)培养勤俭耐苦之习惯;(10)增进活泼愉快之态度。

堂正正的有中国心的人。① 历经长期教育实践,锡山高中在国家认同教育方面也形成了自己的鲜明特色。主要包括:依托学校博物馆和口述史课程塑造学生的历史认同,基于国学课程培育学生的文化认同,通过"模拟城市"促进学生的身份认同,利用主题实践活动促进学生的政治认同和家国情怀。

一 依托学校博物馆和口述史课程塑造学生的历史认同

(一)依托博物馆塑造历史记忆

历史记忆对于建构国家同一性、形塑国民的归属感、激发国民为国家奉献的决心和勇气具有重要意义。② 博物馆在传承历史情感、塑造历史记忆方面发挥了无可替代的作用。与一般的校史馆不同的是,锡山高中博物馆更加强调实证主义,收藏了许多珍贵的文物,通过文物呈现了历史原貌,具有重大的教育价值。每一件文物都是历史的见证者,承载着一段段波澜壮阔的历史记忆,学生身处博物馆,感受文物带来的最直观的感官冲击并在此之中体会历史的厚重。了解校史、国史,有助于增强学生对国家、民族的热爱之情,增进历史认同。

锡山高中博物馆于 2017 年 10 月 3 日该校成立 110 周年校庆之日正式开馆。博物馆包括匡校遗存物展和四大专题展区,分别是抗战烽火中的匡园学子,百年母语教材展,口述历史展、锡山高中师生藏品展和馆藏历史报刊展。其中抗战烽火中的匡园学子包括十四年抗战概况、八一三淞沪抗战、无锡沦陷、锡流壮举等展区,每一段历史中都有匡园学子的足迹。从九一八事变到卢沟桥事变,日军不断侵略我国领土,淞沪会战中中国军队奋起反抗使得日军严重受挫,锡山高中师生为此热血沸腾,建塔纪念。无锡沦陷前夕,锡山高中爱国师生为了保存匡校抗战火种,在塔前宣誓,参加"无锡抗日青年流亡服务团",一边奔走一边继续宣传抗日救亡,"锡流"成员历经锤炼,成为我国革命和建设事业的重要力量。

---

① 唐江澎、王建军、厉墨龙、丁志康、张彤春:《校本课程的研究与实验》,《课程·教材·教法》1999 年第 2 期。
② 吴玉军:《传承历史记忆:国家认同建构的重要路径》,《人民论坛》2019 年第 3 期。

革命文化是中国共产党带领中国人民在革命、建设和改革实践中形成的先进文化,承载着中国人民的光荣与梦想、不幸与苦难的共同记忆[①]。锡山高中以博物馆的形式将中华民族的抗战史保存下来,弘扬革命文化,传承红色记忆,在对历史记忆的书写中,立足中华民族叙事立场,传承中华民族团结奋进的精神品质,牢固树立中华民族共同体意识。锡山高中在让学生铭记历史的同时也感受到学校自古以来的爱国情怀并自觉将之传承下去。

(二)依托口述史课程强化历史认同

《历史口述史研究》是锡山高中特色校本课程之一。在课程中,学生亲身感受口述史的魅力,形成作品。锡山高中博物馆中口述历史展、锡山高中师生藏品展是由锡山高中《历史口述史研究》校本课程的师生共同布置的展区,学生的作品主要收录在《一所高中的学生史记》一书中。

根据美国作家里奇(Donald Richie)的表述,口述历史就是通过录音访谈来收集口头回忆和重大历史事件的个人评论,也就是通过笔录或者录音和录像等,记录历史事件的当事人和目击者的回忆。[②]锡山高中通过对文献理论的研究,结合自身实践,不断完善口述史校本课程的教学计划,确定合理的课程目标,设计科学的内容结构,选择合适的教学方式并采取多元的评价方式。

口述史对学生来说是一个全新的领域,锡山高中将课程目标从浅至深定为六个方面:(1)初步形成对口述历史的理性认识;(2)通过训练熟悉操作流程;(3)小组合作完成研究并展示交流;(4)激发研究兴趣,增强历史责任感与认同感;(5)增强组织、交际、调查和语言表达能力;(6)体验并分享成功的快乐,增强自尊自信,学会尊重欣赏他人。该课程让学生在了解口述历史的基础上,激发其学历史、做历史的兴趣,拉近学生与历史之间的距离,增强其历史责任感和认同感。

---

① 吴玉军:《传承历史记忆:国家认同建构的重要路径》,《人民论坛》2019年第3期。
② 唐江澎等编著:《从校本课程走向学校课程》,江苏凤凰教育出版社2017年版,第145页。

在遵循认知规律的基础上，其课程内容共分为四个模块，分别是介绍口述历史的基本理论、熟悉做口述史的操作流程、口述历史的课题研究和成果交流。在教学过程中，采取教师讲解与学生探讨相配合的教学方式，并且根据各模块的内容特点有所侧重，让学生深入参与课程的每一个环节，最终在成果交流阶段形成自身最终的认识感受。在进行课程评价时，将评价的关注点转向学生的学习过程，强调过程性评价，通过成长记录袋的形式将对每个学生个人的评价融入研究小组进行评价，有助于学生合作意识和集体意识的培养。除此之外，拓宽评价主体，教师不再是唯一的评价主体，而是将受访者、学生全部纳入评价体系，让学生在主动参与评价过程中提高自身能力。

口述历史具有独特的"人民性"，它将对历史的关注点转向普通人，重视个体对历史及社会的体验。在进行口述史研究时，拉近了学生们与历史之间的距离，让他们亲自去发现、探索和体验身边的历史，从而丰富学生的情感世界、弘扬中华民族文化，培养其家国情怀，增强社会责任感。以学生邹依宁"锡山高中实验室的变迁"主题研究为例，经过18课时的口述史研究锻炼，她筛选并确定主题、制订研究计划、搜集资料并进行实地访谈，通过研究母校实验室的历史变迁，学习到了很多学问和趣闻，其中还折射出锡山高中的教育理念的发展和进步，使其对于母校有了更深的感情。另外，母校实验室的历史变迁实际上也是国家历史发展的缩影，以小见大，她也对于国家的历史有了更深层次的了解。同时，其在课程感悟中谈到，在研究过程中身为小记者采访老师使她的表达能力得到了锻炼，促进了自身综合素质的提高。

二 基于国学课程培育学生的文化认同

悟读锡山中学的训育主旨，蕴含其中的其实是中华传统文化的核心精神，"诚敏"的校训体现了核心价值观，各条训育标准，也都体现了古代主流文化——儒家文化的思想要义。锡山高中从百年校史中总结经验，继承和弘扬中华优秀传统文化，用蕴含在文化经典之中的为人处世、齐家治国的世界观、人生观和价值观来滋养学生的人文精神，帮助学生建立健全的人格，将中华传统美德切实转变为学生身体力行的规则。①

国学是中华文明的重要载体，是中华民族精神的集中体现。在学生健全人格形成的重要阶段，将教育内容指向国学，进行基础且较为系统的国学教育，用国学精神滋养学生品格，有助于培育中华民族文化的主体意识。

锡山高中将国学教育融入语文课程当中，采取"读一读、背一背、联系实际探索研究"三部曲及"读写结合"等模式，保证每学期都有18课时用于国学教学，并且在选修课程中加大覆盖经史子集的国学模块和教学分量和力度。② 锡山高中成立"江南国学实验班"，作为中国人民大学国学院教育研究实验基地，秉承着国学专家冯其庸先生"大国学"的精神以及"书破万卷，路行万里"的学术精神，开设了包含"国学基础""《论语》选读""《红楼梦》选读"等在内的丰富的人文课程，供学生自主选修，为学生的成长成才奠定坚实的国学基础。学校主要采用讲座的形式开发国学基础课程，开设国学馆，通过多种途径用国学精神滋养学生心灵，促进文化认同。

同时，为保证国学教育的实施质量，锡山高中多次组织教师听国学讲座，接受国学熏陶、启迪教学智慧。中国人民大学国学院师生游学团为锡山高中国学校本教材的开发与使用、国学班课程的设置提供了指导性建议。

三　通过"模拟城市"促进学生的身份认同

王海荣提出，增强国家认同需要促进公民身份、权利、义务的制度化，合理界定公民身份的包容性程度和范围，规范公民身份行为以及加强身份教育。③ 由此可见，在进行身份认同教育时，要帮助学生明晰自身身份界定，了解作为国家公民应依法享有的权利和应履行的义务，树立"主人翁意识"，积极进行社会参与。

---

① 唐江澎：《让国学精神滋养濡染学生的中国品格》，《江苏教育》2010年第17期。
② 唐江澎：《让国学精神滋养濡染学生的中国品格》，《江苏教育》2010年第17期。
③ 王海荣：《现代国家认同的危机与建构——基于公民身份视角的分析》，《哈尔滨工业大学学报》（社会科学版）2018年第6期。

锡山高中独具特色的"模拟城市"是对学生进行身份教育、培养学生社会参与意识和主人翁意识的优秀范本。以模拟城市中所发生的真实事件为例。

"为什么菜单上的内容和实际菜品不一致?""能否将餐具清洗的流程公开化、透明化?"这是锡山高中的学生代表们向食堂管理人员进行的犀利发问和质疑,是发生在由模拟城市政府召开的"学生食堂服务改进方案"校园听证会上的一幕。模拟城市是锡山高中学生参与学校民主治理的平台,学生自主管理模拟城市的运行,使得学生在校园管理中拥有足够的话语权。通过自主召开学生代表大会,学生们选举"市长"并组建自己的学生政府;定期召开校园议事会议,在会上讨论校园生活中关注度较高的问题并形成决议,然后由学生政府与学校管理部门对接办理通过的决议。如果到下一个校园议事会议前仍然没有妥善解决相关问题,"市长"和他的学生政府会遭到议事委员们的质询。其中,学校食堂的服务质量就是受学生高度关注的一个焦点问题,虽然学校食堂方面也在努力改进,同学们却总感觉收效甚微。这个压力自然就落在了模拟城市学生政府的身上,其在展开问卷、座谈、实地参观等形式的调查后发现,存在的最大问题是食堂方面与学生们沟通不畅,他们并不了解学生的真实需求和想法,导致很多改革方式治标不治本,而学生们也不理解食堂的实际运行方式与困难,造成其心理期待与实际情况形成巨大落差。于是,同学们决定举办一场校园听证会,让食堂的管理人员和同学们坐到一起,共同协商改革的方案。为了办好听证会,来自模拟城市活动部的同学成立了筹备团队,他们找到学校后勤处和食堂负责人,请他们到现场与学生面对面沟通交流;他们查阅资料并向老师咨询,不断完善听证会的流程;他们模拟听证会的进程并以此进行预判,及时避免可能会出现的问题和失误。校园听证会在同学们的努力下获得成功,不仅推动了食堂服务的有效改进,也是校园民主的一次创新。[1]

追溯至百年前的匡村学校,当时建立的学生自治组织系统——"模拟乡村",历经近百年发展演变,"学校即社会"的理念历久弥新,演

---

[1] 王晓健、孙震、秦洪敏、黄宏、魏安彬:《锡山高中的表情与符号》,《教育视界》2015年第Z1期。

变成如今锡山高中的"模拟城市"。学校发展百年,对学生的身份认同教育从未停止且逐步完善。锡山高中的校园就是一个由同学们共同治理的小社会,每一个锡山高中的学生在校园里还拥有另一个身份——模拟城市的市民。在模拟城市的真实体验中,同学们培养了自己解决真实情境下复杂问题的能力,认识自我价值、了解社会规则,增强责任意识,培养关键能力。"学校即社会"的理念让学生们能够在模拟城市中体验到真实作为一名市民,乃至公民应当享有的权利和应当履行的义务,自觉树立起主人翁意识,对模拟城市负责,这为今后参与现实社会积累了宝贵的经验,打下了坚实的基础。

四 利用主题实践活动增进学生的政治认同和家国情怀

锡山高中积极开展各项主题实践活动,以弘扬宪法精神、社会主义核心价值观以及家国情怀等。

培养学生的政治认同离不开法治教育,锡山高中高度重视对宪法精神的学习和弘扬,利用课外活动在青少年中大力弘扬宪法精神,开展宪法教育,培养学生发自内心地尊崇、信仰宪法,立志培养出能够担负民族伟大复兴的一代新人。

社会主义核心价值观作为社会主义核心价值体系的内核,反映了社会主流价值观念的根本性质和基本特征,是我国政治意识形态密不可分的一部分。为增进学生对社会主义核心价值观的理解,锡山高中通过布置班级文化环境、国旗下讲话和在校园内对学生进行随机采访等多种途径,引导学生识记和理解"核心价值观"及"八礼四仪"的内涵。同时学校还开展以"核心价值观"和"八礼四仪"为主题的黑板报活动,将学生搜集到的与核心价值观相关的文字及图片,精心剪贴制作成卡片张贴到黑板报上,引导学生化言语为行动,切实增进政治认同。

家国情怀是爱国主义教育的核心内容,国与家紧密相连,爱国主义也是我国民族精神的核心要素。从百年前的匡村学校到如今的省锡中,锡山高中始终致力于培养学生的爱国意识和家国情怀。九一八事变是中国 14 年抗战的开端。每到九一八事变的纪念日,锡山高中就会开展系列主题活动警示学生勿忘国耻,热爱祖国。举行九一八签名宣誓活动、开展"勿忘国耻,强我中华"的主题讲座等让师生们更加坚定了热爱和建设社会主义伟大祖国的信念，增强了师生实现中华民族的伟大复兴的信心和力量。

学校还开展"在亲历中体悟核心价值"的主题研习行动，引导学生通过研习、体悟掌握必要的国防知识，增强忧患意识和民族危机感，懂得自觉履行国防义务，关心、支持、参与国防建设。学校为鼓励学子参军报国、固我长城而设立了"国良国防奖学金"。为了引导准备出国留学的少年学子树立正确的历史观、民族观、国家观、文化观，结合"护航计划"组织准留学生们拜访不同历史时期的老一辈留学生，让他们近距离感受老学长们的风采，从他们留学报国的故事中体会与祖国同成长、共命运的时代担当。这一系列的举措充分体现了锡山高中对增强学生爱国情怀的高度重视，也使学生在此过程中增强了对祖国的热爱之情，并立志努力奋进、报效祖国。

第五章　国家认同教育融入中小学课程的国外经验借鉴

当前，随着经济全球化、文化多元化的发展和国际交往的日益密切，世界各国都面临着国家认同的危机，因此国家认同教育越来越受到各国的重视。其中，美国、英国、新加坡在国家认同教育融入中小学课程方面进行了卓有成效的探索，我们有必要对这些探索进行梳理和分析，以寻求对我国实践的启示。

第一节　国家认同教育融入中小学课程的美国经验及启示

美国作为多种族移民国家，国家认同一直是其关注的焦点。近些年来，美国尤为注重国家认同教育，在国家认同教育融入中小学课程方面积累了丰富经验。这些经验对我国开展国家认同教育具有一定的参考价值。

一　美国中小学生国家认同教育的背景

21世纪以来，美国面临着多元文化冲突、公民身份认同危机、青少年政治参与度不高等问题。这为美国中小学生国家认同建构带来了一定挑战。

（一）移民增长背景下的多元文化冲突

1965年，美国《移民与归化法》对移民政策进行了重大改革，致使移民数量大幅增加。21世纪以来，美国移民继续呈现持续增长态势。

据美国2010年全国人口普查数据显示，拉丁裔、亚裔及非裔人口约占美国总人口数的30%。此后，美国国家数量统计局于2014年5月公布的人口统计数据显示，美国拉丁裔人口已经超过此前少数民族中占最大比例的非裔人口，成为美国第一大少数族群。如按此趋势发展，原始的最具美国特性且占人口主体地位的欧裔白人种族将在2060年首次成为美国最大的少数族群。[1]

种族人口比例的变化带来了众多社会问题。拉丁裔移民潮的激增迫使美国许多中小学采取了英语与西班牙语双语教学模式，进一步促进了多元文化的发展，这与维护美国国家语言文化统一和"合众为一"的美国理念有所出入，容易导致美国社会的分化。此外，移民给美国带来了不同的语言、文化、习俗和宗教信仰，文化差异和冲突威胁着共同的价值观和国家认同。因此，促进公民的共同价值观和国家认同在当下显得尤为迫切。

(二) 公民身份认同危机

多元文化背景下的公民身份认同一直是美国关注的焦点。美国希冀通过构建统一的美国公民身份以促进国家稳定和文化安全。然而，21世纪以来，美国公民身份认同仍面临着一定危机。

2008年，美国布拉德利计划发布报告，阐述了与美国公民身份认同密切相关的公民教育和国家安全等主题。报告指出，美国在多元文化影响下面临着严重的认同危机，多元化只有建立在国家统一的基础上才是安全的，因此呼吁全国就公民身份认同问题展开对话。基于此，弗吉尼亚大学政治学教授塞瑟（James Ceaser）认为，美国人对多样性的理解和欣赏很重要，但必须通过强调共有的要素来平衡。布拉德利计划执行主任奥多内尔（Rick Odonnell）还强调，有关美国国家认同的议题已经超越了党派偏见，并引起了美国人民的共鸣。[2]

在美国政治层面，身份认同也广受关注。2015年，美国《新共和国》杂志指出，身份政治日益影响共和党和民主党辩论中的经济、外

---

[1] Sandra L. Colby and Jennifer M. Ortman, *Projections of the Size and Composition of the U. S. Population: 2014 to 2060*, Washington, D. C.: U. S. Census Bureau, 2015, pp. 9–13.

[2] Anon, The Bradley Project Releases Its Report, "E Pluribus Unum"-Calls for National Dialogue on America's National Identity, June 8, 2008, http://www.freerepublic.com/focus/f-news/2027971/posts, November 12, 2018.

交等话题，它们也愈加发展为与身份认同相关的问题。[1] 2016 年的美国政治大选也在某种程度上演变为关涉美国国家认同的公民公决，关于"美国人到底是谁？"的问题成为这场政治选举的主要焦点。希拉里·克林顿（Hillary Clinton）反对特朗普（Donald John Trump）按照美国内部种族的方式划分美国公民，主张继续维护美国作为一个不分种族、性别和血缘，自由平等的、统一的国家。[2] 不同的政治主张会对公民身份认同和国家认同产生深刻影响。

（三）青少年政治参与度不高

相较于肤色、语言等归属性特征的认同而言，美国人共同的政治信念是维护国家统一的基础。然而，一些研究表明，由于成人政治行为的不良示范及学校教育引导不足使青少年政治参与存在滑坡迹象。21 世纪初期，美国国务卿协会进行的一项青年选举研究表明，美国成年人不太重视其公民权利和责任，这种行为也会对孩子产生消极影响。[3] 2003 年，美国信息中心和研究公民学习的卡耐基基金会宣称，美国年轻人相较于年长者而言更不愿意投票，对政治和选举活动不感兴趣。也有研究者探讨了许多公立 K-12 学校教授公民学的情况，指出学校教授学生关于政府机制的相关知识，但学生并不总是能够学到公民政治参与所需的技能。[4] 这也在一定程度上影响了学生的政治参与和国家认同。

二 美国国家认同教育融入中小学课程的主要经验

在国家认同面临挑战的背景下，美国注重发挥联邦和州政府的公民

---

[1] Jeet Heer, Identity Heft: Why the Politics of Race and Gender Are Dominating the 2016 Election, November 25, 2015, https://ibw21.org/editors-choice/identity-heft-why-the-politics-of-race-and-gender-are-dominating-the-2016-election-and-why-thats-not-a-bad-thing/, November 15, 2018.

[2] Ian Reifowitz, Hillary Vs. Trump Is A National Identity Election, December 6, 2017, https://www.huffingtonpost.com/ian-reifowitz/hillary-vs-trump-is-a-nat_b_10441080.html, November 15, 2018.

[3] Kaye Pepper, Susie Burroughs and Eric Groce, "Teaching Civic Education in a Democratic Society: A Comparison of Civic Education in Hungary and the United States", *Educational Foundations*, Vol. 17, No. 2, 2003, pp. 29–51.

[4] Abby Kiesa and Peter Levine, Why America Urgently Needs to Improve K-12 Civic Education, October 30, 2016, https://apnews.com/2207ddcbb0d444e3b8195ff8e73dac71, November 15, 2018.

教育政策与报告的引领作用。在此基础上，美国尤为重视将国家认同教育融入学校相关学科课程和活动课程中，以促进对中小学生国家认同的培养。

（一）颁布促进国家认同教育的政策和法律

美国重视通过联邦和州政府颁布的公民教育政策、领导者发表的讲话以及各州英语语言立法来培养中小学生的国家认同。

1. 通过颁布公民教育政策促进国家认同教育的实施

推行公民教育对促进中小学生的国家认同具有重要意义。21世纪以来，"9·11"恐怖袭击及阿富汗、伊拉克战争爆发在挑战美国全球霸权地位的同时，激发了公民的民族凝聚力。基于此，美国政府极为重视中小学生的公民教育和爱国主义教育。各州也积极响应政府号召，颁布了相关教育法令，以保障学校公民教育和爱国主义教育的有序开展。例如，美国内布拉斯加州议会批准的一项爱国主义法案，要求确保学校课程要始终贯穿爱国主义教育。同时，内布拉斯加州教育委员会对中学社会研究课程内容作出了具体规定：高中课程应包括美国政府形式的优越性、公民义务和爱国行为等；初中课程应包括对美国英雄事迹的歌颂、唱爱国歌曲、纪念"星条旗"。[①] 可见其希望通过立法形式加强中小学生的爱国主义意识和国家意识。

2002年，布什政府针对中小学生对公民和历史知识的无知以及国民意识削弱的现状，在宪法215周年纪念会上继续提出了三项有关历史和公民教育的倡议，并提倡在2003年召开关于历史、公民和服务的白宫论坛，以增强青少年的公民参与意识，加深他们对伟大国家的热爱之情。[②] 同年，美国颁布了《美国联邦教育部2002—2007战略计划》法案。该计划明确指出要保护学校安全，培养学生坚毅的品格和强烈的美国公民意识。美国教育部长佩奇（Rob Paige）在该计划的序言中表明，"9·11"攻击事件使得联邦政府意识到教育对培养年轻一代健全人格

[①] 马文琴：《美国学校公民教育的转向》，浙江教育出版社2015年版，第166页。
[②] George Walker Bush, President Introduces History & Civic Education Initiatives, September 17, 2002, https://georgewbush-whitehouse.archives.gov/news/releases/2002/09/20020917-1.html, November 20, 2018.

和公民意识以及对国家安全和民主制度的重要性。因此在努力提高美国学校教育质量的同时，要着重强调培养年轻人保卫公民、贡献国家及社区的精神。①

2003 年以来，美国各州在联邦政府的带领下也积极制定了有关本州的公民教育政策，以着重培养学生的公民意识和国家认同。2005 年，俄克拉荷马州将公民教育目标定为培养有能力和负责任的公民；蒙大拿州的法规强调中小学生在对公民知识有充分了解的基础上，提高其公民参与能力和社会责任感；2006 年犹他州颁布的法案强调要培养基于美国和犹他州代议制民主基本原则上的、有能力的、负责任的参与美国政治生活的公民。②

美国联邦政府和各州注重通过发布公民教育政策文件和法令以及相关领导者的讲话来对中小学生进行公民教育。美国将促进学生公民意识的发展、责任意识的养成以及国家意识的形成渗透于公民教育过程中，对培养学生的公民意识、内化学生的责任意识及涵养学生的国家意识，进而促进中小学生的国家认同具有重要的价值。

2. 通过州语言立法促进国家认同教育的推行

美国联邦没有统一的官方语言立法，以英语作为官方语言的立法主要在州层面得以实现。美国州英语语言立法的实施旨在通过统一语言文化的使用，培养中小学生的语言文化认同。

1975 年，马萨诸塞州正式颁布了英语作为州官方语言的法令；1982 年，加利福尼亚州参议员哈卡瓦（S. I. Hayakawa）提出了一项移民法修正案，以支持将英语作为官方语言。此后，加利福尼亚州于 1986 年通过了州宪法修正案，将英语作为本州的官方语言；亚拉巴马州在 1990 年正式颁布了英语语言立法，将英语作为其官方语言，同时规定，立法机关要确保英语作为亚拉巴马州共同语言的作用得到维护和增强。截至 2011 年，美国已经有 30 多个州将英语作为州官方语言。③

除各州立法和政府强化作用之外，2018 年，美国众议院和参议院

---

① 江雨：《美国联邦教育部 2002 - 2007 年战略计划》，《基础教育参考》2004 年第 5 期。
② Tiffani Lennon, *ECS Policy Brief: Citizenship Education*, Denver: Education Commission of the States, 2006, pp. 5 - 8.
③ 于泓珊：《美国语言政策研究》，《海外英语》2011 年第 8 期。

又重新提出"英语统一法"。2018年4月,美国脉冲民意研究(Pulse Opinion Research)重申了公众对英语作为美国官方语言和统一语言明确而强烈的支持,73%的待选民同意通过将英语作为官方语言的立法,并认为英语作为美国共同语言的理念是团结所有美国人的理念。[1] 目前,将英语作为美国官方语言的"英语统一法"仍待美国参众两院通过。

美国颁布与国家认同密切相关的公民教育政策、州统一语言政策以及领导者发表的相关讲话在中小学生国家认同教育实施过程中发挥了重要的统领作用,旨在培养学生的公民意识、责任意识和国家意识,从而促进中小学生的国家认同。在此基础上,美国还重视将国家认同教育渗透于K-12阶段的各门课程中,以切实加强美国中小学生的国家认同教育。

(二)将国家认同教育渗透于中小学课程与教学中

美国国家认同教育融入学科课程主要体现在社会研究和英语课程中,旨在通过社会研究课程培养学生的政治认同、历史认同和文化认同,通过英语课程培养学生的语言认同和文化认同。

1. 将国家认同教育融入社会研究课程

2010年,美国社会研究国家委员会对《社会研究国家课程标准》的十大主题轴进行了修订。其中,个体发展与认同,个体、族群与机构,权力、权威与治理,公民理念与实践等主题旨在培养学生的公民意识和国家认同。[2] 此外,国家委员会于2017年在其C3框架中制定了探究弧学习模式,以进一步培养不同背景学生的责任意识、团体意识和政治参与意识。[3] 探究弧学习是美国社会研究课程的重要学习方式,包括四个层面的、类似于扇形弧的教学模式,由内到外依次是"发现问题—组织学科概念学习—评估来源和使用证据—交流结论并采取行动"。

---

[1] U. S. English, New Polling Confirms Overwhelming Voter Support for Official English, April 5, 2018, https://www.usenglish.org/new-polling-confirms-overwhelming-voter-support-for-official-english/, April 14, 2020.

[2] National Council for Social Studies, National Curriculum Standards for Social Studies: A Framework for Teaching, Learning, and Assessment, https://www.socialstudies.org/standards, October 14, 2018.

[3] National Council for Social Studies, College, Career, and Civic Life (C3) Framework for Social Studies State Standards, https://www.socialstudies.org/c3, October 17, 2018.

在国家课程标准制定的基础上,各州结合自身的实际需求,开设促进国家认同教育的社会研究课程。虽然各州的课程名称、课程内容、组织模式等不尽相同,但大多数州采取将公民学、历史、地理等内容进行综合以开设社会研究课程,如亚利桑那州[1]、缅因州[2]、马萨诸塞州[3]等。

(1) 培养中小学生公民意识和政治认同的公民学课程

公民学相关课程是社会研究课程中的重要内容,其课程目标、课程内容和教学方法都紧密关注学生的国家认同。

第一,以培养中小学生的政治认同为课程目标。公民学课程旨在促进学生的公民知识和技能,发展民主理念,促进其民主意识的提升。美国社会研究委员会制定的十大主题轴对K-12阶段学生的公民学内容作出了相关指导,并注重引导中小学生支持国家公众利益,使其能够在美国多元文化背景下作出有利于公众利益的选择,体现了美国在充分尊重个人权益的基础上,培养学生更高层次的个体权责意识和国家意识的导向。

在此基础上,各州的公民学课程也强调促进学生责任感、政治参与和政治认同的培养。例如,美国纽约州现行的"社会研究学习标准"将公民学的课程目标明确规定为:学生要运用各种智力技能不断了解美国国家和政府系统、宪法等公民知识,强化其对美国宪政民主公民价值观、公民权利和义务、参与公民活动途径等的了解,以培养青少年的政治意识,[4] 促进中小学生的政治认同。亚利桑那州在其"历史/社会科学标准"中也强调通过学习公民学,使学生了解他们在自身所处环境下作为公民的角色和责任,以促进学生的政治参与、培养学生的社会责

---

[1] Arizona Department of Education, History and Social Science Standards (2018), October 22, 2018, https://cms.azed.gov/home/GetDocumentFile? id = 5bd773421dcb250b94e9170a, November 22, 2018.

[2] Maine Department of Education, *Maine Learning Results for Social Studies (Revised 2019)*, Augusta: Maine Department of Education, 2019, p. 1.

[3] Massachusetts Department of Elementary and Secondary Education, History and Social Science Framework (Grades Pre-Kindergarten to 12), June 26, 2018, http://www.doe.mass.edu/frameworks/hss/2018-12.pdf, December 26, 2018.

[4] New York State Education Department and The University of the State of New York, *New York State K-12 Social Studies Framework Introduction*, Albany: New York State Education Department, 2014, pp. 45-47.

任感和政治认同。① 可见，美国联邦和各州公民学相关课程标准反映了其对学生政治知识增长、政治参与能力提升以及政治理解和认同的诉求。

第二，以教授美国政治制度和民主原则为内容。美国各州注重将公民意识养成和政治认同融入公民学内容中。一方面，学校在教授美国政治制度的同时，也教授其他国家的政治体制，并对两者进行比较研究，旨在培养学生的全球化视野，加深学生对美国政治的理解，促进其政治认同；另一方面，美国重视对不同年级的中小学生开展不同侧重的国家认同教育。例如，亚利桑那州将其公民学课程教授内容分为K-8和高中两个阶段。其中，K-5阶段的国家认同教育集中于美国政治。学校注重讲授个人、家庭和社区等关系，以及个体在学校、家庭和社区中扮演的角色，帮助学生形成对自我、家庭和社区的认识；此外，学生通过了解当地政府机构的职能和权责，懂得自身应承担的责任和义务，以培养其社会责任感，初步形成学生对个体公民身份的认识。6—8年级在K-5学习的基础上，要进一步全面地认识到权力和责任的重要性，开始注重将个体视角从美国政治本身转向全球化探析的学习，如通过对比中东和北非以及欧洲、亚洲和大洋洲等特定的文化政治制度，透析国内和国际恐怖组织对公众安全带来的威胁和伤害，剖析本地、区域以及全球化等公众问题，以进一步激发学生的公民意识、爱国意识和责任意识，深化其作为美国公民和全球公民的角色和责任。高中阶段的学习则旨在培养学生成为积极的美国公民，重在通过探究模式理解美国国会、联邦法院、州政府的政治民主运行原则，并使学生适当地参与到政治选举和投票等活动中。②

第三，探索多样化教学方式以培养学生的国家认同。近年来，美国学校考虑到学生多元化、差异性的学习背景，在公民学的教学方式

---

① Arizona Department of Education, History and Social Science Standards (2018), October 22, 2018, https://cms.azed.gov/home/GetDocumentFile?id=5bd773421dcb250b94e9170a, November 22, 2018.

② Arizona Department of Education, History and Social Science Standards (2018), October 22, 2018, https://cms.azed.gov/home/GetDocumentFile?id=5bd773421dcb250b94e9170a, November 22, 2018.

方面也进行了诸多探索。一是注重创设开放式教学氛围，鼓励学生在课堂上讨论政治问题，让学生接触政治话语和辩论，并鼓励他们在面对分歧时学会尊重不同的声音。二是采取以学生为中心的教学形式，鼓励学生主动学习。这将有利于激发学生的学习动机，对培养充满活力和自信的学习者大有裨益。同时，教师也帮助习惯于被动教学的学生获得参与机会和体验。三是创设有利的课内外教学条件为学生主动学习提供支持。例如，美国学校提供了多种促进学生主动学习的支持，除传统的政治模拟和角色扮演外，增设了合作学习、社区参与研究项目、媒体分析和服务学习等，超越了传统的工作表、讲座和教科书阅读等被动教学形式。四是注重差异化教学方法。鉴于学生文化背景和学习能力的不同，各州鼓励教师教学内容和方法的多样化，以尽可能广泛地接触和满足所有学生。[1] 这些教学方式有利于促进学生在公民学课程中的主动学习、合作学习和体验学习，促进其公民意识和国家认同。

（2）促进中小学生历史认同的历史课程

历史课程也是社会研究课程中的重要内容，美国注重通过历史课程目标的设定、历史内容的选择以及知行结合的方法来培养学生的历史认同。

第一，以培养历史思维和促进历史认同为课程目标。美国历史课程的开设旨在促进学生的历史理解，强化其爱国主义热情和历史认同。2010 年，美国全国州长协会和各州首席教育官员委员会制定的《共同核心州立英语语言艺术与历史/社会、科学、技术学科中的读写标准》强调，学生要学习美国基础历史著作和历史文学作品，[2] 以帮助提升其历史涵养，加深其对美国历史的认识和理解，在潜移默化的过程中塑造

---

[1] Jason Gainous and Allison M. Martens, "The Effectiveness of Civic Education: Are 'Good' Teachers Actually Good for 'All' Students?", *American Politics Research*, Vol. 40, No. 2, 2012, pp. 232-266.

[2] The Council of Chief State School Officers (CCSSO) and the National Governors Association (NGA), Common Core State Standards for English Language Arts & Literacy in History/Social Studies, Science, and Technical Subjects, June 2, 2010, http://www.corestandards.org/assets/CCSSI_ELA%20Standards.pdf, October 13, 2018.

学生的历史文化认同。此外,各州也制定了符合本州情况的历史课程标准。例如,美国亚拉巴马州现行的历史课程要求学生应识别过去和现在影响当地社区和国家的不同重要人物的贡献,对《美国宪法》和《权利法案》等历史有充分的了解和研究,以培养学生的历史思维和历史理解能力,促进学生情感上的历史文化认同。①

第二,以教授历史正面人物和美国传统文化为核心内容。美国历史课程内容因各州文化的不同而有所差异,但是具有以下三个共同取向。一是注重讲授对美国有重大贡献的历史人物和事件,并突出其对国家建设的贡献。例如,亚拉巴马州的历史教学内容中涉及了塞姆斯(Raphael Semmes)海军上将等人物。此外,亚拉巴马州还着重关注华盛顿(George Washington)、林肯(Abraham Lincoln)等国家领导人为维护国家统一而作出的不懈努力,以从小激发学生的爱国之心,培养其爱国情怀。② 二是注重讲授美国文化传统、习俗、节日以及标志性建筑,如美国的宪法日、国旗以及秃鹰等。三是注重引导学生思考历史进程中的政治与社会间的相互作用,及其在塑造人的过程中的作用以及对当代世界的影响。中小学生通过了解和学习美国历史文化,有益于激发其对国家历史人物的崇拜感以及对美国历史文化的认同感。

第三,通过互动和研讨、调查和参观等教学方式促进学生的历史认同。美国学校主要通过以下方式来促进中小学生对美国历史的学习,强化其历史认同和爱国情感。一是通过学习者与班级成员之间的互动,共同探讨美国文化与其他文化以及各地域间文化的相似性和差异性来解读美国历史,培养学生的历史认同。二是学生通过课后调查和学习研讨的方法来促进历史理解和学习。三是注重通过参观历史博物馆等方式加强学生的历史文化教育,以促进学生对美国历史文化的认同。例如,纽约州的学生在学习美国和纽约史的过程中,一方面,学生在课堂上通过倾听、参与课堂讨论、案例研究等方式展开对美国英雄人物、移民背景下美国民族日益团结的观念的变化等的探讨;另一方面,尤为注重历史知

---

① Alabama State Department of Education, Social Studies (2010), https://alex.state.al.us/browseSS.php, October 13, 2018.

② Alabama State Department of Education, Social Studies (2010), https://alex.state.al.us/browseSS.php, October 13, 2018.

识的校外实践获得，采访家庭成员，收集历史纪念品（如照片、日记、信件），借助漫画、自传和政府文件，参观历史博物馆和纪念馆等形式是学生进行历史研究，激发其历史认同感的主要渠道。

2. 培养中小学生语言认同和文化认同的英语课程

共同的语言是人与人之间进行交流并形成共同体的重要工具。充斥着多元文化的美国各界注重有意识地通过英语语言的统一拉近彼此的距离，将其作为美国人的隐性文化特征。

21 世纪以来，各州在联邦政府的引领下，设定了英语专业化学习标准，对英语语言学习的意义、内容和学习方式作出了清晰的界定，以培养学生英语语言习惯和能力的养成。如在英语语言学习内容上，印第安纳州将 K-12 阶段学生的英语学习共分为 11 个具体的层级，每个层级通过相关的课程知识训练来强化学生的语言阅读能力、写作能力、思维能力等，以使儿童从小就接受正规的英语教育，发展统一的英语语言文化。[①] 此外，各州还积极贯彻统一的州核心标准作为其语言学习的范式，表明美国希望通过多元文化背景下的统一语言来促进美国公民共同的文化认同。

（三）学校和社区等协同开展国家认同教育实践活动

美国学校还积极与社区协作开展促进中小学生国家认同的教育实践活动，培养学生的爱国意识、参与意识、责任意识等，以促进其国家认同。

1. 开展培养学生爱国意识、责任意识等的校园实践活动

美国中小学校园实践活动的开展旨在培养学生的爱国意识，强化其公民责任感。第一，美国注重通过升国旗和引导学生背诵效忠誓词等活动来培养中小学生的爱国意识，以激发其对美国的归属感和认同感。此外，美国中小学教室里还悬挂国旗和总统像，许多中小学生校服上都印有美国国旗图案，这些无形的校园文化氛围会给予学生思想上的熏陶，提醒他们要始终热爱祖国，对培养学生的国家意识和团结观念具有重要

---

① Indiana Department of Education, Indiana Academic English Language Arts Standards, June 10, 2014, https://www.doe.in.gov/standards/englishlanguage-arts # Standards, November 9, 2018.

作用。

第二，通过校内社团活动来培养学生公民参与意识和责任意识。美国中小学生的课外活动包括多种形式，如学科学术活动、文体活动、社团活动等。参与社团活动的学生，有机会就社团中存在的问题提出参考性的意见，以评判和解决问题，从而提高其责任意识和参与能力。学校的文化氛围和生活方式作为隐性课程，不断地对学生的社会参与能力和国家认同产生积极影响。

第三，学校注重在日常生活中培养学生的关爱、团结和责任意识。美国注重通过日常的会议、课外活动等营造良好的道德教育氛围，将学生核心道德价值观的培养融入食堂、礼堂、操场、图书馆、公共汽车站等生活场域中。

2. 开展培养学生责任意识和服务意识的社会服务学习

社会服务学习是培养学生社会责任感和服务意识的重要实践路径。截至2015年，美国已有32个州将社区服务包含在课程内容的学习标准和毕业标准之中。[1] 社会服务学习活动包含多种形式。一些州重视学生利用各种技能为社区提供服务，较大的学生群体或整个学校可以开展长期或短期的、基于主题的服务学习活动。学生计划、组织和开展活动，以帮助满足社区的需要。也有州基于社会服务学习领域协调服务学习合作，合作主体包括市内学区、郊区、农村地区、高等教育机构和多个社区机构，由教师和学生来开发和实施符合他们自己标准的社会服务学习活动。

虽然美国社区情况的差异性导致了服务内容的多样性，但也存在共性的做法。例如，照顾社区老人以及孤儿等需要帮助的人，为社区弱势群体募捐。学生通过社会服务学习，加强了沟通技能、领导能力以及人际交往能力，同时也强化了其公民责任感和服务社会和国家的意识。

三 美国中小学生国家认同教育对我国的启示

在全球化和文化多元化的背景下，我国中小学生的国家认同也面临

---

[1] Wayne Journell, "We Still Need You! An Update on the Status of K-12 Civics Education in the United States", *Political Science & Politics*, Vol. 48, No. 4, 2015, pp. 630-634.

诸多挑战。美国国家认同教育的实践经验可以为我国提供一些启示。我们可以吸收其可取之处，并结合国情，探索国家认同教育发展之路。

（一）进一步加强国家认同教育在学校课程中的融入

2016年发布的《中国学生发展核心素养》将国家认同作为其中的重要内容。在此背景下，我国应进一步将国家认同教育全面融入中小学语文、道德与法治（思想政治）、历史等学科课程标准和教科书中，要着重通过语文课程培养学生的语言和文化认同，通过道德与法治（思想政治）课程培养学生的政治认同，通过历史课程培养学生的历史和文化认同。

如在道德与法治（思想政治）课程中，要注重使学生认知我国政治制度的特点及其优越性，着力培养学生的政治理解和参与能力，并进一步促进其政治认同。在历史课程中，要聚焦我国伟大历史人物和重要历史事件来塑造学生的历史自豪感和责任感；要着力渗透中华优秀传统文化的形成和发展历程，促进学生对优秀传统文化的深度认知和认同；要加强社会主义革命文化史教育，促进学生对国家政权和历史的认同。在语文课程中，要通过独具魅力的中国文学及其承载的思想精华和传统美德来激发学生的语言和文化认同。对于少数民族学生，要加强通用语文教育，培养其语言文字认同感和对中华民族文化的认同感。

与此同时，各地教育行政部门和学校要充分发挥其课程自主权，将国家认同作为重要的课程目标，可以结合当地历史文化、风俗习惯、传统艺术，合理利用当地资源，开发以国家认同为主题的课程，促进学生家国情怀的养成。

（二）采用深度学习方式和探究弧教学模式

当前，我国国家认同教育相关课程教学仍然存在过于强调知识学习，学生缺乏深度认知和亲身体验的问题，这影响了国家认同教育的成效。因此，亟须加强学生的深度学习。第一，要引导学生深度阅读中国政治、历史和文学等方面的优秀著作，促进学生对中国政治、历史和文化的深度认知，激发其国家认同。第二，要发挥学生的主体地位，鼓励学生针对课程中的基本问题，如中华优秀传统文化的独特性、中国特色社会主义制度的优越性等，以及国内外社会热点问题进行讨论和合作探究。第三，要将课内外学习相结合，鼓励学生通过问卷、访谈、资料收集等方式，开展课外调查。如通过调查亲身体验国家和社会发展成就，尤其从身边微观的家庭、社区视角，感受国家的发展进步以及人们生活质量的极大提升。

在学生学习方式转变的过程中，可以借鉴美国的探究弧教学模式。如针对八年级道德与法治课程中的"维护国家利益"主题，可以通过以下程序开展教学：第一，教师引导学生发现身边存在的有违国家利益的问题；第二，针对这些问题，教师引导学生明晰"国家利益""国家安全"、《中华人民共和国国防法》等主题概念和相关知识；第三，学生通过网络、书籍、观察和访谈等途径为威胁国家利益的问题提供证据和解决措施，并展开小组讨论，明晰观点；第四，进行系统总结，并为"维护国家利益"采取力所能及的行动，以培养学生的国家责任感和认同感。深度学习方式和探究弧教学模式将有利于提高国家认同教育的针对性和实效性。

（三）推动国家认同教育走向学生生活

国家认同不仅是一种观念，更是一种生活方式。这也意味着国家认同教育绝不仅是单纯地对学生认知的建构，更重要的在于对学生生活的建构。

首先，国家认同教育要促进学生学校生活的建构。在校园环境方面，学校应通过有形物质载体彰显国家符号和形象，如校园内树立孔子塑像、每间教室悬挂国旗、走廊张贴社会主义核心价值观标语等。在实践活动方面，可以结合升旗仪式、开学典礼、毕业典礼等仪式，国庆日、抗战胜利日、国家公祭日等纪念日以及清明节、端午节、中秋节等传统节日开展主题实践活动。在精神风貌方面，要注重引导学生养成知行合一、崇德向善、自强不息、家国情怀等精神品质，并将其体现在生活中。

其次，国家认同教育要引领学生的日常生活实践。在日常生活实践中，每个学生都应成为"爱国、敬业、诚信、友善"的践行者，都应是优秀传统文化的传承者和创新者。学校教育应将其作为核心教育目标并作为评价学生的标准。与此同时，学校和社区及其他部门要联合为学生开展志愿服务和社区服务提供条件，要引领学生定期到当地特殊教育学校、养老院、社区开展志愿服务，以培养其社会关爱意识和责任感。

第二节 国家认同教育融入中小学课程的英国经验及启示

近年来，英国因其自身多民族、多移民的特征，以及青少年价值观、国家认同感的偏离问题，尤为强调中小学生的国家认同教育。英国基于本国国情形成了中小学生国家认同教育特色，积累了丰富的经验和具有普遍意义的做法。探析英国国家认同教育融入中小学课程的经验，对我国实施国家认同教育，培养中小学生的国家认同具有重要的借鉴意义。

一 英国中小学生国家认同教育的背景

英国由于自身根深蒂固的民族认同与国家认同的冲突、历史悠久的移民问题以及近年来青少年价值观的偏颇，其中小学生国家认同教育受到了英国政府、学校和社会的高度重视。

（一）民族认同的冲击

英国作为一个多民族的国家，民族认同问题一直是社会各界关注的焦点，即如何实现既不通过民族的"同质化"来强化"国家认同"，又不因保持民族文化的多样性而削弱统一的"国家认同"。英国使用了"不列颠"这一涵盖了国家身份和民族历史的共享符号将英格兰人、苏格兰人、爱尔兰人和威尔士人黏合在一起，从而在很大程度上解决了身份认同的难题。但随着第二次世界大战后苏格兰、北爱尔兰等民族持续不衰的民族认同的冲击，国家层面的英国认同面临着前所未有的挑战。[1] 而1997年英国权力下放计划下的威尔士、苏格兰和北爱尔兰的自治改革将民族认同与国家认同的冲突推至顶峰，在地区自治环境下，

---

[1] Alexander Thomas T. Smith, "Relocating the British Subject Ethnographic Encounters with Identity Politics and Nationalism during the 2014 Scottish Independence Referendum", *The Sociological Review*, Vol. 65, No. 1, 2017, pp. 54–70.

个人更有可能认同英国四个地区之一，而缺少统一的国家认同。因此，处理好民族认同与国家认同的关系，使多民族构建统一的国家认同成为英国国家认同教育的一个出发点。

（二）多元文化主义的影响

英国国家认同除了面临民族认同的冲击，还深受移民政策带来的多元文化主义的影响，即如何确保对多样性的认同不削弱英国社会共同的政治价值观和信任感，以及英国各族裔群体间的理解与团结。英国在殖民扩张时期和第二次世界大战结束先后出现了两次"移民潮"，不断涌入的少数族裔群体所带来的文化差异对英国本土文化形成了冲击，引起了英国社会和公众的排斥。后来，英国政府出台了一系列反种族歧视的政策，对移民到英国的少数族裔给予认同，一定程度上缓解了移民与本土英国人的矛盾冲突。

然而，由拥有合法公民身份的少数民族极端分子制造的 2005 年的"伦敦地铁爆炸案"以及英国多起骚乱事件，使越来越多的英国民众抨击多元文化主义。这种现象也引起了政界对多元文化主义的反思。当时的工党政府首相布莱尔（Tony Blair）指出，迁居英伦不只是一种权利，更要承担一种责任，要支持那些支撑英国生活方式的价值观念。布莱尔的继任者工党前首相布朗（Gordon Brown）还提出，应该以共同价值观来增强国家凝聚力，并多次强调"英国国民性"的概念。布朗认为，"英国国民性"是彰显英国个性的一种核心价值观念，应该以此作为团结少数族裔，增进国家认同的基础价值观念。因此，在多元文化主义背景下进行国家认同教育，增强公民的国家认同感十分必要。

（三）英国青少年教育的隐患

英国近年来多起骚乱都是英国的年轻人引发的，骚乱者中甚至还包含少数未成年人。这凸显出英国青少年教育的隐患，很多青少年偏离了英国社会的核心价值观，缺乏基本的是非观念判断力，缺乏对法律的认知，缺乏国家认同感，崇尚叛逆、暴力和无限制的自由。此前，英国中小学一直贯彻着"孩子，你无所不能，只要你愿意去做"的教育理念，过分强调了青少年的个性发展与自由，学校教育和家庭教育无法及时对学生错误的价值观念进行矫治，最终导致了青少年价值观的偏颇。① 英国核心价值观的教育现状凸显了英国年轻人道德廉耻观的滑坡，影响了英国的国家前途和民族命运。因而，对青少年加强核心价值观教育，构建他们的公民身份，培养他们的国家认同感迫在眉睫。

为了应对以上这些挑战，英国政府、学校和社会都高度重视中小学生国家认同教育的开展。英国内务部多次在报告中强调加强英国统一价值观和国家认同的必要性。开展中小学生国家认同教育，对青少年构建自身积极的公民身份，树立正确的价值观具有重要意义，有利于维系国家团结、确保社会稳定并更好地建设国家未来。

二 英国国家认同教育融入中小学课程的主要经验

在以上背景下，英国力求通过多种途径开展中小学生国家认同教育，注重发挥政府在国家认同教育中的主导作用，同时还将国家认同教育渗透到学校课程中，并强调学校、社区和非营利组织的合作，以协同促进学生的国家认同。

（一）出台关涉国家认同教育的报告与政策

英国政府对于国家认同教育的重视，主要可以通过其发布的关于核心价值观教育和公民教育的报告、政策和领导人讲话的内容进行探析。

1. 通过发布弘扬英国核心价值观的报告与政策推进中小学生国家认同教育的实施

弘扬英国核心价值观对推行中小学生国家认同教育有重要意义。2001 年，布莱尔任英国首相时说："英国是一个多民族、多种族、多文化、多宗教、多信仰的国家，英国的历史和国情决定了我们必须珍视自由、宽容、开放、公正、公平、团结、权利和义务相结合、重视家庭和所有社会群体等英国核心价值观。"② 他首次提出了核心价值观的概念，并认为核心价值观能够培养国民对国家、民族和社会的情感，增强对国

---

① 殷凌霄：《从英国青少年教育隐患看我国核心价值观教育》，《思想理论教育》2012 年第 1 期。

② 沈伟鹏、孔新峰：《英国如何建设核心价值观》（2015 年 9 月 6 日），http：// mil. cssn. cn/dzyx/dzyx _ llsj/201509/t20150906 _ 2147110. shtml? COLLCC = 2932344933&，2018 年 11 月 18 日。

家的认同感和向心力。2006年，财政大臣布朗（Gordon Brown）发表了两场演讲，多次强调"民主信念、法律、宽容、尊重他人"等英国统一价值观的必要性，并呼吁以统一的价值观来促进社会凝聚力和国家认同感。此外，英国高等教育事务官拉梅尔（Bill Rammell）也强调青少年应该接受英国传统价值观的教育。①

后来，为了加强国家凝聚力，英国政府提出推行"英国核心价值观教育"。2007年1月，英国教育大臣约翰逊（Alan Johnson）正式公布全国中小学教授英国传统价值观教育计划，弘扬以"言论自由、宽容和对法治的尊重"为内涵的英国传统价值观，以增强学生的国家意识与社会责任感。2011年，英国内政部提交给议会的《防范策略书》中对"英国核心价值观"（FBVs）进行了界定，即民主、法治、个人自由，以及与持不同信仰和信念的人们（包括无信仰人士）之间的相互尊重和宽容。② 2013年，教育部要求英格兰多所中小学校加强英国价值观教育，向学生宣扬核心价值观的合理性与社会制度的优越性。③

2014年，"特洛伊木马"事件之后，英国教育大臣戈夫（Michael Gove）宣布将实施新规，要求英国学院和自由学校必须推广英国核心价值观，以避免伯明翰学校的穆斯林极端主义事件再次发生。④ 同年，时任英国首相的卡梅伦（David William Donald Cameron）在《大宪章》颁布799周年之际发表的演说中对英国核心价值观作了详细的阐述："一种对自由、宽容、个人与社会责任以及法治的信仰，这就是我所讨论的价值，其中所体现的英国特色并不亚于联合王国的旗帜、足球、炸鱼和土豆。"⑤ 2014年11月，英国教育部出台《将促进基本英国价值观作为学校SMSC教育的一部分——政府给公立学校的建议》（以下简称

---

① 宁莹莹、冯建军：《应对多元文化挑战的英国公民教育课程改革》，《全球教育展望》2014年第6期。
② HM Government, *Prevent Strategy*, London: Home Office Publications, 2011, p. 34.
③ 徐丽葵：《国外青少年核心价值观教育的经验借鉴及其对我国的启示》，《吉林省教育学院学报》2016年第1期。
④ 徐丽葵：《国外青少年核心价值观教育的经验借鉴及其对我国的启示》，《吉林省教育学院学报》2016年第1期。
⑤ Alison E. C. Struthers, "Teaching British Values in Our Schools: But Why not Human Rights Values？", *Social&Legal Studies*, Vol. 26, No. 1, 2017, pp. 89–110.

《建议》），建议将基本英国价值观作为学校 SMSC 教育的重要组成部分。[①] 2015 年 1 月，英国教育大臣摩根（Nicky Morgan）再次表达了树立英国核心价值观的重要性，有必要将传播英国核心价值观这种政治教育放在与数学、英语教育同等重要的地位上。

英国领导人注重通过讲话与工作报告传播英国核心价值观，将其政治立场中渗透的价值观念通过自身正面的社会形象和较高的社会声望进行宣传，以激发学生的主体意识，增强学生的政治素养以及对核心价值观的自觉认同，从而树立国家认同。

2. 通过出台公民教育的报告与政策促进中小学生国家认同教育的实施

英国的公民教育旨在培养学生成为积极的公民，增强他们社会参与的主动性，提升他们的公民身份认同感和社会责任感以及国家荣誉感。1998 年由科瑞克（Bernard Crick）领导的"学校公民教育与民主教学咨询小组"发表了关于公民教育的报告书，即《科瑞克报告》（Crick Report）。该报告从课程设置、课程内容、授课方式等方面提出了详细的建议，并指出中小学的公民教育课程要培养学生成为公民所需的权责意识和责任感，提升学生的历史使命感和国家荣誉感，让每个人理解个人对社会进步、国家发展的重要性，让学生时刻关注全球范围内发生的热点事件，关注国家的建设，使他们能够树立政治认同，担负起国家使命，随时做好为国家建设奋斗终身的准备。[②] 在此基础上，英国于 1999 年发表了《英格兰国家课程复审意见》，通过了"公民教育"课程的基本框架，[③] 并于 2000 年正式将公民教育纳入到国家课程体系中。随后，英国国家课程局出台了中学阶段（第三、四关键阶段）公民教育的课程标准。

2007 年，英国教育与技能部发表了题为《课程检视：多样性与公

[①] Department for Education, *Promoting Fundamental British Values as Part of SMSC in Schools: Departmental Advice for Maintained Schools*, London: Her Majesty's Stationery Office, 2014, p. 5.

[②] Advisory Group on Citizenship, *Education for Citizenship and the Teaching of Democracy in School*, London: Qualification and Curriculum Authority, 1998, p. 40.

[③] 张家军:《英国公民教育的演变及启示》,《贵州师范大学学报》（社会科学版）2015 年第 6 期。

民权利和义务》的白皮书,对英国近几年公民教育的实施情况进行了总结和分析,并在原有内容的基础上增加了第四部分"身份与多样性:共同生活在英国",强调了尊重种族、文化多样性的重要性,引导学生理解英国是一个多民族的国家,了解作为英国人必须具备的英国性,从而更好地成为英国公民。[1]

除了出台政策文件对公民教育进行保障,英国政府还极为注重对公民教育效果的评估,主要针对英国中小学生对自身公民身份认知情况进行评估,这也成为一种有效检验学生公民身份认同的方式。英国公民教育官方组织国家基金会连续八年发表了公民教育的年度报告,对2002—2010年英国中小学公民教育的教学目标、教学内容、教学方法以及评价进行了调查与总结。[2] 英国教育标准监督局每年也会报告英国各中小学的公民教育实施状况。此外,一些非政府组织也定期对英国的公民教育进行监督与评价。2013年国际教育成就协会在公民教育的评估报告中指出英国中小学生对自身的政治效能感缺乏信心,中小学生并不认为自己参与一些政治活动或者发表自身看法能够影响英国当局的某些决策。虽然学生的公民知识与社会概念储备丰富,但他们并不愿意进行社会参与,缺乏公民身份认同。[3] 英国政府通过对中小学生自身公民身份认知情况的监督与评估,检验中小学生国家认同教育存在的问题,并不断完善、深化国家认同教育的实施。

此外,英国政府还出台了关于中小学英语、历史、宗教教育等的课程政策,并将培养学生的国家认同作为课程政策的重要内容。英国政府通过颁布关涉国家认同教育的报告与政策,在中小学生国家认同教育中发挥着主导作用,其核心价值观教育与公民教育的报告、政策和监督评估旨在引导学生树立正确的价值观、社会责任感与国家认同感。

---

[1] Keith Ajegbo, Dina Kiwan and Seema Sharma, *Diversity and Citizenship Curriculum Review*, London: Department for Education, 2007, p. 15.

[2] Avril Keating, David Kerr, Thomas Benton, Ellie Mundy and Joana Lopes, *Citizenship Education in England 2001 – 2010: Young People's Practices and Prospects for the Future: The Eighth and Final Report from the Citizenship Education Longitudinal Study*, London: Department for Education, 2010, p. 1.

[3] Ellen Geboers, Femke Geijsel, Wilfried Admiraal and Geert ten Dam, "Review of the Effects of Citizenship Education", *Educational Research Review*, Vol. 9, No. 6, 2013, pp. 158 – 171.

（二）将国家认同教育渗透到中小学课程中

对学校教育来讲，课程与教学是对学生进行教育的主要渠道，也是将国家认同融入中小学教育的重要路径。弘扬英国核心价值观的学校课程是培养中小学生国家认同的方式之一，而各学科课程又在国家认同教育中有着独立的价值。例如，英语作为英国的主体语言，属于工具性的学科，它包含英国文化的方方面面，是与社会长期形成的价值观、信仰、行为方式密切相关的课程，为了防止英国族群的多样性消解国家的统一性，英国各地区都注重对英语的学习。除此以外，英国主要通过其公民教育课程、历史课程和宗教教育课程进行中小学生国家认同教育的渗透，旨在培养学生建立公民身份认同、历史与文化认同等。

1. 开展以弘扬英国核心价值观为重要内容的学校课程

（1）注重强化学生对英国核心价值观内涵中"尊重"与"法治"两个基本要义的理解

核心价值观在塑造国民气质、凝聚社会共识、提升国民政治认同与文化认同方面具备不可替代的作用。英国中小学对于英国核心价值观的教授主要依据《建议》实施，其主要内容包含以下方面：一是让学生发展自我认知，明辨是非，尊重英国的民法与刑法；二是通过使学生获得对自己和其他文化的欣赏和尊重，进一步接纳和融合不同的文化传统，让学生理解选择和持有其他信仰受法律保护；三是让学生了解其他与自己信仰不同（或没有信仰）的人应该被接受，不能有偏见或歧视行为，让学生了解识别和打击歧视的重要性；四是让学生广泛了解和尊重英国的公共机构和服务；五是让学生了解公民如何通过民主进程影响政府决策，鼓励学生尊重民主并支持和参与民主进程，包括尊重法律在英国制定和实施的基础；六是让学生认识到生活在法治之下可以保护个体公民，并且对他们的福祉和安全至关重要。[①]

上述内容充分体现了"尊重"与"法治"的基本要义。"尊重"是国民自觉践行核心价值观的思想前提，只有尊重不同种族、宗教、文化的差异性才能使不同身份的公民都积极响应英国核心价值观，才能维系

---

① Department for Education, *Promoting Fundamental British Values as Part of SMSC in Schools: Departmental Advice for Maintained Schools*, London: Her Majesty's Stationery Office, 2014, p.5.

一个多民族国家的稳定性与长治久安。"法治"作为英国核心价值观的基本要义也尤为重要,任何关乎"公平正义"的政府行政、司法判决都是倡导、捍卫核心价值观的重要阵地。因此,英国中小学注重让学生学会辨别是非,对自己的行为负责,尊重不同的种族和宗教的文化传统、崇尚法律,积极地为学校和社会作出贡献,树立统一的价值观和国家认同感。

(2)注重以显性课程与隐性课程相结合的方式弘扬英国核心价值观

英国中小学在具体实施核心价值观教育的过程中,参考了《建议》中的行动清单,将核心价值观教育融入显性课程和隐性课程中。首先,在课程教学中进行价值教育。主要通过各科教学向学生传授社会、文化、道德和公民等方面的知识与态度;着重讲授民主和法律在英国的运作方式,培养学生社会参与的能力,促进学生统一价值观念的形成,引导学生学会明辨是非,进行价值判断,为未来社会生活做好充足的准备。其次,将核心价值观教育融入学校生活的各方面。一是通过教师的榜样示范,帮助学生理解核心价值观;二是通过学校风气的营造,以及学校民主参与的情境创设,潜移默化地通过隐性课程培养学生的民主意识、权责观念,树立统一的价值观念,引导和约束其价值行为,增强国家认同感和归属感。

2. 开展构建公民身份认同的公民教育课程

(1)以培养学生成为积极的公民为课程目标

公民教育作为英国中小学的国家法定学科,一直致力于培养学生对公民身份的认同,使学生能够积极参与社会生活。英国小学阶段(第一、第二关键阶段)的课程目标主要是培养学生的自信与能力和成为积极公民的能力。2013年国家课程局公布英国中学阶段(第三、第四关键阶段)的课程目标主要是培养学生对民主、政府及公民的权利与义务的理解;培养学生参与志愿活动的积极性与主动性等,使学生成为积极的公民,树立公民身份认同。[①]

---

① Department for Education, *Citizenship Programmers of Study: Key Stage 3 and 4*, London: Her Majesty's Stationery Office, 2013, pp. 2 – 4.

在国家统一的公民教育课程目标的统领下,各中小学又结合自己的实际情况,制定本校特色的公民教育课程目标。例如,英国伯里中学结合其"帮助学生成为自我激励的、独立的、负责任的和关心他人的社会成员"的教育宗旨,将公民教育课程目标定位于培养学生成为负责任、能主动承担社会责任、履行社会义务的合格公民,树立国家认同感,担负起国家使命。

(2)以教授社会概念与鼓励学生社会参与为课程内容

当前,英国中小学公民教育课程内容有三个主线,即社会与道德责任、社区参与及政治素养,以此来培养中小学生对英国各民族、各宗教群体以及对国家的认同感。[1] 英国小学阶段(第一、二关键阶段)没有国家硬性规定的公民教育内容,但会有意识地涉及公民教育概念的传授,为日后公民身份的建构奠定良好的基础。[2]

英国中学阶段(第三、四关键阶段)的国家公民教育课程注重教授学生关于社会的概念,并培养学生的社会参与能力。首先,教授学生认识、理解社会相关概念,使学生明确自己作为英国公民的权利和责任,了解英国的民主制度和国际关系等知识。在教授社会概念时,遵从教学内容螺旋式上升的特点,对社会相关概念有梯度地教授,从而激励学生发展自身的政治素养。其次,积极引导学生养成参与社会志愿活动的兴趣,培养学生社会参与的主动性与积极性,增强学生的公民身份认同。

(3)以主题式概念探索为教学方法

英国中小学公民教育课程主要是通过主题教学开展的,教师会先对每个主题进行详细的规划与安排,然后鼓励学生在课上进行主题讨论和探究学习。在讨论的过程中,教师只提供一些基本的相关资料,主要由学生自行组织,对话题展开深度思考与自主讨论,并要求每个学生尊重他人的观点。教师的任务主要是引导学生展开讨论,并保证学生的讨论不偏离主流价值观。例如,英国伯里中学主要围绕"英国公民""积极

---

[1] David Kerr, Stephen McCarthy and Alan Smith, "Citizenship Education in England, Ireland and Northern Ireland", *European Journal of Education*, Vol. 37, No. 2, 2002, pp. 179-191.

[2] Department for Education, *The National Curriculum in England: Key Stages 1 and 2 Framework Document*, London: Her Majesty's Stationery Office, 2013, p. 12.

公民"以及"世界公民"三个主题来设置公民教育课程,在这三个主题之下,又划分为民主观念、参与意识等维度,主要内容涉及了公民身份、法律、人权知识、民主制度、多元文化等概念。① 重点引导学生学习英国的政府和政治活动、人权问题及英国社会的多元文化,增强学生的公民身份认同感。

3. 开展融入国家认同教育的历史课程与宗教教育课程

(1) 开展培养学生历史与文化认同的历史课程

历史教育是对中小学生进行道德和榜样教育的重要途径,通过历史教育,可将学生培养成分辨善恶、遵纪守法、热爱自己国家和民族的好公民,引导学生树立国家认同感。2013 年,英国《国家历史课程标准》中明确指出了不同学段的课程目标。在阶段 1(5—7 岁),要使学生形成对英国历史的认知,能通过历史故事和其他资源证明自己对英国史的理解;在阶段 2(7—11 岁),要使学生深化对英国史、地方史和世界史的认知与理解,了解英国人民如何造就这个国家,又如何影响了世界;在阶段 3(11—14 岁),要使学生延伸对英国历史从最早的祖先发展到今天的社会制度的理解,能够对历史重大事件进行分析,并建立地方、区域、国家和国际历史的联系。②

英国中小学根据《国家历史课程标准》的规定,在历史课程中重点介绍历史伟人、国家各机构,尤其是国会的发展,并通过"英国民主故事"让学生理解英国的民主进程,注重让学生知晓英国的过去和英国在世界中的地位,以此来培养学生的历史文化认同,树立对国家的尊敬与自豪感。

(2) 开展培养学生学会尊重多样性与差异性并形成统一价值观的宗教教育课程

在经济全球化的背景下,英国政府感受到国家认同的危机,认为文化和经济的全球化已经冲击了本国的国家认同和民族凝聚力。因此,英国宗教教育不断注入时代内容,致力于培养尊重多样性与差异性、宽容

---

① Janet Palmer, Ofsted 2009 - 10 Subject Survey Inspection Programmer: Citizenship, February 22, 2010, https://files.api.ofsted.gov.uk/v1/file/974645, November 20, 2018.
② Department for Education, *National Curriculum in England: History Programmers of Study*, London: Her Majesty's Stationery Office, 2013, p. 2.

理解的积极公民，增强中小学生的国家认同感，以及对英国传统文化和核心价值观的理解与认同。2000 年，英国教育质量与课程局发布的《宗教教育非法定指导》指出，宗教教育要引导学生探讨人类社会价值观特征以促进学生的精神发展，使学生能够对道德和宗教问题作出合理和明智的价值判断。[1] 2010 年，《英国学校的宗教教育：非法定指导》中指出宗教教育要培养学生建立自己的认同感和归属感，从而帮助他们在社区内成长，并在多元化社会中成为公民；教导学生尊重无信仰和信仰不同的人，打击偏见和歧视行为。[2]

英国中小学的宗教教育课程在以上两个文件的指导下，注重拓宽学生对多元世界的理解，提升他们的包容度，主要通过教授英国六种不同宗教（例如巴哈信仰、拜火教等），使学生了解、熟悉不同的宗教，学习各宗教的共性与差异，学会尊重不同的宗教信仰以及如何与宗教偏见和歧视作斗争。例如，英国多信仰社区小学通过庆祝和标记各种各样的宗教节日，以及满足包括食物、衣服和祈祷的不同宗教需求，使学生尊重宗教、民族的多样性与差异性，树立"尊重、宽容"的英国核心价值观，进而促使不同信仰的学生树立统一的价值观与国家认同感。[3] 还有的学校直接将核心价值观纳入每周的教牧课，以加深学生对统一价值观的理解。

（三）学校、社区和非营利组织合力开展中小学生国家认同教育实践活动

学校、社区和非营利组织合力开展中小学生国家认同教育的实践活动，能够使中小学生在实践中培养自身的民主参与意识、对国家的责任感与归属感并增强国家认同感。

---

[1] QCA, *Religious Education: Non-Statutory Guidance on RE*, London: QCA Publications, 2000, p. 13.

[2] Department for Children, Schools, Families, *Religious Education in English Schools: Non-Statutory Guidance 2010*, London: Religious Education and Collective Worship, 2010, p. 5.

[3] Peter J. Hemming, "Educating for Religious Citizenship: Multiculturalism and National Identity in an English Multi-Faith Primary School", *Royal Geographical Society*, Vol. 36, No. 3, 2011, pp. 441–454.

1. 开展培养民主参与意识的学校实践活动

英国中小学的社会实践活动旨在培养学生的民主参与意识。为此，英国内政部提出"通过选举来学习"的活动，提高学生对公民权利和责任的认识与理解。"通过选举来学习"包括向学生介绍英国宪法，提供机会让学生计划并开展他们自己的竞选活动，以及如何分析媒体对竞选活动的报道等。[①] 基于此，英国有的中小学会定期开展"模拟选举日活动"和"公民教育日活动"，学生们可参与和讨论各种各样的主题，如英国的法律、多元文化等。通过这种方式，学生们更加了解周围的世界、英国与世界的多元文化，并且对文化、宗教、地区的差异持尊重态度，有效地培养了自身的话语权，增强了责任感和主人翁意识，提升了民主参与的主动性与积极性，强化了公民身份认同。

2. 实施倡导责任感与归属感的社区实践活动

丰富多样的社区实践活动为培养中小学生的国家认同提供了可能性。有的学校与社区密切合作，安排学生在当地区长的指导下担任"小区长"，履行特定的职责，参与社区民主选举、决策等议程，其宗旨是通过实践活动有效培养学生成为积极的公民，提升他们的社会责任感，增强他们对英国的政治认同。另外，社区一般会在周末或节假日举办各种小型活动以增强学生的凝聚力与归属感。例如，英国七橡树小镇社区通过多种节日传承小镇的文化，并最终将这种身份认同凝聚为七橡树的专属徽标。该社区会定期开展英国故事会，组织青少年参观小镇博物馆，让孩子们从小增进对自己生活的这片土地历史文化的了解，培养他们的爱国情怀和归属感。通过社区实践活动，使学生在参与活动的过程中潜移默化成地形成社会责任感与国家归属感。

3. 推行增强政治认同感的非营利组织实践活动

近年来，英国非营利组织力量日益强大，已成为推动英国核心价值观教育的重要支柱。英国教育大臣约翰逊（Alan Johnson）在 2007 年 1 月表示："我热切地希望，学校在创造社会和谐和消除对其他国家、文化和宗教的冷漠方面发挥重要作用。更重要的是，英国政府必须利用大量的民间社会组织以各种形式渲染核心价值观，在学校外开辟一个成熟

---

① 李萍、钟明华：《公民教育——传统德育的历史性转型》，《教育研究》2002 年第 10 期。

有效的阵地。"英国非营利组织在不同领域传播着奉献精神和服务意识,践行着英国核心价值观念,并逐渐内化为民众内心的价值取向,增强公民对英国核心价值观的认同,积极推动社会道德的形成。①

英国的非营利组织主要分布在教育研究、文化娱乐和社会服务三个领域。现如今,英国政府通过委托等方式将政府公共部门最初提供的许多服务转移到非营利组织,极大地改变了政府公共部门与非营利组织之间的关系。英国一方面建立广泛的非营利组织,另一方面注重加强政府与非营利组织的合作,共同引导中小学生成为尊重不同、接受分歧并且力求包容的个体。英国慈善援助基金会、英国文化教育协会等非营利组织以社区为依托,为中小学生提供开展分工精细、领域广泛的多种社会服务的机会,旨在宣传和践行英国核心价值观。英国青少年理事会经常组织会员参与社区环境治理。英国国民信托也会定期组织中小学生到英国的古堡、庄园、工厂、教会等地方做义工,帮助学生理解公民的权利和义务,践行英国核心价值观。

除此以外,宗教作为西方道德教育的基础,在价值观教育中也扮演着重要的角色。随着时代的进步,宗教团体已成为引导公民树立和谐价值观的重要力量。宗教团体积极地弘扬平等、包容等价值观,通过"宗教交流周宣誓会"等活动不断推动核心价值观对中小学生的影响和感召,使每一个学生做到尊重和宽容不同信仰和信念的人们(包括无信仰人士)。

三 英国中小学生国家认同教育对我国的启示

(一)发挥政府在国家认同教育中的引领作用并成立监督与评估机构

首先,政府要发挥引领作用,持续出台关于推动社会主义核心价值观教育与公民教育的政策与报告,促进中小学生国家认同教育的发展。在社会主义核心价值观教育方面,我国当前虽然颁布了相关教育政策,但在培养中小学生的价值观认同方面仍需加强。为此,我国要继续加强

---

① 徐丽葵:《国外青少年核心价值观教育的经验借鉴及其对我国的启示》,《吉林省教育学院学报》2016年第1期。

通过国家领导人的演讲、工作报告弘扬社会主义核心价值观的力度，充分利用国家领导人的社会形象与社会声望增强学生对社会主义核心价值观的情感认同，发挥政府在培养学生价值观认同上的积极引领作用。同时，政府要把弘扬社会主义核心价值观放在与语文、数学、英语教育同等重要的地位上，并对中小学提出具体建议，指导中小学有效开展核心价值观教育。

在公民教育方面，我国于2010年颁布的《国家中长期教育改革和发展规划纲要（2010—2020）》中提出要加强公民意识教育，培养社会主义合格公民。然而由于我国公民教育时间短、经验不足，在具体实施过程中仍存在一些问题，如公民教育落后于社会发展的要求、公民教育目标定位偏颇等。[①] 因此政府要找准公民教育的着力点，基于培养社会主义建设者和接班人的根本任务制定公民教育的实施纲要和课程标准，明确我国公民教育目标的定位，即培养学生的权责意识与责任感，使学生成为愿意为国家社会的稳定和发展贡献力量的好公民，以实现中小学公民教育的本土生长。

其次，成立专门的监督和评估机构，保障中小学国家认同教育的效果。我国近年来已充分意识到国家认同教育的重要性并颁布了关于弘扬中华优秀传统文化、践行社会主义核心价值观、开展爱国主义教育等方面的政策文件，但缺乏对中小学政策执行的有效监督与评估。因此，为了防止我国中小学国家认同教育流于形式等问题的发生，我国要成立专门的监督与评估机构，建立完善的监督与评估机制，定期开展监督与评估并发布评估报告，具体指出各地区和学校的优点与不足，对完善国家认同教育提供针对性的指导意见，切实保障政府关于国家认同教育的决策落实到学校。

（二）通过显性课程与隐性课程相结合的方式开展国家认同教育

我国在进行中小学生国家认同教育时应注重显性课程与隐性课程的有效结合。首先，中小学要在学科课程的教学内容与教学活动中融入国家认同教育，并积极探索多样化的教学形式，提升学生对国家认同教育

---

① 冯建军：《培养负责任的积极公民——对我国公民教育的问题分析与政策建议》，《中小学德育》2017年第1期。

的参与性。例如，在道德与法治课程中开展主题教学，通过"模拟法庭""模拟联合国会议""我身边的榜样"等主题探究活动鼓励学生的社会参与，构建其公民身份，引导学生在交流与分享中自觉实现价值观学习的目的。同时在学科课程教学中重视培养学生的包容性，将国家认同教育置于"我们"与"他们"的关系中进行，引领学生深刻理解社会主义核心价值观中的"平等"观念，尊重各国家、各民族文化的多样性。

其次，在校园文化建设中融入国家认同教育。一是发挥教师的榜样示范作用。教师关于国家的言行举止会深刻影响学生国家认同感的形成，因此教师要以身作则，以自身对国家认同的意志自觉与行为实践潜移默化地感召学生，增强学生的国家认同感。二是营造民主的学校风气，有效发挥校园文化的感染熏陶作用，推进校政民主化，让学生参与到学校的民主决策中，确保所有学生都具有发言权，增强学生的权责意识和主人翁意识，提高学生参与社会生活的积极性与主动性。

（三）中小学与社区、公益性组织合力开展国家认同教育实践活动

我国不仅要注重中小学生认知层面国家认同的强化，还应重视中小学生行为层面国家认同的培养，发挥中小学、社区与公益性组织合力创设国家认同教育实践活动的积极作用。首先，中小学可以把学校模拟成社会，开展"模拟选举日"和"公民教育日"等主题活动，引导学生们讨论、参与各种各样的主题活动，例如，关于公民的权利与义务、国家的文化传统、政治制度、经济体制等主题，以此使学生增强对我国国情的基本认知，树立爱国意识与责任意识，在切身感受中形成国家认同感。

其次，中小学要加强与社区和公益性组织的合作，同社区与公益性组织结对子，利用周末、节假日和寒暑假带领学生走出校园，参加社会或公益服务活动，增加学生对国情的了解，培养学生的社会责任感和国家荣誉感。一方面，社区可开展"我是小社工"等活动，让学生参与到社区服务工作中，体验社区民主选举、决策等议程，还可定期组织学生开展故事会、学习家乡文化等活动，培养学生对家乡、对国家的了解，增强其国家认同感；另一方面，公益性组织也要积极担负起国家认

同教育的职责，为学生提供分工精细、领域广泛的多种社会服务的机会，让学生在丰富多彩的实践活动中了解国情、体验生活、充分感受祖国日新月异的变化，增强对祖国的自豪感与认同感。

第三节 国家认同教育融入中小学课程的新加坡经验及启示

20世纪晚期尤其是进入21世纪以来，新加坡在西方文化冲击和国内认同危机的驱动下，尤为注重中小学生的国家认同教育。新加坡基于本国国情积累了许多具有普遍意义的具体做法，形成了独具特色的国家认同教育经验。这些经验对我国开展国家认同教育具有重要的借鉴意义。

一 新加坡中小学生国家认同教育的背景

新加坡在经济高速发展的进程中，也面临着外来文化的冲击、国内民族认同与国家认同的冲突以及中小学生国家意识淡薄等问题，给新加坡中小学生国家认同构建带来了严峻挑战。

（一）外来文化的冲击

新加坡独特的地理位置和环境使其成为全球开放程度最高的国家之一。这不仅为其经济发展提供了极大便利，也带来了外来文化对本土文化的威胁。由于西方文化的强势涌入，新加坡民众深受西方价值观和生活方式的影响。这使国父李光耀对国民日益失去的文化根基表示担忧，认为西方价值观正在蚕食亚洲文化中值得称赞的东西。[1]

也有研究者指出，21世纪初期，新加坡为应对全球化而实施的人才引进政策存在着矛盾：一方面国家需要来自世界各地的人才为国家带来新构想及经济发展，另一方面这种新型的身份和文化可能会导致新加坡国内公民身份的变革。[2] 外来人才在带来新技术和新思想的同时，也

---

[1] Yeow Tong Chia, "The Elusive Goal of Nation Building: Asian/Confucian Values and Citizenship Education in Singapore during the 1980s", *British Journal of Educational Studies*, Vol. 59, No. 4, 2011, pp. 383 – 402.

[2] Aaron Koh, "Imagining the Singapore 'Nation' and 'Identity': The Role of the Media and National Education", *Asia Pacific Journal of Education*, Vol. 25, No. 1, 2005, pp. 75 – 91.

带来与本土相异的文化,国内外文化的交流和碰撞变得日益频繁。在此背景下,新加坡统一国家认同的构建变得更加必要和紧迫。

(二) 民族认同与国家认同的冲突

新加坡是一个后殖民地岛国,19 世纪经历多任殖民统治,岛上民众以外国移民为主,其登岛的最初目的是获取物质资源和经济利益。由于精神沟通和文化交流较少,民众缺少同一性根源。新加坡国内人口包括马来人、华人、印度人等,因其具有不同的文化背景、宗教信仰和语言,民族异质性较为明显,群体内部冲突不断,民族意识常常强于国家意识。

长期以来"新加坡文化"常常是一个由各个独立文化传统组成的聚集体,而不是融合体。虽然多民族主义尽力维持各民族的平等身份,但没有很好地实现国家身份的整合,由华人占主导地位的国家身份认同也引起其他民族的不满。因此,政府不得不重新审视民族认同与国家认同的平衡。前总理吴作栋指出:"新加坡将通过扩大我国社会四个重叠圈子的共同区域而成为一个大家庭。每个代表一个社区的四个圆圈永远不会完全重叠,重叠圆圈的方法使我们的共同点最大化,但保留了每个种族的独立身份。"[1] 这为处理民族认同和国家认同的关系指明了方向。

(三) 中小学生国家意识比较淡薄

在新加坡优越的环境中成长的新一代中小学生,往往认为他们的生活是理所当然的,他们通常以自我为中心,国家意识较为淡薄。20 世纪 90 年代的"知识鸿沟"问题,表明新加坡年青一代对国家历史和政治知之甚少并缺乏参与。现任总理李显龙认为,这种无知将阻碍国家共同意识的建立,更不利于保持国家在国际中的地位。[2] 同时,拥有良好教育和个人能力的中小学生,更加偏重自我的选择,而忽视国家需求。2006 年,新加坡《海峡时报》报道多达 53% 的新加坡青少年会考虑移民。对此,前总理吴作栋流露出他的担忧:"他们中的许多人将在我们

---

[1] Li-Ching Ho, "Global Multicultural Citizenship Education: A Singapore Experience", *Social Studies*, Vol. 100, No. 6, 2009, pp. 285–293.

[2] Aaron Koh, "Working against Globalisation: The Role of the Media and National Education in Singapore", *Globalisation, Societies and Education*, Vol. 4, No. 3, 2006, pp. 357–370.

国家遇到一场小风暴时就打包行李。"[①]

中小学生的国家意识在很大程度上影响着国家的未来。缺乏国家意识和社会责任感的学生在面对外来文化渗透时易被同化，进而丧失民族特性。因此，在中小学开展以公民教育为核心的国家认同教育对渴望以人力资本强国的新加坡尤为重要。

二 新加坡国家认同教育融入中小学课程的主要经验

为应对国家认同危机，新加坡力图通过设立相关机构和颁布政策，课程与教学渗透，学校和政府、社区合力开展实践活动等途径对中小学生进行国家认同教育。

（一）政府通过设立机构和颁布政策推动国家认同教育

新加坡政府通过设立国家意识委员会、颁布价值观和公民教育政策以及双语政策等，为中小学生国家认同教育提供机构和政策支持。

1. 设立国家意识委员会

1988年，新加坡政府设立了"国家意识委员会"。国家意识委员会旨在组织开展和监督全国性的国家意识教育相关活动，同时对学校的国家认同教育相关活动也具有一定的引领作用。开展"国民意识周""全国忠诚周""全民团结、万众一心"等活动，可以使中小学生参与其中并树立"我是新加坡人"的意识。新加坡基于自身的国情，在国家层面设立专门的意识机构，有利于对国家认同相关活动进行整体规划、全面实施，从而在全球化的背景下厚植中小学生的国家情怀，促进其国家认同。

2. 颁布国家认同教育相关政策

（1）价值观政策

1991年出台的《共同价值观》白皮书是新加坡以构建公民统一的国家认同为目的而提出的价值观。其内容包括国家至上、社会优先，家庭为根、社会为本，关怀扶持、尊重个人，求同存异、协商共识，种族

[①] Jasmine B. - Y. Sim and Li-Ching Ho, Transmitting Social and National Values through Education in Singapore: Tensions in a Globalized Era, in Terence Lovat, Ron Toomey and Neville Clement, eds., *International Research Handbook on Values Education and Student Wellbeing*, Berlin: Springer Netherlands, 2010, pp. 897 - 914.

和谐、宗教宽容五个方面。共同价值观作为新加坡在全球化进程中寻求国家认同的举措,不仅继承了儒家的文化精髓,也尊重个体、包容多元,具有时代性特征。

进入21世纪,新加坡共同价值观进一步发展。2010年,教育部发布的21世纪技能框架提出了核心价值观。核心价值观包括尊重、责任感、坚毅不屈、正直、关爱与和谐六个方面。作为21世纪技能框架的核心,政府要求将核心价值观融入学校、家庭和社区中,这将有利于潜移默化地培养学生的责任担当、社会关爱和国家认同素养。

(2) 公民教育相关政策

国家教育(NE)计划及21世纪技能框架是新加坡教育部发布的两项与公民教育相关的政策,在培养中小学生与国家认同相关的情感、价值观和技能方面具有重要意义。

NE计划的提出起初是为了解决20世纪90年代的"知识鸿沟"问题,并于1997年正式走进所有新加坡学校。[①] NE计划以培育新加坡年轻公民的国家知识、态度和价值观为目标。通过讲述"新加坡故事"即国家历史、独特挑战、现实成就、民族和谐以及国家价值观等内容,培养中小学生对国家的自豪感和归属感。2017年修订后的NE计划强调归属感、立足感、信念感和行动感四大主题。通过了解个人和国家身份、尊重差异实现归属感,通过了解新加坡的过去困境、当代现实和未来发展培养立足感,通过塑造乐观的态度和应对挑战的能力保持信念感,通过学生集体使命和建设意识培养行动感。[②] 为促进NE计划的有效实施,新加坡将其渗透于社会研究、品格与公民、历史、母语等课程以及实践活动中,并为教师提供教育策略指导。[③] 这些都有利于国家认同教育的深入开展。

---

① Aaron Koh, "Working against Globalisation: The Role of the Media and National Education in Singapore", *Globalisation, Societies and Education*, Vol. 4, No. 3, 2006, pp. 357-370.

② Ministry of Education of Singapore, National Education Review 2016-2017, https://www.moe.gov.sg/docs/default-source/document/education/programmes/national-education/ne-review-2016-2017-booklet.pdf, October 5, 2018.

③ Charlene Tan and Chee Soon Tan, "Fostering Social Cohesion and Cultural Sustainability: Character and Citizenship Education in Singapore", *Diaspora, Indigenous, and Minority Education*, Vol. 8, No. 4, 2014, pp. 191-206.

21世纪技能框架以核心价值观为基础,并要求将框架中的公民意识、环球意识与跨文化沟通三项良好公民应具备的意识与技能渗透于中小学各学科"学生学习成果"中。① 这些意识和技能包含与国家认同高度相关的内容。其一,社区生活技能要求广大青少年做一个对社会有责任感和公德心的国家积极建设者。其二,社会意识技能要求培养学生对国家和文化的认同感,包括对国家的理想和文化予以支持。其三,在对社会文化的敏感度和认知技能方面,要求学生具有同理心并能理解、尊重、接纳他人,在本地和国际之间应对自如,从而自觉维护国家身份。②

新加坡价值观政策是公民教育相关政策的先导和基础,二者相辅相成并渗透于学校各类课程中,有利于培养学生的国家认同,塑造良好公民。

(3) 双语政策

1966年,新加坡颁布的双语政策决定将英语作为官方语言,将马来语、泰米尔语和普通话作为第二语言,各种族语言不分优劣具有同等地位。在2012年的"新加坡双语之旅"中,李光耀表示出于政治和经济原因,英语必须作为新加坡的工作语言,这将使新加坡所有种族都能基于共同的语言进行交流和工作。同时,他坚信母语教学的必要性,认为其赋予人们文化的归属感、自信心和自尊心。因此,必须教给每个学生两种语言——英语和母语。③ 新加坡现行中小学教育目标中明确认定双语政策是新加坡教育体系的基石。④ 为了确保学校遵守官方政策,政府要求在中小学实行双语教学并通过评估体系予以保障。

---

① Ministry of Education of Singapore, 21st Century Competencies, https://www.moe.gov.sg/education/education-system/21st-century-competencies, October 5, 2018.

② Ministry of Education of Singapore, 21st Century Competencies (Annex A, B, C), https://www.moe.gov.sg/docs/default-source/document/education/21cc/files/annex-21cc-framework.pdf, October 5, 2018.

③ Kingsley Bolton and Bee Chin Ng, "The Dynamics of Multilingualism in Contemporary Singapore", *World Englishes*, Vol. 33, No. 3, 2014, pp. 307–318.

④ Ministry of Education of Singapore, Secondary School Education, https://www.moe.gov.sg/docs/default-source/document/education/secondary/files/secondary-school-education-booklet-chinese.pdf, October 10, 2018.

作为工作语言的英语成为国内各族群交流的共同纽带，有助于缓和新加坡种族矛盾，建构国家认同。而母语教学不仅有助于中小学生对民族文化的传承，还有利于传播国家价值观，抵制西方不良思想的消极影响。

(二) 通过学校课程与教学渗透国家认同教育

在相关政策的引领下，新加坡注重将国家认同教育渗透于学校课程与教学中，以促进学生的国家认同建构。

1. 国家认同教育在公民教育相关课程和其他学科课程中的渗透

新加坡注重国家认同教育在各学科中的广泛渗透，既包括社会研究和品格与公民这两门公民教育相关课程，也包括其他课程如英语和历史等。

（1）社会研究课程

社会研究作为一门综合课程于 2001 年在 NE 计划背景下被引入新加坡中小学教育中，旨在塑造学生深刻的共同命运意识、民族认同感和国际视野。其国家认同教育相关内容主要体现在课程目标及课程内容中。

由教育部课程规划与发展司颁布的 2012 年版小学和 2016 年版中学社会研究课程大纲规定，社会研究课程旨在培养学生的公民能力，灌输规定的价值观，实现学生知情、关心和参与的公民特性。首先，通过了解新加坡人身份、国家与世界的联系及掌握综合评估能力使学生成为知情的公民。其次，通过关注社会问题增强归属感，通过欣赏多样性增强凝聚力，通过明晰决策后果增强学生责任感，进而使其成为关心的公民。最后，通过参与社会活动、解决问题、承担个人和集体责任使学生成为参与的公民。

课程内容按照学生思维特点以个人—国家—世界依次递进的主题进行螺旋上升式编排。通过学习个人身份、国家知识、社会环境、全球化视野等内容，培养学生个人与国家命运、全球需求相结合的全球意识。经过对课程中主题问题的探究，引起学生对现实情境中社会问题的思考，成为具有批判性意识的知情、关心和参与的公民。[①] 社会研究课程不仅使学生获得个人身份、国家状况、国际文化等知识内容，还通过对与生活相关的社会问题进行探究，使学生了解影响新加坡社会经济发展、治理对策和未来预期问题，同时汲取其他国家经验，以维持和建设具有社会凝聚力和经济活力的新加坡。

（2）品格与公民课程

2014年实施的品格与公民课程充分融合21世纪技能框架内容，以核心价值观为基础，要求学生形成身份认同感、互动关系中的身份志向以及在价值观指导下的正确抉择。其国家认同教育相关内容主要体现在课程标准的指导原则及学习成果中。[②]

其指导原则包括四个方面：以价值观为导向的学生中心原则、品德教育与公民教育并重原则、个人到世界递进关系中明晰个人身份原则以及将价值观定位于现实生活情景教授原则。例如，小学以母语教授价值观、知识与技能，培养好公民应具备的个人品格及国家意识，学生在教师帮助下从个人到世界各个生活情境中作出符合核心价值观的判断及行动。

以指导原则为导向的学生学习成果包括个人、家庭、学校、社区、国家、世界六大递进主题，其中国家认同教育主要体现于社区和国家层面。在社区层面，聚焦"了解我们的社区，建设一个包容性社会"，学习成果要求珍惜新加坡多元文化的特性，并促进社会凝聚力与和谐。课

[①] Ministry of Education of Singapore, Primary Social Studies Syllabus (2012), https：//www.moe.gov.sg/docs/default-source/document/education/syllabuses/humanities/files/2012-social-studies-（primary)-syllabus.pdf, October 10, 2018. Ministry of Education of Singapore, Social Studies Syllabus (Upper Secondary, 2016), https：//www.moe.gov.sg/docs/default-source/document/education/syllabuses/humanities/files/2016-social-studies-upper-secondary-express-normal-（academic）-syllabus.pdf, October 10, 2018.

[②] Ministry of Education of Singapore, Character and Citizenship Education Syllabus (Primary, 2014), https：//www.moe.gov.sg/docs/default-source/document/education/syllabuses/character-citizenship-education/files/character-and-citizenship-education-（primary）-syllbus-（chinese）.pdf, October 15, 2018. Ministry of Education of Singapore, Character and Citizenship Education Syllabus (Secondary, 2014), https：//www.moe.gov.sg/docs/default-source/document/education/syllabuses/character-citizenship-education/files/2014-character-and-citizenship-education-（secondary）-syllabus.pdf, October 15, 2018.

程内容涉及了解并认可新加坡多元文化、各民族团结、尊重种族差异等促进和谐与包容的内容。在价值观和态度上强调尊重和客观地看待多元文化及他人。在国家层面，聚焦"建立国家认同感，重视国家建设"，学习成果要求以身为新加坡人为荣、对新加坡充满归属感，并致力于国家建设。课程内容在知识上要求掌握新加坡文化和遗产，通过尊重、欣赏、包容多元文化形成国家认同感；在价值观和态度上强调对于国家的热爱、忠诚、责任感和归属感。

（3）其他学科课程

新加坡还注重将国家认同教育渗透于其他学科课程，主要体现在英语和历史课程中。

第一，旨在建构语言认同和文化认同的英语课程。在全球化时代，英语课程作为新加坡双语政策的"一翼"，对促进学生语言和文化认同具有重要价值。2008年，新加坡教育部英语单元课程规划和发展部发布了最新的英语课程标准，明确表述了英语作为国家官方语言的重要地位。在国家层面，它是促进不同种族和文化群体之间联系的共同语言；在世界层面，它是学生在互联网、科学技术和世界贸易中开展全球多元文化交流的技能。从课程标准中的英语技能目标来看，掌握英语这一语言技能可以更好地理解国家文化价值观和国家教育主题。[1] 新加坡通过中性语言——英语建构和谐的国内环境，使中小学生在应对技术更新快捷、竞争日渐激烈的国际环境时，不仅拥有稳固的国家归属感，还拥有国际化的沟通技能，较好地处理了国家认同和国际理解的关系。

第二，旨在构建身份认同和历史认同的历史课程。历史教育是新加坡构建中小学生公民身份认同和历史认同的基本途径。新加坡课程规划及发展部颁布的最新历史课程标准指出，学习过去对管理当下和预测未来具有积极作用，历史教育的价值在于利用过去人们的创举、困境和信仰激励学生，从而形成民族自豪感和归属感，也为现代学生敲响警钟，告诫其珍惜当下的优越生活，自觉维护民族和谐和国家统

---

[1] Ministry of Education of Singapore, English Language Syllabus 2010 (Primary & Secondary), https://www.moe.gov.sg/docs/default-source/document/education/syllabuses/english-language-and-literature/files/english-primary-secondary-express-normal-academic.pdf, October 15, 2018.

一。课程目标要求学生通过学习个体、国家和国际层面的历史,辅以对比、询问、分析等历史方法培养学生辨别、感情移入、平衡等历史素养,进而塑造学生的历史认同感。同时,历史课程还通过探究社区、国家和全球发展问题,塑造学生为国家建设作贡献的知情、负责的新加坡公民身份。[1]

英语和历史课程不仅具有学科知识教育价值,还具有国家认同教育功能。这些课程有利于建构学生的语言和文化认同、身份和历史认同,增强学生的国家归属感、自豪感和国家凝聚力。

2. 国家认同教育相关教学方法

新加坡国家认同教育相关教学方法渗透于各个学科课程中,包括叙述法、设身处地考虑法、体验式学习法、道德认知发展法和价值观澄清法五个方面。

第一,叙述法可通过教师讲解历史故事或英雄人物故事等方式培养学生的价值观,也可通过学生讲述个人经历、编述故事或对他人事件的思考体会,经由开放式提问、澄清、总结和拓展等策略引导学生反思价值观相关内容,深化价值观教育。

第二,设身处地考虑法通过教师提问、角色扮演的教学策略培养学生的爱心和同理心,进一步使学生产生对不同文化的包容和尊重,并自觉维护社会和民族和谐。如学生通过移民角色扮演,对新加坡现存的全球移民这一社会问题进行思考,教师对学生进行关键提问:"如果你处于这种情况,会有什么样的感受?"[2] 这将引发学生对于不同群体感受的思考,进而使其萌生对多元文化的包容和理解,减少社会冲突的发生。

第三,体验式学习法强调学生通过提供的真实场景,强化国家意识内容的学习。例如将黄汉冲(Jason Wee)挂于新加坡艺术馆的画作

---

[1] Ministry of Education of Singapore, History Syllabus (Lower Secondary, 2014), https://www.moe.gov.sg/docs/default-source/document/education/syllabuses/humanities/files/2017-history-(lower-secondary)-syllabus.pdf, October 15, 2018.

[2] Ministry of Education of Singapore, National Education Review 2016-2017, https://www.moe.gov.sg/docs/default-source/document/education/programmes/national-education/ne-review-2016-2017-booklet.pdf, October 5, 2018.

"没有泪水的李先生"借入学校,学生通过欣赏画作并解读作品中伟大人物对新加坡的贡献,体会国家历史和内化国家意识。①

第四,道德认知发展法基于科尔伯格道德发展理论,使学生对教师提出的道德两难问题进行思考和讨论,并反思背后的自我动机,逐步实现学生以个人为先的道德取向转变为以社会和国家为先的道德取向。

第五,价值观澄清法鼓励学生思考价值观问题。② 学生通过经历同情他人、察觉情绪和审视自我感受等过程,在师生对话、合作学习、辩论等教学策略的引导下,厘清自己的价值观。通过对自我和价值观的深入思考,使学生树立与国家价值观相符的个人价值观。

以上教学方法的使用,能够引导学生基于亲身体验和深入思考,明晰个人与社会和国家的关系,树立正确的价值观和理性的国家认同。

(三)开展丰富多彩的国家认同教育实践活动

实践活动是促进学生国家认同的重要方式。新加坡中小学注重通过丰富多彩的实践活动来促进学生的国家认同,包括每日的升旗礼、四大国民教育日、学习之旅、社区服务等。

1. 升旗礼

升旗礼是新加坡所有学校每天早上必须举行的活动,包括升旗、唱国歌、宣誓新加坡精神,旨在使学生社会化,尊重并忠于国家。③ 国旗、国歌、国家精神是一个国家的象征,对国家象征的肯定和认同是国家认同的基础。中小学生是国家的未来和希望,通过升旗礼对其进行国家认同教育是十分必要的。这将使其自觉认识到自己是国家的一分子,并与国家命运联系起来,养成国家情感和公民意识。

---

① Ministry of Education of Singapore, National Education Review 2016 – 2017, https://www.moe.gov.sg/docs/default-source/document/education/programmes/national-education/ne-review-2016-2017-booklet.pdf, October 5, 2018.

② Wing On Lee, The Development of a Future-Oriented Citizenship Curriculum in Singapore: Convergence of Character and Citizenship Education and Curriculum 2015, in Zongyi Deng, S. Gopinathan and Christine Kim-Eng Lee, eds., *Globalization and the Singapore Curriculum: From Policy to Classroom*, Singapore: Springer, 2013, pp. 241 – 260.

③ Ministry of Education of Singapore, Character and Citizenship Education Syllabus (Primary, 2014), https://www.moe.gov.sg/docs/default-source/document/education/syllabuses/character-citizenship-education/files/character-and-citizenship-education-(primary)-syllbus-(chinese).pdf, October 15, 2018.

2. 四大国民教育日

四大国民教育日是为纪念新加坡有重大意义的四大历史事件而开展的相关纪念活动。四大国民教育日包括 2 月 15 日的全面防御日、7 月 21 日的种族和谐日、国际友谊日（新加坡学校日历的第二学期）和 8 月 9 日的国庆节。全面防御日是为了铭记新加坡 1942 年被日本占领，通过实地活动提醒每一个新加坡人都有责任保卫祖国。种族和谐日旨在铭记 1964 年新加坡爆发的种族骚乱，通过在学校内回顾历史事件及开展活动来传递种族和谐意识。国际友谊日提醒中小学生要与邻国建立和保持良好关系，学校通过组织交流活动促进各国学生间的沟通与互动。国庆节是为了纪念新加坡的独立以及它作为一个国家迄今取得的成就。活动内容包括出席国庆国民教育演出、重新体验一个国家的诞生等。[1] 四大国民教育日的活动内容由各学校制定，以教科书为基础教授相关历史知识后进行组织。学生通过参与这些教育日活动，能够切身体会新加坡历史经历，有利于激发其情感共鸣从而更加热爱新加坡。

3. 学习之旅

"学习之旅"是 NE 计划中通过学生参观和旅行培养其国家自豪感和归属感的学习活动。当时的教育部长张志贤在"学习之旅"启动仪式上说："学习之旅的目的是要让课堂内知识得以与课堂外的活动相结合，促进经验与理论的联系，从而使课堂中的知识具有现实意义。"因此，中小学生以学校为单位前往具有重要历史、文化或经济意义的机构场所，如文化遗产中心、科技公司、贸易发展局、港务局等，可以使学生发现并思考这些重要机构是如何应对挑战并取得成功的。[2] 参观和旅行能够使学生更加了解国家成就、脆弱性及发展突破口，培养其爱国心、自豪感和自信心，为融入和将来建设国家奠定基础。

4. 社区服务

社区参与计划作为 NE 计划的一个重要组成部分，是学校组织学生

---

[1] Hussin Mutalib, "National Identity in Singapore: Old Impediments and New Imperatives", *Asian Journal of Political Science*, Vol. 3, No. 2, 1995, pp. 28 – 45.

[2] Jasmine B. – Y. Sim, National Education: Framing the Citizenship Curriculum for Singapore Schools, in Zongyi Deng, S. Gopinathan and Christine Kim-Eng Lee, eds., *Globalization and the Singapore Curriculum: From Policy to Classroom*, Singapore: Springer, 2013, pp. 67 – 83.

到社区提供的场地和情境中将学习的品德和价值观落实到生活中的实践活动。新加坡教育部基于学生的年龄和责任践行能力设置了社区服务纲领，要求从小学到初中的学生每年至少要参加6个小时的社区服务，如维护公园或探访老人等。[①] 这个项目的目的是让学生认识到为自己的社区、社会和国家作出贡献的重要性，从而培养其公民责任感和对国家的承诺，做奉献社会和建设国家的好公民。

三 新加坡中小学生国家认同教育对我国的启示

（一）重视教育行政部门对国家认同教育的引领并进一步完善相关政策

我国需明确相关政府部门的职能，并进一步发挥政策在推动国家认同教育中的作用。

首先，教育行政相关部门应加强对国家认同教育的引导、组织和评价。我国目前已出台了国家认同教育相关政策，但在政府部门引领和保障国家认同教育开展的层面还需加强。借鉴新加坡政府通过设立国家意识委员会以引领和保障国家认同教育相关实践开展的经验，我国教育部下属思想政治工作司可加强对国家认同教育的规划和引领，教育督导局可加强对国家认同教育状况的监测和评估并出台相关报告。地方相关教育行政部门也要做好本地区国家认同相关教育的规划、引导、组织、实施和评价工作，从而有效发挥各级教育行政部门在国家认同教育中的引领和保障作用。

其次，进一步完善国家认同教育相关政策。我国已经出台了社会主义核心价值观教育、优秀传统文化教育等方面的教育政策，但对政策落实情况缺乏深入的调查研究。与此同时，相关政策还应随着社会发展和实践变化不断修改完善。因此，当前需要加强实践调研以了解相关政策的实施情况，尤其在实施过程中存在的问题，为相关教育政策调整和优化提供依据。另外，针对少数民族地区学生，我国应进一步完善双语教

---

① S. Gopinathan and Leslie Sharpe, New Bearings for Citizenship Education in Singapore, in W. O. Lee, David L. Grossman, Kerry J. Kennedy and Gregory P. Fairbrother, eds., *Citizenship Education in Asia and the Pacific: Concepts and Issues*, Dordrecht: Springer, 2004, pp. 119 – 133.

育相关政策。一方面要通过教育传承和保护各民族语言文字，促进少数民族学生对本民族语言的继承和认同；另一方面，要加快国家通用语言文字普及，培育少数民族学生对国家通用语言文字的认同感以及中华民族共同体意识。

（二）加强国家认同教育在课程与教学中的渗透

国家认同是学生发展核心素养之一。中小学语文、道德与法治（思想政治）、历史等课程应将国家认同作为重要的课程目标，并基于国家认同目标选择和组织课程内容。目前，我国高中思想政治和历史课程标准分别将政治认同和家国情怀作为学科核心素养，这将有利于国家认同教育在这两个学科中的渗透。在高中语文学科核心素养中，虽然文化传承与理解素养涉及国家认同，但仍需进一步明确和凸显国家认同教育目标。在当前的义务教育阶段历史课程标准中，已将国家认同作为情感态度价值观方面的目标。而在义务教育阶段语文、道德与法治课程标准中，虽然在课程目标和内容中有与国家认同相关的表述，但没有将国家认同作为明确目标并统领相关课程内容。在义务教育课程标准修订中，应进一步明确把国家认同纳入以上学科课程目标中，并切实将国家认同教育落实到教材和教学中。

在教学方法方面，要克服过于强调知识教学的倾向，我们可以借鉴新加坡的经验，注重学生深度认知能力的培养，从而培养理性的爱国者。如可以通过学生对不同民族文化和身份人群的角色扮演，教师在其中针对关键问题进行引导，使学生进一步思考我国民族文化和身份的多样性，从而形成对不同文化和身份人群的理解和包容，进而促进民族团结。还可以运用辩论法引导学生对价值观进行深入探讨，从而思考不同群体或个体价值观的差异与冲突，以及新时期核心价值观的价值与意义。总之，这些教学方法注重学生的体验学习和深度思考，有利于促进学生的民族团结意识和核心价值意识，进而促进其国家认同。

（三）学校与政府、社区等合力开展国家认同教育实践活动

在实践活动方面，我国应注重以下几个方面。第一，加强传统节日和纪念日实践活动。当前，许多青少年更喜欢过圣诞节、情人节等"洋节"，学校应加强教育引导，在中国传统节日如清明节、端午节、

中秋节等举办相关主题实践活动，使学生了解这些节日的历史由来、主要习俗和文化内涵，强化学生的民族文化记忆和心理认同。与此同时，学校应注重在各种纪念日开展纪念活动，如在国家公祭日和抗战胜利日开展相关实践活动，使学生牢记历史、勿忘国耻，学习先烈伟大的民族精神，珍惜当下的美好生活，进而增强民族凝聚力和国家认同感。

第二，全面推行研学旅行活动。学校要积极与政府部门、社会机构以及家庭等协调与配合，全面开展研学旅行活动。中小学生研学旅行不是简单地带学生走一走、看一看，而是有明确的课程目标，要通过研学旅行帮助学生了解国情、开阔眼界、增长知识，提高其社会责任感和实践能力，尤其要使学生感受祖国的壮丽河山，体悟中国传统文化和中华传统美德，了解革命光荣历史和改革开放的伟大成就，进而有效促进学生的国家认同。

第三，深入开展社会服务实践活动。学校应组织学生在教师的指导下，积极参加公益活动、志愿服务等。为保障社会服务的切实开展，我们可以借鉴新加坡的经验，明确规定综合实践活动课程中社会服务的课时，并建立相应的评价和保障机制。学校应积极与社区及其他社会机构沟通和合作，为学生社会服务活动创造条件。在学校的统筹下，学生可自主选择社会服务时间和服务项目，使学生在自主发展中增强责任担当意识和服务社会的能力，进而在服务社会的过程中促进其国家认同。

结　　语

在国际交往日益密切，国家间冲突和文化碰撞不断升级，国家认同越来越受到普遍关注的背景下，我们对国家认同教育融入中小学课程进行了系统的研究。主要包括以下五个方面。

第一，对国家认同教育融入中小学课程进行了理论分析。从认知、情感、行为3个方面描述了国家认同教育融入中小学课程的目标，从身份认同、政治认同、文化认同、历史认同、地理认同5个方面阐释了国家认同教育融入中小学课程的内容，从课程类型、课程资源、教学方式等方面探讨了国家认同教育融入中小学课程的实施，从国家认同教育实际发展水平评价、教师教学评价、学生国家认同素养评估3个方面分析了国家认同教育融入中小学课程的评价。

第二，对国家认同教育融入中小学课标和教材的内容进行了分析。从身份认同、政治认同、文化认同、历史认同、地理认同5个方面对义务教育阶段语文、道德与法治、历史、地理学科课程标准中的国家认同教育内容进行了系统梳理，同时依据建构的包含身份认同、政治认同、文化认同、历史认同、地理认同5个类目及15个次类目的教材分析框架对义务教育阶段语文和道德与法治教材中的国家认同教育内容进行了实证分析。

第三，对国家认同教育融入中小学课程现状进行了调查研究。为了解国家认同教育融入中小学课程总体状况，我们编制了包含课程目标、课程内容、课程类型、教师教学方式、课程资源、课程评价6个维度的融入情况问卷和包含理性认知、情感态度、行为表现3个维度的国家认同情况问卷，对我国6省（市）3683名五年级和八年级学生进行了问卷调查。同时，编制了访谈提纲对14名学校领导和36名教师进行了访谈，以进一步深入了解国家认同教育融入中小学课程状况。

第四，对国家认同教育融入中小学课程的典型学校案例进行了分析。我们对北京史家小学、天津南开中学、江苏锡山高中3所学校在国家认同教育方面的经验进行了梳理和总结。

第五，对国家认同教育融入中小学课程的国外经验进行了借鉴。美国、英国、新加坡在国家认同教育方面进行了卓有成效的探索。我们对这3个国家的经验进行了梳理和分析，并探讨了对我国国家认同教育的启示。

以上五个部分，第一部分奠定了本研究的理论基础，第二和第三部分主要探究了国家认同教育融入中小学课程的现状，而第四和第五部分主要探讨了国内外的相关经验，以寻求国家认同教育的优化策略。

我们的研究表明，统编小学和初中语文、道德与法治教材都非常重视国家认同教育内容的融入。其中，语文教材侧重于文化认同，道德与法治教材侧重于政治认同和身份认同。同时，教材正文和栏目相互配合，有利于在认知、情感和行为上全面促进学生的国家认同。从总体来看，这些教材中的国家认同教育内容体现了国家意志，有利于提升民族凝聚力。

调查研究发现，我国国家认同教育融入中小学课程状况总体较好；城市学校融入情况要显著好于乡镇学校；学生的学习成绩越好，对国家认同教育融入中小学课程状况越持积极认识和体验。同时，学生国家认同水平总体较高；八年级学生的国家认同水平显著高于五年级学生；城市学校学生的国家认同水平显著好于农村学校学生；学生学习成绩越好，国家认同水平越高。另外，调查还发现，在融入现状方面，教师教学方式方面的得分相对较低；在学生国家认同水平方面，理性认知方面的得分相对较低。

虽然我国国家认同教育融入中小学课程状况整体较好，但仍需进一步优化提高。国内外的优秀经验和有效做法可为我国国家认同教育的未来发展提供借鉴。在国内方面，史家小学注重创设"无边界"课程体系以培育学生的国家认同，南开中学注重发扬"允公允能"传统以培育学生的国家认同，锡山高中注重基于历史、文化和实践培育学生的国家认同。这些经验值得其他学校学习和借鉴。在国外方面，美国、英国和新加坡在整体上推动国家认同教育发展的经验,如发挥政府在国家认同教育中的引领作用并成立监督与评估机构,注重通过显性课程与隐性课程相结合的方式开展国家认同教育,采用深度学习方式和探究弧教学模式,中小学与社区、公益性组织合力开展国家认同教育实践活动,推动国家认同教育走向学生生活等,也值得我国基于本国国情进行借鉴。

  国家认同是学生核心素养之一,也是国家稳定和发展的基础。希望我们的研究能够为我国国家认同教育实践的发展提供一些参考,也希望更多的学者关注国家认同教育研究,促进该研究领域的繁荣。

附录一　国家认同教育融入中小学课程现状及学生国家认同状况调查问卷

亲爱的同学：

你好！为了更好地了解国家认同教育融入中小学课程的现状，特开展本次调查。国家认同教育是指教育者根据国家的需要和受教育者的发展规律，有目的、有计划、有组织地培养受教育者对自己国家政治、文化、历史、地理、公民身份等方面认同度的实践活动，使受教育者在此过程中形成对自己国家的理性认知、情感态度和行为表现。本次问卷采取不记名方式，问卷答案无对错之分。调查结果仅供学术研究之用，你所提供的信息将严格保密，不会对你产生任何影响，请你如实认真填写。

谢谢你的配合！

第一部分：个人基本信息（请根据实际情况，在所选选项上打"√"。）

1. 年级：A. 五年级　B. 八年级
2. 性别：A. 男　　B. 女
3. 民族：A. 汉族　B. 少数民族
4. 你所在学校属于：A. 城区学校　B. 乡镇学校
5. 是否在班级担任班干部：A. 是　B. 否
6. 一般来说你的课程成绩主要以下面哪个区间为主：

A. 90—100 分　　　　B. 80—89 分　　　　C. 70—79 分
D. 60—69 分　　　　E. 60 分以下

7. 你父亲的文化程度：
   A. 初中及以下　　　　B. 高中或中专　　　　C. 大专
   D. 本科　　　　　　　E. 研究生
8. 你母亲的文化程度：
   A. 初中及以下　　　　B. 高中或中专　　　　C. 大专
   D. 本科　　　　　　　E. 研究生

第二部分：选择题（请根据自己的实际情况，如实回答下列问题，在符合自己情况的选项下面打"√"。）

序号	题目	完全不符合	比较不符合	不确定	比较符合	完全符合
1	我知道国家认同是学生应具备的，能够适应终身发展和社会发展需要的必备品格和关键能力之一					
2	学校注重结合中国的政治制度、科学理论、社会主义核心价值观等，来培养我们的国家认同					
3	我感知到学校课程将培养学生的国家认同作为课程目标					
4	学校注重通过综合实践活动课程来培养我们的国家认同					
5	我认为学校开展国家认同教育，主要是为了让我们在情感上热爱祖国，拥有国家自豪感与归属感					
6	学校注重通过各学科课程（如语文、历史课等）来培养我们的国家认同					
7	学校注重结合中国古代悠久的历史以及中国共产党的革命史，来培养我们的国家认同					

/ 附录一　国家认同教育融入中小学课程现状及学生国家认同状况调查问卷 /

续表

序号	题目	完全不符合	比较不符合	不确定	比较符合	完全符合
8	我认为学校开展国家认同教育，主要是为了让我们更加了解国家的政治、历史、地理、文化等方面的知识					
9	学校注重结合中国的行政区划、地形与气候、人口与民族等知识，来培养我们的国家认同					
10	我认为学校开展国家认同教育，主要是为了让我们自觉捍卫国家利益，主动弘扬国家传统，为实现中国梦而努力奋斗					
11	老师在讲授国家历史、地理、政治、文化相关的知识时，往往采用灌输式的教学方式					
12	学校注重通过具有地方或学校特色的课程来培养我们的国家认同					
13	学校注重弘扬中华优秀传统文化和社会主义先进文化，来培养我们的国家认同					
14	老师在学科教学中，会注重结合我们的生活经验，来培养我们的国家认同					
15	学校经常利用博物馆、科技馆、爱国主义教育基地等来培养我们的国家认同					
16	学校注重通过主题实践活动（如升旗仪式、参观纪念馆、传统节日和重大纪念日纪念活动）来培养我们的国家认同					
17	学校注重结合公民身份、权利与义务的教育，来培养我们的国家认同					
18	学校经常利用网络资源（如学校官方网站、学校微信平台、班级微信群、班级QQ群等）来宣传国家的历史、地理、政治、文化等方面的知识，加深我们对国家的了解与认同					

续表

序号	题目	完全不符合	比较不符合	不确定	比较符合	完全符合
19	老师经常采用自主探究的方式，让我们探索国家历史、地理、政治、文化相关的主题					
20	学校主要是由任课老师和班主任来评价我们对国家的理性认知、情感态度与行为表现					
21	学校注重通过校园文化环境（包括学校建筑、雕塑、宣传画和标语、校训等），来培养我们的国家认同					
22	老师在传授国家历史、地理、政治、文化等相关知识时，注重采用启发式教学，促进我们的思考					
23	学校注重联合家长带领孩子开展研学旅行（如利用假期去参观名胜古迹、红色教育基地）来增强我们对国家的了解，培养国家认同					
24	学校注重通过自我评价和班级成员互评来评价我们对国家的理性认知、情感态度与行为表现					
25	老师注重通过丰富多彩的社会实践和体验学习来培养我们的国家认同					
26	在参与培养国家认同的实践活动中，相关工作人员会根据我们的表现给予评价					
27	学校经常与周边社区合作，通过创设实践活动（如志愿服务活动等）来培养我们的国家认同					
28	学校注重通过多样的评价方式（如纸质档案袋或电子档案袋、作品展示等），来评价我们对国家的理性认知、情感态度与行为表现					

附录一　国家认同教育融入中小学课程现状及学生国家认同状况调查问卷

续表

序号	题目	完全不符合	比较不符合	不确定	比较符合	完全符合
29	学校会定期邀请一些专家来开展与国家历史、地理、政治、文化等方面相关的讲座，以培养我们的国家认同					
30	学校在评价我们对国家的理性认知、情感态度与行为表现时，注重评价标准的差异性					

第三部分：选择题（请根据自己在学校接受国家认同教育后的实际情况，如实回答下列问题，在符合自己情况的选项下面打"√"。）

序号	题目	完全不符合	比较不符合	不确定	比较符合	完全符合
1	我熟悉党和国家提出的重要思想、政策（如"中国梦"等）					
2	我会关注和讨论国家的时事热点问题					
3	我会主动观看有关祖国风光的影视片或游览名山大川和名胜古迹					
4	我不能按顺序说出中国的历史朝代					
5	我很自豪中国是唯一一个传承至今的文明古国，并想要去了解中国的历史					
6	我对中华人民共和国的建国历史比较清晰					
7	比起过西方节日（如情人节、圣诞节等），我会更多地庆祝中国传统节日（如元宵节、中秋节等）					
8	我能说出我国各个省、直辖市、自治区、特别行政区的名称并了解各地的地理风貌					
9	每次游览中国的大好河山和名胜古迹，我都感到自豪					

续表

序号	题目	完全不符合	比较不符合	不确定	比较符合	完全符合
10	我会主动将自己喜欢的优秀传统文化介绍给家人与朋友					
11	我知道中华人民共和国是由56个民族组成的统一多民族国家					
12	我能说出社会主义核心价值观的内容					
13	我喜爱中国的传统艺术（如书法、民族乐曲、剪纸、戏曲等）					
14	我会主动参观历史博物馆、革命纪念馆，去了解我国的历史					
15	我能列举出五个我国的优秀传统文化					
16	韩国先将我国的传统节日端午节申请了世界文化遗产，对此我感到愤怒					
17	我知道自己是中国的公民，国家的发展与我息息相关					
18	我会主动参与社区开展的义工与志愿者活动					
19	每当我看到中国运动员在国际比赛中获得金牌，我都很自豪					
20	如果有可能，我会移民到发达国家					
21	作为中华民族中的一员，我深深感受到祖国对我们的关怀与爱护					
22	如果发现损害国家利益和危及国家安全的行为，我会挺身而出					

问卷到此结束！再次感谢你对本次问卷的认真作答！

附录二　教师访谈提纲

老师，您好！

非常感谢您抽出宝贵的时间接受访谈。本次访谈的主要目的是了解国家认同教育融入中小学课程的现状。国家认同教育是指教育者根据国家的需要和受教育者的发展规律，有目的、有计划、有组织地培养受教育者对自己国家政治、文化、历史、地理、公民身份等方面认同度的实践活动，使受教育者在此过程中形成对自己国家的理性认知、情感态度和行为实践。本次访谈主要通过问答形式进行，访谈内容将严格保密。为保证访谈的有效性，请真实回答每个问题，对您的参与，再次表示真挚的感谢！

一　基本信息

所在省份：　　　　性别：　　　　　民族：
文化程度：　　　　教龄：　　　　　职称：
所在学校类型：　　所教学科：　　　所教年级：
访谈时间：　　　　访谈方式：

二　访谈问题

1. 您是通过什么途径了解到国家认同教育的？又是如何提升自身国家认同素养的？

2. 您平时在教学过程中会经常渗透国家认同教育的内容吗？（国家政治、文化、历史、地理、公民身份等方面）如果有，能否具体说明一下？

3. 您认为现行使用的教科书体现国家认同教育内容的情况如何？

4. 您在开展国家认同教育时经常采用哪些教学方法？

5. 除了教科书之外，您会开发利用其他国家认同教育的课程资源吗？具体有哪些？

6. 您认为学校的国家认同教育是否有必要和家庭教育相结合？您有什么建议吗？

7. 您认为应如何评价学生的国家认同素养？您所在学校有没有具体的评价机制？

8. 贵校是如何对教师的国家认同素养与国家认同教育的教学情况进行评价的？

9. 您认为贵校的国家认同教育在培养学生的认知、情感、行为三方面哪方面做得最好？哪方面有所欠缺？有什么具体改进措施吗？

附录三　校领导访谈提纲

老师，您好！

　　非常感谢您抽出宝贵的时间接受访谈。本次访谈的主要目的是了解国家认同教育融入中小学课程的现状。国家认同教育是指教育者根据国家的需要和受教育者的发展规律，有目的、有计划、有组织地培养受教育者对自己国家政治、文化、历史、地理、公民身份等方面认同度的实践活动，使受教育者在此过程中形成对自己国家的理性认知、情感态度和行为实践。本次访谈主要通过问答形式进行，访谈内容将严格保密。为保证访谈的有效性，请真实回答每个问题，对您的参与，再次表示真挚的感谢！

一　基本信息

所在省份：　　　　　性别：　　　　　民族：
文化程度：　　　　　担任职务：　　　　担任职务年限：
所在学校类型：

二　访谈问题

1. 您认为国家认同是否重要？贵校是否重视国家认同教育？为什么？
2. 贵校的国家认同教育主要包含哪些方面的内容？
3. 贵校是如何将国家认同教育融入学校课程的？主要通过哪些课程类型？各年级是否有不同的具体的规划？
4. 贵校是否开展了国家认同教育的实践活动？如果有，请谈谈近一年来举办的重要活动。

5. 为配合国家认同教育的顺利开展，贵校在校园文化建设方面作了哪些努力？

6. 贵校是如何对国家认同教育的开展情况进行评价的？

7. 贵校的国家认同教育是否有相应的制度保障？具体有哪些？

8. 在开展国家认同教育的过程中，您遇到过哪些问题？如何解决的？

9. 您认为贵校开展的国家认同教育的效果如何？有哪些不足？如何改进？

参考文献

一 中文类

（一）中文著作

北京教育科学研究院基础教育教学研究中心编：《小学综合学科实践活动课程案例研究》，北京师范大学出版社2016年版。

陈达云等：《少数民族大学生国家认同教育创新研究》，民族出版社2010年版。

邓红学、熊伟业：《中国传统文化概观》，复旦大学出版社2011年版。

杜兰晓：《大学生国家认同研究》，中国社会科学出版社2018年版。

冯建军：《公民身份认同与学校公民教育》，人民出版社2015年版。

韩震：《全球化时代的文化认同与国家认同》，北京师范大学出版社2013年版。

汉语大词典编写委员会编：《汉语大词典》，商务印书馆国际有限公司2003年版。

洪伟、张婉、张均帅：《美德阶梯：史家小学的阳光公益》，中国发展出版社2012年版。

暨爱民：《国家认同建构：基于民族视角的考察》，社会科学文献出版社2016年版。

江宜桦：《华人世界的现代国家结构》，商周出版社2003年版。

江宜桦：《自由主义、民族主义与国家认同》，扬智文化事业股份有限公司1998年版。

李彦冰：《政治传播视野中的中国国家形象构建》，中国社会科学出版社2014年版。

李志东：《新加坡国家认同研究（1965—2000）》，中国人民大学出版社2014年版。

刘向军主编：《魅力德育——南开区学校德育特色建设》，中国华侨出版社2012年版。

龙小农：《从形象到认同：社会传播与国家认同构建》，中国传媒大学出版社2012年版。

马文琴：《美国学校公民教育的转向》，浙江教育出版社2015年版。

马文琴：《全球化时代青少年国家认同教育研究》，中华书局2017年版。

施良方：《课程理论——课程的基础、原理与问题》，教育科学出版社1996年版。

寿小曼、褚风华、宋莉：《世界之窗：史家小学的英语教育》，中国发展出版社2012年版。

孙杰远：《个体、文化、教育与国家认同》，商务印书馆2019年版。

唐江澎等编著：《从校本课程走向学校课程》，江苏凤凰教育出版社2017年版。

天津南开校史研究中心编著：《天津南开中学史》，人民出版社2014年版。

王俊秀、杨宜音等编：《中国社会心态研究报告》，社会科学文献出版社2016年版。

王茂美：《村落·国家：少数民族政治认同研究》，中国社会科学出版社2015年版。

王秀鲜、乔红、吕闽松：《品语识文：史家小学的语文教育》，中国发展出版社2012年版。

王彦力：《张伯苓与南开——天津历史名校个案研究》，南开大学出版社2015年版。

韦诗业：《民族认同与国家认同的和谐关系建构研究》，中央编译出版社2016年版。

许纪霖：《家国天下：现代中国的个人、国家与世界认同》，上海人民出版社2017年版。

曾楠：《政治认同论——基于国家与社会的关系论域》，江西人民出版社2017年版。

张宝成：《民族认同与国家认同》，人民出版社2012年版。

张春兴：《教育心理学》，浙江教育出版社1998年版。

张武升、庞学光、刘天锁：《王希萍与三结合教育》，天津人民出版社2005年版。

郑航：《国家认同与爱国主义教育》，中山大学出版社2016年版。

郑晓云：《文化认同与文化变迁》，中国社会科学出版社1992年版。

中国国家博物馆、史家小学编著：《写给孩子的传统文化博悟之旅·生命（下）》，新蕾出版社2017年版。

钟启泉：《现代课程论》，上海教育出版社2003年版。

［德］尤尔根·哈贝马斯：《包容他者》，曹卫东译，上海人民出版社2002年版。

［加］查尔斯·泰勒：《自我的根源：现代认同的形成》，韩震译，译林出版社2001年版。

［美］亨廷顿：《我们是谁：美国国家特性面临的挑战》，程克雄译，新华出版社2005年版。

［美］夸梅·安东尼·阿皮亚：《认同伦理学》，张容南译，译林出版社2013年版。

［英］安东尼·史密斯：《全球化时代的民族与民族主义》，龚维斌、良警宇译，中央编译出版社2002年版。

［英］德里克·希特：《何谓公民身份》，郭忠华译，吉林出版集团有限责任公司2007年版。

（二）中文期刊论文

班建武：《科学·理性·审美——新时期提升爱国主义教育实效性的关键词》，《人民教育》2018年第23期。

曹兰胜：《美国"社会研究"课程对我国民族地区国家认同教育的启示》，《民族教育研究》2014年第5期。

陈高华：《公民教育与国家认同的自觉》，《湖南师范大学教育科学学报》2017年第3期。

陈辉：《国家认同建构视角下的统编高中历史教科书述论——以〈中外历史纲要〉上册为例》，《天津师范大学学报》（基础教育版）2020年第1期。

陈杰:《用共同的文化纽带夯实民族学生国家认同的基石——对内地新疆高中班教育工作中文化认同的思考与实践》,《中国民族教育》2014年第12期。

陈志兴:《中国梦视域下少数民族学生国家认同意识建构》,《贵州民族研究》2014年第8期。

丁志刚、董洪乐:《政治认同的层次分析》,《学习与探索》2010年第5期。

杜兰晓:《韩国、新加坡国家认同教育的特点及启示》,《学校党建与思想教育》2012年第34期。

方拥香:《思想政治教科书国家认同素养分析》,《中学政治教学参考》2019年第6期。

冯建军:《公民身份的国家认同:时代挑战与教育应答》,《社会科学战线》2012年第7期。

冯建军:《培养负责任的积极公民——对我国公民教育的问题分析与政策建议》,《中小学德育》2017年第1期。

冯生尧:《课程评价含义辨析》,《课程·教材·教法》2007年第12期。

高德胜:《以学习活动为核心建构小学〈道德与法治〉教材》,《中国教育学刊》2018年第1期。

顾成敏:《公民教育与国家认同》,《郑州大学学报》(哲学社会科学版)2011年第4期。

郭志滨、金少良、黄琛:《史家小学:基于博物馆资源的"无边界"课程》,《人民教育》2019年第3期。

韩震:《论国家认同、民族认同及文化认同——一种基于历史哲学的分析与思考》,《北京师范大学学报》(社会科学版)2010年第1期。

何思源:《地理书写与国家认同:清末地理教科书中的民族主义话语》,《安徽史学》2016年第2期。

核心素养研究课题组:《中国学生发展核心素养》,《中国教育学刊》2016年第10期。

贺海龙:《"允公允能":"义工制"彰显南开之"义"》,《中小学管理》2017年第7期。

贺金瑞、燕继荣:《论从民族认同到国家认同》,《中央民族大学学报》

（哲学社会科学版）2008年第3期。

洪伟、李娟：《大情怀的"无边界"课程构建——史家小学课程育人实践》，《人民教育》2019年第1期。

黄健毅、王枬：《边境地区国家认同教育的困境与对策——基于对中越边境学生的调查》，《广西师范大学学报》（哲学社会科学版）2014年第4期。

季成伟：《思想政治学科核心素养的思考与践行——以"国家认同"素养为例》，《中小学德育》2017年第6期。

江雨：《美国联邦教育部2002—2007年战略计划》，《基础教育参考》2004年第5期。

金素端：《跨国家认同视阈下爱国主义教育的理念发展》，《求实》2013年第3期。

李刚、吕立杰：《国家认同教育校本课程的深度开发与设计》，《基础教育》2018年第1期。

李琳：《重塑"苏联记忆"唤醒国家认同——俄罗斯新版历史教科书带来的启示》，《中国民族教育》2016年第10期。

李萍、钟明华：《公民教育——传统德育的历史性转型》，《教育研究》2002年第10期。

李晓利：《爱国教育要接地气》，《人民教育》2015年第20期。

李彦群：《小学语文教科书中的国家认同观念渗透研究》，《课程教学研究》2017年第10期。

李艳霞、曹娅：《国家认同的内涵、测量与来源：一个文献综述》，《教学与研究》2016年第12期。

李智环、陈旭：《滇西北边境地区跨境民族的国家认同历程及其建构——以傈僳族为例》，《青海民族大学学报》（社会科学版）2015年第4期。

刘铁芳：《国家认同的教育意蕴及其实现》，《探索与争鸣》2018年第2期。

吕芳、殷存毅：《认同政治与国家的衰落——兼评亨廷顿的新作〈我们是谁?〉》，《世界经济与政治》2005年第5期。

吕梦含：《润物无声 爱国有声——我国语文教科书"国家形象"的建构

与实效》,《湖南师范大学教育科学学报》2016 年第 5 期。

马文琴:《全球化时代的国家认同教育》,《教育学术月刊》2008 年第 10 期。

马文琴:《全球化时代加强中小学国家认同教育的思考》,《中国德育》2017 年第 13 期。

宁莹莹、冯建军:《应对多元文化挑战的英国公民教育课程改革》,《全球教育展望》2014 年第 6 期。

欧阳常青、苏德:《学校教育视阈中的国家认同教育》,《民族教育研究》2012 年第 5 期。

潘晖君、洪跃雄:《中新两国之国家认同教育比较及启示》,《泉州师范学院学报》2015 年第 4 期。

彭斌:《理解国家——关于国家认同的构成要素、困境与实现机制的思考》,《社会科学战线》2018 年第 7 期。

祁进玉:《公民身份与国家认同:我国少数民族地区的公民教育实践》,《黑龙江民族丛刊》2009 年第 1 期。

秦金华:《语文核心素养视角下的"气韵生动"——"唐诗鉴赏"校本课程开发初探》,《课程教学研究》2017 年第 11 期。

饶舒琪:《全球化背景下的国家认同教育:合法性与应有内涵》,《教育学报》2018 年第 6 期。

邵晓霞:《开展民族团结教育培育中小学生的国家认同》,《新疆社科论坛》2016 年第 4 期。

邵壮:《国家博物馆青少年观众参与方式的开发与实践》,《博物馆研究》2016 年第 3 期。

申继亮、孙炳海:《教师评价内容体系之重建》,《华东师范大学学报》(教育科学版) 2008 年第 2 期。

沈宏华:《当前国家认同教育的缺失与构建》,《继续教育研究》2015 年第 7 期。

史利平:《互联网时代中学生国家认同教育的应对路径》,《中国德育》2017 年第 13 期。

宋景堂:《部编初中〈道德与法治〉的栏目设计和呈现方式》,《中学政治教学参考》2016 年第 26 期。

苏德、王渊博：《国家认同教育：云南省边境教育发展的战略选择》，《民族教育研究》2012 年第 5 期。

苏守波、李涛：《国家认同与当代青少年公民意识教育》，《中国青年研究》2015 年第 8 期。

孙杰远：《少数民族学生国家认同的文化基因与教育场域》，《教育研究》2013 年第 12 期。

唐江澎：《让国学精神滋养濡染学生的中国品格》，《江苏教育》2010 年第 17 期。

唐江澎、王建军、厉墨龙、丁志康、张彤春：《校本课程的研究与实验》，《课程·教材·教法》1999 年第 2 期。

陶芳铭：《社会主义核心价值观融入德育教科书的思考与探索》，《湖南师范大学教育科学学报》2017 年第 5 期。

滕星：《如何理解"国家认同教育"》，《中国德育》2017 年第 13 期。

涂敏霞、王建佶、萧婉玲、谢美玲：《港澳青少年国家认同研究》，《青年探索》2014 年第 2 期。

王海荣：《现代国家认同的危机与建构——基于公民身份视角的分析》，《哈尔滨工业大学学报》（社会科学版）2018 年第 6 期。

王慧：《权责一致基础上的国家认同教育——来自美国公民教育的启示》，《当代教育科学》2015 年第 20 期。

王璐、王向旭：《从多元文化主义到国家认同和共同价值观——英国少数民族教育政策的转向》，《比较教育研究》2014 年第 9 期。

王晓健、孙震、秦洪敏、黄宏、魏安彬：《锡山高中的表情与符号》，《教育视界》2015 年第 Z1 期。

王宗礼、苏丽蓉：《多民族国家的国家认同与公民教育》，《甘肃社会科学》2013 年第 6 期。

吴英慧、焦娟娟：《论多元文化背景下国家认同的公民教育基础》，《安庆师范学院学报》（社会科学版）2015 年第 6 期。

吴玉军：《传承历史记忆：国家认同建构的重要路径》，《人民论坛》2019 年第 3 期。

吴玉军：《历史教育与国家认同》，《北京教育》（高教版）2015 年第 3 期。

吴玉军、吴玉玲：《新加坡青少年国家认同教育及其启示》，《外国中小学教育》2008 年第 7 期。

肖滨：《两种公民身份与国家认同的双元结构》，《武汉大学学报》（哲学社会科学版）2010 年第 1 期。

肖远军：《CIPP 教育评价模式探析》，《教育科学》2003 年第 3 期。

徐丽葵：《国外青少年核心价值观教育的经验借鉴及其对我国的启示》，《吉林省教育学院学报》2016 年第 1 期。

许志娴、陈忠暖：《中学地理教育与构建国家认同的探讨——基于高中地理教材关键词词频的分析》，《地理教育》2013 年第 Z1 期。

杨小凡：《内地西藏班学生国家认同意识的培养》，《中国民族教育》2012 年第 Z1 期。

杨鑫：《人教版〈品德与社会〉中的民族团结教育分析——基于中华民族多元一体文化的视角》，《现代中小学教育》2014 年第 1 期。

一默：《教育，就是我的"诗和远方"——记北京市东城区史家胡同小学教师张聪》，《中国教师》2016 年第 9 期。

佚名：《服务学习——家国情怀教育的史家之"行"》，《中国教育学刊》2018 年第 7 期。

殷冬水：《论国家认同的四个维度》，《南京社会科学》2016 年第 5 期。

殷凌霄：《从英国青少年教育隐患看我国核心价值观教育》，《思想理论教育》2012 年第 1 期。

曾水兵：《加强中小学生国家认同教育的理性思考》，《中国教育学刊》2012 年第 11 期。

曾水兵、班建武、张志华：《中学生国家认同现状的调查研究》，《上海教育科研》2013 年第 8 期。

曾水兵、陈油华：《论青少年国家认同教育的三种基本途径》，《教育科学研究》2016 年第 4 期。

曾水兵、檀传宝：《国家认同教育的若干问题反思》，《中国教育学刊》2013 年第 10 期。

张家军：《英国公民教育的演变及启示》，《贵州师范大学学报》2015 年第 6 期。

张军凤：《论南开中学教育的文化基因》，《天津市教科院学报》2017

年第 5 期。

张培华：《中小学科技园地建设——史家胡同小学天文馆》，《中国现代教育装备》2015 年第 9 期。

张鹏、吕立杰：《语文教科书中的国家形象分析——以 A 版初中教科书为例》，《全球教育展望》2018 年第 7 期。

张婉：《最是书香能致远——记北京史家小学书香校园建设》，《中国教师》2016 年第 4 期。

张怡、闫旭：《聚焦核心素养增进国际理解——史家小学构建"涵润"游学课程体系的实践研究》，《中国教师》2016 年第 11 期。

章乐：《儿童立场与传统文化教育——兼论小学道德与法治教材中的中华传统文化教育》，《课程·教材·教法》2018 年第 8 期。

赵琼、吴玉军：《历史记忆与国家认同——基于美国国家认同教育中历史英雄人物符号的塑造问题分析》，《思想教育研究》2017 年第 7 期。

赵诗、黄德林：《澳大利亚国家认同教育的形式及其启示》，《学校党建与思想教育》2015 年第 22 期。

赵志伟：《以"五育"治"五病"——张伯苓教育思想浅谈》，《福建教育》2017 年第 Z4 期。

左凤荣：《俄罗斯增强多民族国家认同的主要举措》，《当代世界与社会主义》2015 年第 3 期。

（三）中文学位论文

常宝宁：《新疆南疆地区青少年国家认同的现状及其教育对策研究》，硕士学位论文，西北师范大学，2008 年。

陈晶：《11 至 20 岁青少年的国家认同及其发展》，硕士学位论文，华中师范大学，2004 年。

陈胜胜：《城市散杂居少数民族高中生国家认同问题探析》，硕士学位论文，贵州师范大学，2016 年。

迪娜：《新疆喀什地区少数民族青少年国家认同现状研究》，硕士学位论文，华东师范大学，2014 年。

冯静：《藏族中学生国家认同教育现状的调查研究》，硕士学位论文，西北师范大学，2015 年。

寇英：《甘南地区藏族青少年学生国家认同影响因素及教育对策研究》，硕士学位论文，西北师范大学，2014年。

李娟：《云南边境学校地理教育中渗透国家认同教育的研究》，硕士学位论文，云南师范大学，2014年。

李雅茹：《小学语文教科书中爱国主义教育传承研究》，硕士学位论文，湖南农业大学，2016年。

梁聪：《20世纪90年代以来美国中小学公民教育研究》，硕士学位论文，东北师范大学，2015年。

林爱娟：《学生管理视阈下的学校文化传承与发展研究——以天津南开中学为例》，硕士学位论文，天津师范大学，2017年。

陆洋：《苏教版初中语文教科书及教学中渗透社会主义核心价值观研究》，硕士学位论文，扬州大学，2014年。

吕后彬：《新疆维吾尔族国家认同问题研究》，硕士学位论文，新疆大学，2017年。

马海莉：《西藏地区藏族高中生国家认同现状及影响因素研究》，硕士学位论文，中国青年政治学院，2013年。

冒萍：《〈道德与法治〉教学中加强爱国主义教育研究》，硕士学位论文，南京师范大学，2018年。

苗晨阳：《新加坡中小学国家认同教育研究》，硕士学位论文，河南师范大学，2017年。

任蔷蔷：《新加坡国家认同教育研究》，硕士学位论文，西北师范大学，2014年。

王晓艳：《南开精神的形成与发展》，硕士学位论文，天津师范大学，2010年。

魏小敏：《初中〈道德与法治〉教科书社会责任要素文本研究》，硕士学位论文，山西师范大学，2018年。

肖振南：《台湾社会科教科书"国家认同"教育变迁研究》，博士学位论文，华东师范大学，2017年。

赵北扬：《民族学校学生的国家认同与民族认同的建构》，硕士学位论文，中央民族大学，2010年。

郑慧：《初中生国家认同教育研究》，硕士学位论文，郑州大学，

2012年。

周丽云：《小学品德教科书中的法治教育内容研究》，硕士学位论文，贵州师范大学，2018年。

（四）中文标准等

中华人民共和国教育部：《义务教育地理课程标准（2011年版）》，北京师范大学出版社2012年版。

中华人民共和国教育部：《义务教育历史课程标准（2011年版）》，北京师范大学出版社2012年版。

中华人民共和国教育部：《义务教育品德与社会课程标准（2011年版）》，北京师范大学出版社2012年版。

中华人民共和国教育部：《义务教育品德与生活课程标准（2011年版）》，北京师范大学出版社2012年版。

中华人民共和国教育部：《义务教育思想品德课程标准（2011年版）》，北京师范大学出版社2012年版。

中华人民共和国教育部：《义务教育语文课程标准（2011年版）》，北京师范大学出版社2012年版。

（五）中文电子文献

沈伟鹏、孔新峰：《英国如何建设核心价值观》（2015年9月6日），http：//mil. cssn. cn/dzyx/dzyx _ llsj/201509/t20150906 _ 2147110. shtml？COLLCC＝2932344933＆，2018年11月18日。

史家小学：《二四中队召开"我爱红领巾——争当优秀队员"主题中队会》（2013年12月25日），http：//shijia. xnw. com/qun/1000889，2019年6月23日。

史家小学：《六九中队召开"零米粒，我们一起来"主题中队会》（2013年12月25日），http：//shijia. xnw. com/qun/1000889，2019年6月22日。

天津南开中学校办：《天津市南开中学开展系列活动隆重纪念张伯苓校长诞辰140周年》（2016年4月6日），http：//www. nkzx. cn/campusActivitiesDetail. do？id＝4865，2019年7月14日。

新华社:《习近平出席全国教育大会并发表重要讲话》(2018年9月10日),http://www.gov.cn/xinwen/2018-09/10/content_5320835.htm,2019年10月12日。

徐德明:《传承公能精神书写校园文明新篇》(2017年11月30日),http://www.jyb.cn/zgjyb/201711/t20171130_860496.html,2020年3月20日。

姚珪:《1980届校友为建立严修、张伯苓铜像捐款》(2014年5月23日),http://www.nkzx.cn/campusActivitiesDetail.do?id=781,2019年7月14日。

中共教育部党组:《中共教育部党组关于教育系统深入开展爱国主义教育的实施意见》(2016年1月26日),http://www.moe.gov.cn/srcsite/A13/s7061/201601/t20160129_229131.html,2019年3月20日。

中共中央、国务院:《新时代爱国主义教育实施纲要》(2019年11月12日),http://www.moe.gov.cn/jyb_xxgk/moe_1777/moe_1778/201911/t20191113_407983.html,2019年11月25日。

中华人民共和国教育部:《教育部关于培育和践行社会主义核心价值观进一步加强中小学德育工作的意见》(2014年4月3日),http://www.moe.gov.cn/srcsite/A06/s3325/201404/t20140403_167213.html,2019年3月20日。

中华人民共和国教育部:《教育部关于印发〈完善中华优秀传统文化教育指导纲要〉的通知》(2014年3月28日),http://www.moe.gov.cn/srcsite/A13/s7061/201403/t20140328_166543.html,2019年3月20日。

中华人民共和国教育部:《教育部关于印发〈中小学德育工作指南〉的通知》(2017年8月22日),http://www.moe.gov.cn/srcsite/A06/s3325/201709/t20170904_313128.html,2019年9月26日。

二 英文类

(一) 英文著作

David McCrone and Frank Bechhofer, *Understanding National Identity*, Cambridge: Cambridge University Press, 2015.

David Miller, *Citizenship and National Identity*, Cambridge: Polity Press, 2000.

James H. Stronge and Pamela D. Tucker, *Handbook on Teacher Evaluation: Assessing and Improving Performance*, New York: Routledge, 2003.

Kernial S. Sandhu, et al., eds., *Southeast Asian Affairs*, Jurong: ISEAS Publishing, 1977.

Leo R. Chavez, *The Latino Threat: Constructing Immigrants, Citizens, and the Nation*, Stanford: Stanford University Press, 2013.

Robin Mann and Steve Fenton, *Nation, Class and Resentment*, London: Palgrave Macmillan, 2017.

Samuel L. Gaertner and John F. Dovidio, *Reducing Intergroup Bias: The Common Ingroup Identity Model*, New York: Psychology Press, 2000.

Terence Lovat, Ron Toomey and Neville Clement, eds., *International Research Handbook on Values Education and Student Wellbeing*, Berlin: Springer Netherlands, 2010.

W. O. Lee, David L. Grossman, Kerry J. Kennedy and Gregory P. Fairbrother, eds., *Citizenship Education in Asia and the Pacific: Concepts and Issues*, Dordrecht: Springer, 2004.

Zongyi Deng, S. Gopinathan and Christine Kim-Eng Lee, eds., *Globalization and the Singapore Curriculum: From Policy to Classroom*, Singapore: Springer, 2013.

（二）英文期刊论文

Aaron Koh, "Imagining the Singapore 'Nation' and 'Identity': The Role of the Media and National Education", *Asia Pacific Journal of Education*, Vol. 25, No. 1, 2005.

Aaron Koh, "Working against Globalisation: The Role of the Media and National Education in Singapore", *Globalisation, Societies and Education*, Vol. 4, No. 3, 2006.

Alexander Thomas T. Smith, "Relocating the British Subject Ethnographic

Encounters with Identity Politics and Nationalism during the 2014 Scottish Independence Referendum", *The Sociological Review*, Vol. 65, No. 1, 2017.

Alison E. C. Struthers, "Teaching British Values in Our Schools: But Why not Human Rights Values?", *Social & Legal Studies*, Vol. 26, No. 1, 2017.

Alison Murphy, "Charting the Emergence of National Identity in Children in Wales", *Children & Society*, Vol. 32, No. 4, 2018.

Amita D. Merchant and Jorge P. Osterling, "Immigration, Education, and the Search for Our National Identity", *Bilingual Research Journal*, Vol. 31, No. 1-2, 2008.

Ana Solano-Campos, "Children's National Identity in Multicultural Classrooms in Costa Rica and the United States", *Research in Comparative & International Education*, Vol. 10, No. 1, 2015.

Andreas Georgiadis and Alan Manning, "One Nation under a Groove? Understanding National Identity", *Journal of Economic Behavior & Organization*, Vol. 93, No. 2, 2013.

Ben Kisby, "Social Capital and Citizenship Lessons in England", *Education, Citizenship and Social Justice*, Vol. 4, No. 1, 2009.

Charlene Tan and Chee Soon Tan, "Fostering Social Cohesion and Cultural Sustainability: Character and Citizenship Education in Singapore", *Diaspora, Indigenous, and Minority Education*, Vol. 8, No. 4, 2014.

Charlene Tan and Pak Tee Ng, "Functional Differentiation: A Critique of the Bilingual Policy in Singapore", *Journal of Asian Public Policy*, Vol. 4, No. 3, 2011.

Charlene Tan, "'Our Shared Values' in Singapore: A Confucian Perspective", *Educational Theory*, Vol. 62, No. 4, 2012.

Charlene Tan, "Creating 'Good Citizens' and Maintaining Religious Harmony in Singapore", *British Journal of Religious Education*, Vol. 30, No. 2, 2008.

Charlene Tan, "For group, (f) or Self: Communitarianism, Confucianism and Values Education in Singapore", *The Curriculum Journal*, Vol. 24, No. 4, 2013.

Chee K. J. Wang, Angeline Khoo, Chor B. Goh, Steven Tan and S. Gopinathan, "Patriotism and National Education: Perceptions of Trainee Teachers in Singapore", *Asia Pacific Journal of Education*, Vol. 26, No. 1, 2006.

Christia Spears Brown, "American Elementary School Children's Attitudes about Immigrants, Immigration, and Being an American", *Journal of Applied Developmental Psychology*, Vol. 32, No. 3, 2011.

Christine Han, "History Education and 'Asian' Values for an 'Asian' Democracy: The Case of Singapore", *Compare: A Journal of Comparative & International Education*, Vol. 37, No. 3, 2007.

Christine Han, "National Education and 'Active Citizenship': Implications for Citizenship and Citizenship Education in Singapore", *Asia Pacific Journal of Education*, Vol. 20, No. 1, 2000.

Christine Winter, "Disrupting Colonial Discourses in the Geography Curriculum during the Introduction of British Values Policy in Schools", *Journal of Curriculum Studis*, Vol. 50, No. 4, 2018.

Christopher Stroud and Lionel Wee, "A Pedagogical Application of Liminalities in Socia Positioning: Identity and Literacy in Singapore", *Tesol Quarterly*, Vol. 41, No. 1, 2012.

Daniel Faas, "A Civic Rebalancing of British Multiculturalism? An Analysis of Geography, History and Citizenship Education Curricula", *Educational Review*, Vol. 63, No. 2, 2011.

David Kerr, Stephen McCarthy and Alan Smith, "Citizenship Education in England, Ireland and Northern Ireland", *European Journal of Education*, Vol. 37, No. 2, 2002.

Desmond Wee, "Singapore Language Enhancer: Identity Included", *Language & Intercultural Communication*, Vol. 9, No. 1, 2009.

Edda Sant and Chris Hanley, "Political Assumptions Underlying Pedagogies of National Education: The Case of Student Teachers Teaching 'British Values' in England", *British Educational Research Journal*, Vol. 44, No. 2, 2018.

Ellen Geboers, Femke Geijsel, Wilfried Admiraal and Geert ten Dam, "Review of the Effects of Citizenship Education", *Educational Research Review*, Vol. 9, No. 6, 2013.

Frank L. Jones and Philip Smith, "Diversity and Commonality in National Identities: An Exploratory Analysis of Cross-National Patterns", *Journal of Sociology*, Vol. 37, No. 1, 2001.

Geoffrey Scheurman, "Still Searching for America: Conversations on National Identity", *Magazine of History*, Vol. 20, No. 4, 2006.

Hugh Starkey, "Fundamental British Values and Citizenship Education: Tensions between National and Global Perspectives", *Geografiska Annaler: Series B, Human Geography*, Vol. 100, No. 2, 2018.

Hussin Mutalib, "National Identity in Singapore: Old Impediments and New Imperatives", *Asian Journal of Political Science*, Vol. 3, No. 2, 1995.

Ian Davies and Eric K. M. Chong, "Current Challenges for Citizenship Education in England", *Asian Education and Development Studies*, Vol. 5, No. 1, 2016.

James A. Banks, "Diversity, Group Identity, and Citizenship Education in a Global Age", *Education Research*, Vol. 37, No. 3, 2008.

Jasmine Boon-Yee Sim and Murray Print, "Citizenship Education and Social Studies in Singapore: A National Agenda", *International Journal of Citizenship and Teacher Education*, Vol. 1, No. 1, 2005.

Jasmine Boon-Yee Sim, "What Does Citizenship Mean? Social Studies Teachers' Understandings of Citizenship in Singapore Schools", *Educational Review*, Vol. 60, No. 3, 2008.

Jason Gainous and Allison M. Martens, "The Effectiveness of Civic Education: Are 'Good' Teachers Actually Good for 'All' Students?", *American Politics Research*, Vol. 40, No. 2, 2012.

Jessica Pykett, "Making Citizens in the Classroom: An Urban Geography of Citizenship Education?", *Urban Studies*, Vol. 46, No. 4, 2009.

Kaye Pepper, Susie Burroughs and Eric Groce, "Teaching Civic Education in a Democratic Society: A Comparison of Civic Education in Hungary and the United States", *Educational Foundations*, Vol. 17, No. 2, 2003.

Kevin Lougheed, " 'After the Manner of the Irish Schools': The Influence of Irish National Education in the British Empire", *Journal of Historical Geography*, Vol. 60, No. 4, 2018.

Kingsley Bolton and Bee Chin Ng, "The Dynamics of Multilingualism in Contemporary Singapore", *World Englishes*, Vol. 33, No. 3, 2014.

Lee Jerome, "Service Learning and Active Citizenship Education in England", *Education, Citizenship and Social Justice*, Vol. 7, No. 1, 2012.

Leisa A. Martin, Glenn P. Lauzon, Matthew J. Benus and Pete Livas, Jr., "The United States Pledge of Allegiance Ceremony: Do Youth Recite the Pledge?", *Sage Open*, Vol. 7, No. 1, 2017.

Li-Ching Ho, " 'Don't Worry, I'm Not Going to Report You': Education for Citizenship in Singapore", *Theory & Research in Social Education*, Vol. 38, No. 2, 2010.

Li-Ching Ho, " 'Freedom Can Only Exist in an Ordered State': Harmony and Civic Education in Singapore", *Journal of Curriculum Studies*, Vol. 49, No. 4, 2016.

Li-Ching Ho, "Global Multicultural Citizenship Education: A Singapore Experience", *Social Studies*, Vol. 100, No. 6, 2009.

Markus Kemmelmeier and David G. Winter, "Sowing Patriotism, But Reaping Nationalism? Consequences of Exposure to the American Flag", *Political Psychology*, Vol. 29, No. 6, 2008.

Michael R. Olneck, "Re-naming, Re-imagining America: Multicultural Curriculum as Classification Struggle", *Pedagogy, Culture and Society*, Vol. 9, No. 3, 2001.

Nancy Hornberger and Viniti Vaish, "Multilingual Language Policy and School Linguistic Practice: Globalization and English-language Teaching in India, Singapore and South Africa", *Compare: A Journal of Comparative and International Education*, Vol. 39, No. 3, 2009.

Parissa Jahromi, "American Identity in the USA: Youth Perspectives", *Applied Developmental Science*, Vol. 15, No. 2, 2011.

Peter J. Hemming, "Educating for Religious Citizenship: Multiculturalism and National Identity in an English Multi-Faith Primary School", *Royal Geographical Society*, Vol. 36, No. 3, 2011.

Rhys Andrews and Andrew Mycock, "Dilemmas of Devolution: The 'Politics of Britishness' and Citizenship Education", *British Politics*, Vol. 3, No. 2, 2008.

Robert Phillips, Paul Goalen, Alan McCully and Sydney Wood, "Four Histories, One Nation? History Teaching, Nationhood and a British Identity", *Compare: A Journal of Comparative and International Education*, Vol. 29, No. 2, 1999.

Sally Elton-Chalcraft, Vini Lander, Lynn Revell, Diane Warner and Linda Whitworth, "To Promote, or Not to Promote Fundamental British Values? Teachers' Standards, Diversity and Teacher Education", *British Educational Research Journal*, Vol. 43, No. 1, 2017.

Scot M. Guenter, "The American Flag, 1777-1924: Cultural Shifts from Creation to Codification", *Journal of the Early Republic*, Vol. 12, No. 1, 1992.

Stephan Ortmann, "Singapore: The Politics of Inventing National Identity", *Journal of Current Southeast Asian Affairs*, Vol. 28, No. 4, 2009.

Tan Tai Wei, "Moral Education in Singapore: A Critical Appraisal", *Journal of Moral Education*, Vol. 23, No. 1, 1994.

Tony Eaude, "Fundamental British Values? Possible Implications for Children's Spirituality", *International Journal of Children's Spirituality*, Vol. 23, No. 1, 2018.

Tony Rossi and Mary Ryan, "National Education as a 'Civics' Literacy in a Globalized World: The Challenges Facing Education in Singapore", *Discourse Studies in the Cultural Politics of Education*, Vol. 27, No. 2, 2006.

Uvanney Maylor, "I'd Worry About How to Teach It: British Values in English Classrooms", *Journal of Education for Teaching*, Vol. 42,

No. 3, 2016.

Wayne Journell, "Setting out the (Un) Welcome Mat: A Portrayal of Immigration in State Standards for American History", *The Social Studies*, Vol. 100, No. 4, 2009.

Wayne Journell, "We Still Need You! An Update on the Status of K-12 Civics Education in the United States", *Political Science & Politics*, Vol. 48, No. 4, 2015.

Yeow Tong Chia, "History Education for Nation Building and State Formation: The Case of Singapore", *Citizenship Teaching & Learning*, Vol. 7, No. 2, 2012.

Yeow Tong Chia, "The Elusive Goal of Nation Building: Asian/Confucian Values and Citizenship Education in Singapore during the 1980s", *British Journal of Educational Studies*, Vol. 59, No. 4, 2011.

Ying-Ying Tan, "English as a 'Mother Tongue' in Singapore", *World Englishes*, Vol. 33, No. 3, 2014.

（三）英文学位论文

Andrew Luke Worthington, Student Perspective of Patriotism in England and the United States of America, Ph. D. Dissertation, Oklahoma University, 2013.

Anita P. Chikkatur, Different Matters, Race, Immigration and National Identity at a Diverse, Urban Public High School, Ph. D. Dissertation, University of Pennsylvania, 2009.

Ashlee E. C. Holmes, An Exploration of Middle School Teachers' Essences of Participation in Service-Learning Activities, Ph. D. Dissertation, University of Central Missouri, 2013.

Jill J. Tokumoto, The Importance of Civics Education Programs in K-12 Schools, Ph. D. Dissertation, Capella University, 2006.

Mark N. Galligan, Debating the Study of the Past: A Historical Analysis of American History Curriculum and Instruction between 1890-1920, Ph. D. Dissertation, Northeastern University, 2014.

Teresa Gilmore-Mason, *Invoking Student Voices as a Third Space in the Examination of a National Identity*, Ph. D. Dissertation, The University of Akron, 2015.

(四) 英文报告、标准等

Advisory Group on Citizenship, *Education for Citizenship and the Teaching of Democracy in School*, London: Qualification and Curriculum Authority, 1998.

Avril Keating, David Kerr, Thomas Benton, Ellie Mundy and Joana Lopes, *Citizenship Education in England 2001 – 2010: Young People's Practices and Prospects for the Future: The Eighth and Final Report from the Citizenship Education Longitudinal Study*, London: Department for Education, 2010.

Department for Children, Schools, Families, *Religious Education in English Schools: Non-Statutory Guidance 2010*, London: Religious Education and Collective Worship, 2010.

Department for Education, *Citizenship Programmers of Study: Key Stage 3 and 4*, London: Her Majesty's Stationery Office, 2013.

Department for Education, *National Curriculum in England: History Programmers of Study*, London: Her Majesty's Stationery Office, 2013.

Department for Education, *Promoting Fundamental British Values as Part of SMSC in Schools: Departmental Advice for Maintained Schools*, London: Her Majesty's Stationery Office, 2014.

Department for Education, *The National Curriculum in England: Key Stages 1 and 2 Framework Document*, London: Her Majesty's Stationery Office, 2013.

HM Government, *Prevent Strategy*, London: Home Office Publications, 2011.

Keith Ajegbo, Dina Kiwan and Seema Sharma, *Diversity and Citizenship Curriculum Review*, London: Department for Education, 2007.

Maine Department of Education, *Maine Learning Results for Social Studies*

(*Revised* 2019), Augusta: Maine Department of Education, *2019*.

New York State Education Department and The University of the State of New York, *New York State K-12 Social Studies Framework Introduction*, Albany: New York State Education Department, 2014.

QCA, *Religious Education: Non-Statutory Guidance on RE*, London: QCA Publications, 2000.

Sandra L. Colby and Jennifer M. Ortman, *Projections of the Size and Composition of the U. S. Population: 2014 to 2060*, Washington D. C.: U. S. Census Bureau, 2015.

Tiffani Lennon, *ECS Policy Brief: Citizenship Education*, Denver: Education Commission of the States, 2006.

U. S. Department of Education, *The Nation's Report Card U. S. History* 2006, Washington D. C.: National Center for Education Statistics, 2007.

（五）英文电子文献

Abby Kiesaand Peter Levine, Why America Urgently Needs to Improve K-12 Civic Education, October 30, 2016, https://apnews.com/2207ddcbb0d444e3b8195ff8e73dac71, November 15, 2018.

Alabama State Department of Education, Social Studies (2010), https://alex.state.al.us/browseSS.php, October 13, 2018.

Anon, The Bradley Project Releases Its Report, "E Pluribus Unum" — Calls for National Dialogue on America's National Identity, June 8, 2008, http://www.freerepublic.com/focus/f-news/2027971/posts, November 12, 2018.

Arizona Department of Education, History and Social Science Standards (2018), October 22, 2018, https://cms.azed.gov/home/GetDocumentFile? id=5bd773421dcb250b94e9170a, November 22, 2018.

George Walker Bush, President Introduces History & Civic Education Initiatives, September 17, 2002, https://georgewbush-whitehouse.archives.gov/news/releases/2002/09/20020917-1.html, November 20, 2018.

Ian Reifowitz, Hillary Vs. Trump Is a National Identity Election, December

6, 2017, https://www.huffingtonpost.com/ian-reifowitz/hillary-vs-trump-is-a-nat_b_10441080.html, November 15, 2018.

Indiana Department of Education, Indiana Academic English Language Arts Standards, June 10, 2014, https://www.doe.in.gov/standards/englishlanguage-arts#Standards, November 9, 2018.

Janet Palmer, Ofsted 2009 – 10 Subject Survey Inspection Programmer: Citizenship, February 22, 2010, https://files.api.ofsted.gov.uk/v1/file/974645, November 20, 2018.

Jeet Heer, Identity Heft: Why the Politics of Race and Gender Are Dominating the 2016 Election, November 25, 2015, https://ibw21.org/editors-choice/identity-heft-why-the-politics-of-race-and-gender-are-dominating-the-2016-election-and-why-thats-not-a-bad-thing/, November 15, 2018.

Massachusetts Department of Elementary and Secondary Education, History and Social Science Framework (Grades Pre-Kindergarten to 12), June 26, 2018, http://www.doe.mass.edu/frameworks/hss/2018-12.pdf, December 26, 2018.

Ministry of Education of Singapore, 21st Century Competencies (Annex A, B, C), https://www.moe.gov.sg/docs/default-source/document/education/21cc/files/annex-21cc-framework.pdf, October 5, 2018.

Ministry of Education of Singapore, 21st Century Competencies, https://www.moe.gov.sg/education/education-system/21st-century-competencies, October 5, 2018.

Ministry of Education of Singapore, Character and Citizenship Education Syllabus (Secondary, 2014), https://www.moe.gov.sg/docs/default-source/document/education/syllabuses/character-citizenship-education/files/2014-character-and-citizenship-education-(secondary)–syllabus.pdf, October 15, 2018.

Ministry of Education of Singapore, Character and Citizenship Education Syllabus (Primary, 2014), https://www.moe.gov.sg/docs/default-source/document/education/syllabuses/character-citizenship-education/files/character-and-citizenship-education-(primary)-syllbus-(chinese).pdf, October 15, 2018.

Ministry of Education of Singapore, English Language Syllabus 2010 (Primary & Secondary), https: //www. moe. gov. sg/docs/default-source/document/education/syllabuses/english-language-and-literature/files/english-primary-secondary-express-normal-academic. pdf, October 15, 2018.

Ministry of Education of Singapore, History Syllabus (Lower Secondary, 2014), https: //www. moe. gov. sg/docs/default-source/document/education/syllabuses/humanities/files/2017-history- (lower-secondary) - syllabus. pdf, October 15, 2018.

Ministry of Education of Singapore, National Education Review 2016 - 2017, https: //www. moe. gov. sg/docs/default-source/document/education/programmes/national-education/ne-review-2016-2017-booklet. pdf, October 5, 2018.

Ministry of Education of Singapore, Primary Social Studies Syllabus (2012), https: //www. moe. gov. sg/docs/default-source/document/education/syllabuses/humanities/files/2012-social-studies- (primary) - syllabus. pdf, October 10, 2018.

Ministry of Education of Singapore, Secondary School Education, https: //www. moe. gov. sg/docs/default-source/document/education/secondary/files/secondary-school-education-booklet-chinese. pdf, October 10, 2018.

Ministry of Education of Singapore, Social Studies Syllabus (Upper Secondary, 2016), https: //www. moe. gov. sg/docs/default-source/document/education/syllabuses/humanities/files/2016-social-studies- (upper-secondary-express-normal- (academic) - syllabus. pdf, October 10, 2018.

National Council for Social Studies, College, Career, and Civic Life (C3) Framework for Social Studies State Standards, https: //www. socialstudies. org/c3, October 17, 2018.

National Council for Social Studies, National Curriculum Standards for Social Studies: A Framework for Teaching, Learning, and Assessment, https: //www. socialstudies. org/standards, October 14, 2018.

The Council of Chief State School Officers (CCSSO) and the National Governors Association (NGA), Common Core State Standards for English Language Arts & Literacy in History/Social Studies, Science, and Technical Subjects, June 2, 2010, http://www.corestandards.org/assets/CCSSI_ELA%20Standards.pdf, October 13, 2018.

U. S. English, New Polling Confirms Overwhelming Voter Support For Official English, April 5, 2018, https://www.usenglish.org/new-polling-confirms-overwhelming-voter-support-for-official-english/, April 14, 2020.

后 记

在全球化的背景下，国家认同是广受关注的话题，国家认同教育也受到世界各国的重视。近年来，国家认同教育也受到我国教育政策的高度重视，但对于国家认同教育融入中小学课程，尚缺乏系统的研究。本书力求全面揭示我国国家认同教育融入中小学课程的现状，并为国家认同教育的进一步优化提供建议。

本书由我进行总体设计，参与研究的主要是我和天津师范大学的研究生等，包括杨岚、郝林玉、路璐、刘淑洁、颜蒙蒙、彭文蕊、梁燕妮、杨焱荔。具体如下：

绪论：第一节，高维、杨岚；第二节，高维、杨焱荔、郝林玉、杨岚、路璐；第三节，高维；第四节，高维。第一章：高维、杨岚。第二章：第一节，高维；第二节，高维、郝林玉、刘淑洁；第三节，高维、路璐、颜蒙蒙。第三章：高维、杨岚、彭文蕊、梁燕妮。第四章：第一节，高维、郝林玉；第二节，高维、杨岚；第三节，高维、刘淑洁。第五章：第一节，高维、郝林玉；第二节，高维、杨岚；第三节，高维、路璐。结语：高维。全书由高维统稿和修改。

本书是我主持的国家社会科学基金教育学青年课题"国家认同教育融入中小学课程的现状及优化策略研究"的最终成果。在课题研究过程中，博士和硕士阶段的导师杨启亮教授和徐文彬教授曾给予我诸多鼓励。南京师范大学冯建军教授、西南大学靳玉乐教授、北京师范大学周海涛教授、天津大学肖凤翔教授、原天津社科联秘书长陈根来研究员、首都师范大学张增田教授、哈尔滨师范大学温恒福教授、辽宁师范大学朱宁波教授等曾对课题研究给予关注或方向指导。天津师范大学和学新教授、纪德奎教授、李洪修教授、王慧教授、任辉副教授、杨秀玉副教授、孙贺群副教授，天津市教育科学研究院王毓珣研究员、武秀霞副研究员等对课题的具体研究提出了诸多建设性意见。在此一并表示感谢。

同时，感谢江苏省教育科学研究院王彦明副研究员、南京晓庄学院彭亮博士、绵阳师范学院张天明教授、安徽师范大学杨晓奇教授、安庆师范大学王爱菊教授、《新课程评论》编辑部余孟孟主任、怀化师范高等专科学校谭芳芳老师、天津市南开区教育中心张峰老师等对我们调研工作的大力支持，感谢六省市积极参与调研的中小学校领导、教师和同学们。

本书的许多内容是我在加拿大英属哥伦比亚大学（University of British Columbia）访学期间撰写和修改完成的，感谢合作导师派纳（William Pinar）教授以及费伦（Anne Phelan）教授等对我研究和写作的引领。感谢天津师范大学纪德奎教授、王光明教授、和学新教授、郭文良博士，天津市教育科学研究院陈雨亭研究员以及南京师范大学陈学军教授等在我访学期间提供的诸多关照。同时也感谢一起在英属哥伦比亚大学访学的好友——陕西师范大学王乐副教授、绍兴文理学院张建桥副教授、浙江师范大学江淑玲副教授、杭州师范大学陈思颖副教授等在研究上提供的启发以及在学习和生活上的帮助。

在编校过程中，本书责任编辑以及研究生彭文蕊、梁燕妮付出了许多辛苦，保证了本书的出版质量。在此表示特别的感谢。

国家认同是永恒的话题，虽然我们的研究表明，当前我国国家认同教育融入中小学课程状况良好，但仍需进一步优化和提升，这也需要更多同人的持续关注和深入研究，以促进国家认同教育实践的健康发展。

高 维

2020 年 11 月 13 日